한국외국어대학교 EU연구소 신사회계약인문사회총서 09

표준 권력으로서의 유럽

한국외국어대학교 EU연구소
신사회계약인문사회총서 09

표준 권력으로서의 유럽

김면회, 김봉철, 강유덕, 김일곤
박상준, 이영주, 이하얀 지음

HU:iNE

이 저서는 2022년 대한민국 교육부와 한국연구재단의 지원을 받아 수행된 연구임
(NRF-2022S1A5C2A02091292)

목차

제4장 — EU의 통상 규제와 정책 / 강유덕

제5장 — 유럽의 북극 거버넌스와 청색경제 / 김봉철

제6장 — 브뤼셀 효과의 지속가능성과 네트워크 외부성 / 이영주

일러두기

본 저서에 수록된 각 장들은 아래의 논문을 본서의 취지에 맞게 수정 및 보완한 것이다.

머리글 김면회 (본서를 위하여 새로 집필되었음)

제1장 김일곤. "유럽연합(EU) 노동기준의 글로벌화: 가능성과 함의". 『EU연구』. no. 74 (2025), pp. 3-36.

제2장 박상준. "유럽의 권리 주도 모델과 디지털 규제". 『EU연구』. no. 74 (2025), pp. 37-74.

제3장 이하얀. "EU 에코디자인 및 에너지 라벨링 규제에 대한 국내외 기업의 대응 전략과 시사점". 『EU연구』. no. 74 (2025), pp. 99-132.

제4장 강유덕. "미국과 EU의 FTA에 나타난 무역-노동기준 연계에 관한 비교 분석". 『무역학회지』. Vol 41, No. 3 (2016), pp. 1-25, 저자의 작성 부분 일부; "자유무역협정(FTA)에 포함된 기업의 사회적 책임(CSR) 조항과 그 배경에 관한 연구: 유럽연합(EU)의 사례" 『유럽연구』. 제39권 3호 (2021), pp. 1-35, 일부.

제5장 김봉철 (본서를 위하여 새로 집필되었음)

제6장 이영주. "브뤼셀 효과의 지속가능성과 네트워크 외부성 - 비탄력성과 비분할성을 중심으로". 『글로벌교육연구』. vol. 16, no.1 (2024), pp. 5-30.

머리글

표준 선점을 향한 글로벌 경쟁과 유럽

김면회

본서는 전 지구적 차원에서 전개되는 '표준(standard)'을 둘러싼 경쟁에서 유럽, 특히 유럽연합(EU)의 동향과 그 내용 및 영향력을 파악하려는 의도에서 기획되었다. 이는 EU의 정치 경제적 위상과 행위자로서의 특징 및 그 선택이 가져오는 파급력을 이해하려면 세력 각축전의 무대이자 대표적인 경쟁 공간인 표준의 문제와 이에 대한 EU의 접근 방식을 우선해서 다룰 필요가 있다는 인식의 소산이다. 또한 오늘날 표준을 향한 유럽의 선택과 그 영향이 유럽이라는 한정된 공간에만 머물지 않고, 유럽 밖으로까지 확산하고 있는 점도 그 기획 의도에 포함된다. 아울러 다중 위기에 대한 해법을 모색하려는 연장선에서 '신(新) 사회계약'을 명분으로 EU가 추진하는 기후 중립적이며, 회복력을 지닌 순환 경제를 향한 EU의 야망, 소위 유럽 그린 딜(European Green Deal)은 유럽의 표준이 없이는 달성될 수 없다고 말하면서 유럽위원회가 표준의 중요성을 강조하고 있는 점도 그 한 이유이다. 즉, 전략적 종속성을 피하고 친환경 및 디지털 기술 분야에서 EU가 글로벌 리더십을 발휘하려면, 그에 앞서 관련 표준을 정의하는 데 있어 유럽의 표준이 글로벌 기준이 되어야 한다고 유럽위원회는 바라본다.[1]

익히 아는 바처럼, 때로는 견고하게 때로는 느슨하게 집단을 이루며 진화해 온 인간 사회와 표준 설정의 부단한 움직임은 동전의 양면처럼 항상 밀접한 관계를 유지해 왔다. 그러기에 인류공동체의 발전 과정을 한 마디로 축약하면, 표준을 둘러싼 이합집산의 과정이었다 해도 과언이 아니다. 표준은 규모의 면에서나 기술적인 면에서나 다차원적으로 얽혀 있는 복잡한 문제이다. 작은 규모이든 큰 규모이든 일상생활의 규칙을 정하는 문제에서부터 공동체가 지향해야 할 기본 방향을 정하는 데 이르기까지 구성원 간의 동의와 이해득실에 기초하여 결정되는 기준, 즉 표준은 늘 인간 사회의 관심사였다. 기술적 부분에서부터 정치질서의 토대에 이르기까지 표준을 향한 노력은 다양한 차원과 분야에서 지속되어 왔고, 또 지속되고 있다. 그러므로 표준의 문제는 과거형만이 아니라 현재진행형이기도 하다. 표준은 때로는 무질서한 혼돈과 분열을 극복하는 마중물 역할을 하는 통합의 기제이기도 했지만, 타 집단과의 경계를 분명히 하는 배제의 도구가 되기도 했다. 그 때문에 표준을 둘러싼 경쟁

---

1 European Commission, 2022, "Communication from the Commission to the European Parliament, the Council, the European Economic and Social committee and the Committee of the Regions: An EU Strategy on standardisation Setting global standards in support of a resilient, green and digital EU single market", COM(2022) 31 final. https://eur-lex.europa.eu/legal-content/EN/TXT/?uri=celex:52022DC0031. (2025년 2월 25일)

과 그 결과는 한편에서는 긍정적인 의미로 풀이되지만, 다른 한편에서는 부정적 이미지로 상징화되곤 한다.

표준의 대상과 내용은 고정되어 있지 않으며 공동체 규모의 확장과 공동체 간의 교류 확대에 따라 변모해 왔다. 이는 표준 문제가 기본적으로 국내적이든 국제적이든 권력성을 매개로 하여 진행되는 데서 연유한다. 상대를 끌어들이는 힘과 매력에 동화된 단일성이 전제되었을 때라야 질서의 한 기준으로서 표준이 성립된다. 곧 힘이 표준 성립의 결정적인 토대가 되는 셈이다. 아울러 공동체 규모가 확장됨에 따라 표준의 유효성이 관철되는 범위로서의 물리적 공간은 확대해 왔고, 공동체의 생태계가 다원화되고 복잡해짐에 따라 표준화의 필요성이 인정되는 분야 또한 그에 부응하여 진화해 왔고 풍성해졌다. 과학 기술의 발전에 따른 연결성(connectivity)의 팽창과 이동성(mobility)의 증대는 개인과 개인 간 또는 집단과 집단 간에 상호 의존의 증대와 교류의 확대를 촉진했고, 그에 상응하여 단일성과 편리성을 도모하는 표준의 필요성도 고조되었다. 작은 정치공동체의 시대를 넘어 근대 국민국가 수준의 정치공동체가 성립되는 과정에서 표준의 역사 또한 이와 유사한 행적을 그리면서 진행되었다.

표준의 문제는 국내 정치 영역에 한정되지 않는다. 근대 국민국가 체제의 완성 이후 표준의 문제는 한층 국제적인 문제로 확대되었다. 아울러 교류와 소통의 기준이 되는 표준은 국제정치 영역에서 때로는 패권과 연계되어 일방적으로 확정되고 전수되었다. 대항해시대와 유럽 문물의 세계적 팽창이 일반화된 시기에는 이러한 흐름이 지배적이었다. 19세기 유럽의 제국주의 팽창기에 식민지가 된 나라의 사회 질서가 재구성되는 과정에서 나타난 현상은 유럽식 표준의 일방적인 확장 과정이었다. 즉, 이 시기에 기술적인 차원에서부터 정치 질서에 이르기까지 제국주의 유럽의 국내에서 이미 표준화된 모델이 큰 장애물 없이 그대로 식민지에 이식되었다. 따라서 유럽에서 먼저 착근된 근대 민주주의 모델이 19세기 제국주의적 팽창을 전후해 전 세계로 급속히 전파된 일은 결코 우연이 아니다. 식민지에서 유럽의 영향력은 일상생활의 규율에서부터 높은 수준의 정치질서 구축에 이르기까지 절대적이었다. 요컨대 국제정치 영역에서 유럽식 표준의 확산 과정은 일방적인 강압과 피동적인 수용의 이중성이 점철되는 모양새였다. 유럽식으로 맞춤화 및 표준화된 관료제, 교육제도, 상품 생산방식 그리고 철도의 확산이나 단일한 도량형의 보급 및 수용의 궤적 등을 추적하면 이러한 이중성은 단시간 내에 파악될 수 있다.

제국주의 시대와 달리, 오늘의 국제정치에서 표준의 문제는 이제는 일방적으로 확정하고 관철할 수 있는 사안이 아니게 되었다. 물리적 폭력과 공포를 앞세운 위협을 무기로 표준을 강요하는 야만의 시대가 더 이상 아니기 때문이다. 형식적으로나마 국민국가 단위의 자주성이 인정되는 현대 국제질서에서 일방적인 표준의 강요는 불가능해졌고, 국제사회를 구성하는 개별국가의 자주적인 선택과 동의가 이제 표준 확산의 전제로 되었다. 하지만 변화된 방식이 표준을 둘러싼 정치 단위체 간의 경쟁과 이익 실현의 유혹을 완전히 앗아간 것은 아니다. 물리적 폭력의 공포가 약화하고 사라졌을지언정 각자의 영향력 확대와 이익 극대화의 징표이자 기제인 표준을 향한 욕망은 지속되고 있다. 오히려 표준을 기획하고, 합법화된 메커니즘을 통해 이익을 실현할 가능성을 확대하려는 노력은 더 적극적이고 노골화되고 있다. 그에 따라 현대 국제질서는 글로벌 차원에서 표준을 둘러싼 '경쟁'이 더욱 치열하게 전개되는 무대가 되었다. 그와 동시에 표준을 확정하는 방식과 관련해 그 무게중심이 일방적 강요로부터 경쟁 체제 속에서 이루어지는 '선점(preoccupation)'의 문제로 옮겨가고 있다.

치열한 경쟁 속에 놓인 표준의 선점 과정에서 요구되는 비교 우위를 확보하기 위해서는 무엇보다도 개별 행위 주체의 물질적 토대가 견고해야 한다. 표준 설정의 행위 주체가 국제사회 구성원들의 동의를 끌어내기 위해서는 우선적으로 매력적인 물적 동인의 제공 능력을 갖추어야 하기 때문이다. 국제사회에서 상대적 우위를 기반으로 주도적인 역할을 하는 행위자 편에 동승하는 것이 도움이 될 것이라는 판단을 유발할 수 있는 힘은 기본적으로 물질적 우위에서 기인한다. 그 때문에 국제사회의 주요 행위 주체는 표준의 선점을 위해 무엇보다 견고한 물질적 토대를 구축하기 위해 애를 쓴다. 아울러 상대의 마음과 동의를 끌어내는 이미지 개선과 신뢰 구축을 위해 부단한 노력도 경주한다. 오늘날 정책적 수준을 포함한 거시적 의미의 공공외교가 강조되는 이유도 사실은 이러한 표준의 확산과 관련된 손익계산과 연관되어 있음을 부인하기 어렵다.

하지만 국제사회는 경성권력(hard power)뿐만 아니라 연성권력(soft power) 차원 모두에서 불균등하게 이루어져 있다. 국제사회 구성단위의 규모와 각 단위의 지향 방향도 동일하지 않다. 근대 이래 국제사회를 구성하는 단위는 기본적으로 국민국가였으나 오늘의 국제사회는 다양한 단위체로 구성되어 있다. 국민국가가 여전히 지배적임을 부인할 수는 없으나, 유력한 단위 중에는 초국가적 조직체뿐만 아니라 국가 단위보다 작은 하위 단위체도 존재한다. EU를 구성하고 운영에 참여하는 주체들 또한 비단 국민국가에만 국한되지 않는다. 그 때문에 몇몇 학자들은 오늘의 유럽을 베스트팔리아 체제에서 벗어나 소위 신중세 국제질서로 변화했다고 묘사하기도 한다. 이는 그만큼 다양한 단위체가 유력한 행위 주체로 병존하고 있는 국제질서를 강조하는 대목이다. 앞서 언급한 대로 행위자의 규모와 관계없이 각 단위체의 물질적 토대는 무엇보다도 경제적 힘에 근거하고, 경제적 힘은 우선 그 규모와 밀접한 관련이 있다. 유럽 대륙에 산재해 있는 50여 국가의 개별경제 규모는 국제사회에서 주도적 역할을 하는 국민국가에 비해 상대적으로 작다. 이는 각 구성국의 내수시장이 상대적으로 협소함을 의미하고, 그러기에 국제사회에서 개별적인 영향력을 크게 발휘하기에는 상대적으로 역부족인 것이 현실이다. 유럽이 통합체를 구성하여 대응하려는 이유는 바로 이러한 약점을 극복하기 위한 데서 기인한다.

오늘날의 국제무대에서 근대성과 탈근대성이 혼합된 대표적인 지역이 유럽이다. 유럽에는 근대 정치의 핵심 주체인 국민국가가 엄존하는 가운데 협의와 동의에 기초한 초국가적인 조직체 곧 EU가 평화적인 방식으로 병존하며 영향력을 발휘하고 있다. 이는 불행한 과거에 대한 반성에 기초한 평화로운 통합의 결과이다. 과거에 대한 반성, 즉 제1차 및 제2차 세계대전 같은 국가 차원의 자해 행위를 반복하지 않으려는 목적과 함께 앞서 언급한 경제적 협력을 통해 경쟁력을 갖추려는 의도에서 유럽은 현대 정치의 시작점에서부터 평화적인 방법을 통해 유럽통합을 모색해 왔다. 그 결과 유럽은 개별국가와 초국가적 단위체가 융합된 '하이브리드정치'의 전형을 보여주고 있다.

하지만 그러한 유럽의 통합 과정이 단기간에 급속도로 진행된 것은 아니다. 통합 과정은 냉전 시기 초반에 서유럽 지역만을 중심으로 추진되었고, 통합의 심화도 회원국의 의지와 국제 환경의 변화에 따라 점진적으로 이루어졌다. 유럽은 자유무역 단계, 관세동맹의 단계, 공동시장의 단계, 경제동맹의 단계를 거쳐 완전한 정치 통합의 완성을 향한 도정에 놓여 있다. 그런 점에서 그 과정은 여전히 현재진행형이고, 그러므로 미완성 단계에 있다. 그 와중에 냉전의 해체로 통합에 합류한 공간이 동유럽으로 확장되었고, 통합의 응집력을 의미하는 심화의 정도도 한층 강화되었다. 확장과 심화를 바탕으로 한 유럽의 움직임은 표준과 관련해서도 국제사회에서 그 영향력을 배가시키고 있다. 즉, 규모의 경제에 기반한 물질적 토대와 아울러 한층 견고해진 초국가적 통합체를 무기로 유럽은 국제사회에서 강력한 영향력을 발휘하기 위해 단일 대오를 유지 및 강화해 오고 있다. 그 결과, 이제는 유럽 통합체인 EU가 유럽으로 치환되는 단계에까지 이르게 된 점에 이의를 제기하기가 어렵게 되었다. EU에 의한 표준의 위상과 영향력은 이러한 규모 확장과 이에 따라 배가된 힘을 배경으로 가능하게 되었다.

표준의 완성은 행위 주체의 단일성을 전제로 한다. 유럽은 단일성을 확보하기 위해 지난하게 노력해 왔다. 서유럽과 동유럽을 망라하여 27개 국가를 회원국으로 둔 EU는 이미 1990년대 초반부터 통합된 단일시장을 이루고 있다. 유럽위원회의 평가처럼, 단일시장의 완성 과정에서 유럽 표준이 핵심이 되어 기업과 소비자에게 큰 혜택을 제공하면서 단일시장을 공평한 경쟁의 장으로 만들고 소비자의 신뢰를 높여왔다. 따라서 통합된 단일시장의 존재는 광범위한 영역에 걸쳐 표준에 대한 합의가 달성되었음을 뜻하며, 동시에 영향력 확산을 위한 더 강한 토대가 구축되었음을 의미한다.

더욱이 통합이 심화하면서 표준화의 영역도 확대되었고, 그 영향에 들어오는 관련 정책 영역 역시 빠르게 넓어졌다. 그리고 유럽의 경우 무엇보다 그 과정에 일조한 것으로 상위 표준으로서 구심점 역할을 한 제 조약을 꼽을 수 있다. 조약은 일종의 계약이기에, 그것은 EU 회원국에 구속력 있는 기준이 된 동시에 법률 및 정책수행을 위한 표준으로 역할을 해왔다. 비록 개별 회원국은 주권 국가로서 건재하지만, 경제는 물론이고 사회 분야에까지 국내 입법 가운데 대부분이 EU 조약들에 근거하여 입안된다. 조약이 당사국 간 구속력 있는 협정이자 표준으로서 개별 회원국에 헌법 및 기본법에 준하는 역할을 하고 있기 때문이다.[2] 따라서 유럽의 상위 표준인 제 조약에 대한 회원국의 준수 여부는 EU의 흥망성쇠를 좌우하며, 반대로 그 흥망성쇠는 응집력과 침투력 면에서 보이는 유럽 표준의 부침 과정과 궤를 같이한다고 말할 수 있다.

그렇지만 표준을 향한 움직임이 각 단위체나 국가마다 항상 동일한 방향과 성격을 지향하는 것은 아니다. 학자들은 표준 형성과 관련하여 차별적 모습을 그려내는 그 특성에 따라 국가명 또는 지역명을 붙여 분류하곤 한다. 미국 모델, 중국 모델, 유럽 모델 등이 바로 그것이다. 각 집단 또는 국가가 지향하는 내용 및 추구하는 가치 그리고 그 성격을 바탕으로 상이한 모델을 추출하고 있는 셈이다. 이는 각 단위체가 추구하는 가치와 기반하고 있는 전통 및 행위자의 속성에 기인한다. 이와 관련하여 유럽은 종종 규범 권력(normative power)으로 규정된다. 군사력과 경제력을 토대로 국제정치를 주도하는 미국과 달리,

---

2 이에 대한 자세한 내용은 본 사업단(한국외대 EU연구소 인문사회연구사업단)의 공동연구원으로 참여 중인 랄프 하베르츠(Ralf Havertz)의 영문 저서 *Stages of European Integration: The Treaties of the European Union from a Political-Economic Perspective* (Seoul: HUFS Press, 2024)를 참조하라; 또한 한국외대 유럽인문사회비교연구센터의 『유럽연합(EU) 기본조약 총서 1-5권』 (서울: 신서원, 2022, 2023)도 참조하라.

유럽은 보편적인 가치를 앞세우는 연성권력을 매개로 국제정치의 틀을 만들어가는 규범 권력의 전형을 보이는 것으로 학자들은 설명한다. 통합 단계마다 체결된 조약의 서언에 분명하게 기술되거나 조약 내용의 분석을 통해 알 수 있듯이, EU는 민주주의와 인권 등과 같은 가치에 기반하여 국제정치 영역에서 독특한 행위자로서 그 역할을 담당하고 있다. 이러한 규범 권력으로서 유럽의 모습은 표준을 둘러싼 국제 경쟁에서도 또렷이 반영되고 있다.

인류 보편적인 가치에 중심을 두고 글로벌 표준 경쟁에 임하는 이러한 EU의 특징적인 자세는 규범 권력으로서 EU의 성격 못지않게 '브뤼셀 효과(Brussels Effect)'에도 그 관심을 가지게 한다. 브뤼셀 효과란 EU가 자신이 가진 일방적인 시장의 힘을 이용해 상대국 및 기업이 EU 기준을 자발적으로 수용하게 하여, 궁극적으로 EU의 기준이 글로벌 표준으로 확정되는 것을 의미한다. 그런 점에서 이는 글로벌 시장에서 표준과 관련된 유럽 및 EU의 선택과 그 영향력의 정도를 파악하는 데 중요한 개념으로서 날로 주목을 받고 있다.[3]

이렇듯 유럽의 표준 및 규범 내용에 대한 이해는 오늘과 내일의 유럽을 파악 및 전망하는 데 필수적이고, 유럽의 위상을 가늠하는 데도 도움을 줄 수 있다. 특히, 앞선 유럽위원회의 언급처럼, EU가 '새로운 사회계약'을 명분으로 '유럽 그린 딜'이라는 원대한 전략을 실천에 옮기는 데 있어 유럽 표준의 글로벌 선점을 강조하고 있는 점에서 볼 때, 본서에서 다루는 표준을 둘러싼 유럽

3 이에 대한 자세한 내용은 본 사업단(한국외대 EU연구소 인문사회연구사업단)의 4인의 전임연구원에 의해 번역되어 3월 출간을 앞둔 다음의 저서를 참조하라. 아누 브래드포드 지음, 김일곤·박상준·이영주·이하얀 옮김, 『브뤼셀 효과: 유럽연합은 어떻게 세계를 지배하는가』 (서울: 한국외대 지식출판콘텐츠원, 2025).

의 선택과 그 방향 및 내용은 한국의 적합한 대응 전략 마련에도 공헌하는 바가 적잖을 것으로 자평한다.

이에 따라 제1장인 "유럽연합(EU) 노동 기준의 글로벌화"에서는 EU 노동 기준의 글로벌화 가능성과 그 함의를 들여다본다. 저자에 따르면, EU가 자기 기준의 외부화를 위해 다양한 방식 - ILO와 같은 다자기구, 무역협정, 표적화된 무역 제한, 그리고 브뤼셀 효과를 통한 일방주의 방식 등 - 을 혼재해 사용하지만, 최근 들어 FTA와 같은 무역협정으로의 선회를 분명히 하면서 자신의 노동 규범 및 기준을 무역과 적극적으로 연계하고 있다고 한다. 아울러 이러한 EU의 입장이 앞으로 상대국과의 통상 분쟁으로 비화할 것임을 예견케 하는 것으로 저자는 바라본다. 여기에 더해 EU가 무역협정에서 '브뤼셀 효과'를 반영한 협상 자세도 병용할 것임을 강조한다. 저자는 EU의 노동 기준의 외부화 시도에는 '유럽의 경쟁력을 고양하는 동시에 단일시장의 성과와 EU 가치를 보존'하려는 기본적 동기가 자리 잡고 있음을 잊지 않고 있다. 그리고 이는 역으로 EU 규칙 및 기준의 역외 수출을 위해서는 역내에서 회원국 간 기준의 조화와 일관된 적용을 선행적으로 요구한다는 점에서 '역내의 통합된 규칙 및 기준의 강화'라는 내부화까지 목표로 설정하고 있다는 점을 지적한다. 결국 이는 그동안 가장 통합이 더디게 진행된 부분으로 알려진 노동·사회 분야에서도 과거와 다른 통합의 속도감과 진척이 이루어질 것임을 시사한다고 저자는 판단한다.

제2장인 "유럽의 권리 주도 모델과 디지털 규제"는 우선 EU가 종종 글로벌 규제 기관으로 자처하고 있다는 점을 지적하면서 글을 시작한다. 저자는 EU가 다른 주요 규제 강대국들과 차별화되는 독특한 규제 방식을 가지고 있다는

점을 전제하고, 중국의 국가 주도 규제 접근 방식과 미국의 시장 주도 접근 방식에 비해 EU의 규제 방식을 권리 주도 모델로 정의한다. 즉 유럽의 권리 주도 모델은 인간 존엄성, 데이터 개인정보 보호, 민주주의 등과 같은 기본권을 보호하려는 목표를 추구하고 있고, 이를 위해 EU는 급변하는 디지털 기술 영역에 책임을 묻고 유럽 시민에게 해가 되지 않는 방향으로 규제 정책을 실행하고 있음을 밝힌다. 아울러 기술 영역에 대한 규제는 EU의 다른 모든 규제와 마찬가지로 유럽 시장을 대상으로 하지만, 때로는 유럽 국경을 넘어 적용되는 경우가 많다고 지적한다. 즉, EU 규제는 유럽에 기반을 두지 않더라도 유럽 시장에 제품이나 서비스를 제공하는 모든 종류의 행위자에게 적용된다는 것이다. 이러한 맥락에서 브래드포드가 글로벌 규칙과 표준 설정에 있어 EU의 중요성을 '브뤼셀 효과'라는 용어를 매개로 설명하고 있음에 주목한 저자는, 현재 대규모 디지털 플랫폼 규제 강화 시도부터 AI 규제를 위한 세계 최초의 입법, 데이터 거버넌스에 대한 새로운 규칙 그리고 사이버안보에 이르기까지 다양한 영역에서의 표준 설정을 위한 EU의 적극적 활동을 강조한다. 하지만 이러한 권리 주도 규제 방식의 디지털 규제가 혁신을 저해하여 EU의 경쟁력을 약화시킨다는 의견 또한 존재한다는 점을 저자는 잊지 않는다. 이와 관련하여 저자는 유럽의 권리 주도 모델이 추구하는 권리와 가치가 무엇인지, 그리고 이러한 규제 접근 방식이 기술 혁신과 발전을 저해하는지, 그 여부를 분석하는 데 지면을 할애한다.

제3장의 "EU 에코 디자인과 에너지 라벨링 규제"에서 저자는 EU가 2024년부터 시행하고 있는 에코디자인과 에너지 라벨링 규제가 에너지 효율 중심을 넘어 제품의 전(全) 생애주기에 걸친 자원 효율성과 환경영향을 포괄적으

로 관리하는 방향으로 추진되고 있음을 강조한다. 스마트폰, 가전, 철강, 섬유 등 다양한 산업 분야가 내구성, 수리 용이성, 재사용 가능성과 재활용 등을 고려해 제품을 설계해야 하고, 디지털 제품 여권과 미판매 재고 폐기 제한 조항은 생산부터 유통, 사후관리 체계 전반에 근본적 변화를 요구한다는 점에 주목하는 저자는 이에 대기업들은 ESG 위원회 운영, 대관 조직 강화, 자원 순환형 설계와 R&D 투자 등을 통해 선제 대응하는 반면, 중소 및 중견기업은 정보와 자금, 전문 인력 부족으로 어려움을 겪고 있는 상황을 밝히고 있다. 저자는 우선 EU의 에코디자인과 에너지 라벨링 규제의 주요 내용을 정리하고, 삼성전자, LG전자 등의 국내 대기업과 유럽, 미국, 중국 기업의 대응 사례를 비교함으로써 단순 준수 사항의 제시를 넘어 새로운 시장 기회 모색을 위한 구체적 방안을 제시한다. 나아가 민·관·학이 협력해 중소 및 중견기업 지원책을 마련하고, 지속가능성을 기반으로 한 글로벌 경쟁력을 확보해야 함을 강조하며, 에코디자인과 에너지 라벨링이 단기 비용 이상의 장기 혁신 동인으로 작용할 것임을 밝히고 있다.

제4장의 "EU 통상 규제와 정책"에서 저자는, 우선 EU의 통상정책이 단순한 시장 개방을 넘어 글로벌 규범 형성의 핵심 도구로 발전해 왔음을 지적하고 있다. 특히, 브뤼셀 효과를 통한 규제 확산, 유럽의회의 권한 강화, 가치 기반 통상정책의 도입이 이러한 흐름을 가속화했다고 밝히면서 저자는 리스본 조약 이후, 환경, 노동, 인권 등 규범적 요소가 통상정책과 밀접하게 연계되면서, EU의 통상정책은 단순한 경제적 협력을 넘어 외교·정치·환경과 긴밀히 연결되는 방향으로 진화하고 있다는 점을 강조하고 있다. 아울러 EU의 경제적 위상이 상대적으로 약화했음에도 불구하고, 규제 영향력은 여전히 강력하

며, 특히 노동과 환경 분야에서 국제적 표준을 형성하는 역할을 지속하고 있음을 지적한다. 탄소국경조정제도(CBAM)와 같은 새로운 무역 규제는 EU 내부의 환경 기준을 역외 국가에도 적용함으로써, 기후변화 대응과 무역을 더욱 긴밀히 결합하는 방식으로 작동하고 있으나, 이러한 규범 중심의 통상정책이 보호무역주의와 자유무역 원칙 사이에서 모호한 경계를 형성할 가능성이 있고, 비관세장벽으로 작용해 주요 교역국과의 통상 갈등을 유발할 수 있다는 점도 지적하고 있다. 더불어 폰데어라이엔 2기 유럽위원회가 유럽 그린 딜의 후퇴 없는 추진을 공식적으로 천명했음을 밝히면서 EU의 환경 규제는 더욱 강화될 것으로 예상한다. 마지막으로 저자는 미·중 패권 경쟁이 지속되는 가운데, 세계화의 균열 현상이 더욱 뚜렷해지고 있고, 국제 무역 질서는 불확실성이 커지고 있다고 진단하면서 EU의 기후 및 노동 정책이 국제 무역 체제 내에서 어떻게 조화를 이루고, 주요 교역국들과 어떠한 국제적 합의를 형성할 것인지가 중요한 도전 과제로 남을 것으로 전망한다.

새로운 이슈로 부상하는 북극 문제를 다룬 제5장의 "유럽의 북극 거버넌스와 청색경제"에서 저자는 유럽의 북극 거버넌스 및 청색경제 개념이 북극 지역에 어떻게 적용되고 있는지를 추적한다. 유럽은 국제법적 틀을 통해 북극 관련 조약을 체결하고, 환경 보호 및 경제적 활용을 조화시키는 정책을 발전시켜 왔음을 밝히는 저자는 '북극이사회'와 '북극경제이사회' 등의 국제 거버넌스를 통해 지속 가능한 개발과 경제적 협력이 확대되고 있고, EU는 유럽 그린 딜과 연계한 '청색경제' 정책을 수립하여 북극의 지속 가능한 활용을 추진하고 있다는 점에 주목한다. 그와 더불어 유럽 각국의 북극 정책은 국가별 이해관계를 반영하면서도 공통적으로 환경 보호, 지속 가능한 개발, 원주민 생활환경 보호를 강조하고 있는 점을 밝히면서 저자는 덴마크와 노르웨이가 청색경제 개념을 북극 개발에 적용하면서 디지털 및 친환경 기술을 활용한 경제 모델을 구축하고 있고, 핀란드는 지속 가능한 수자원 활용을 기반으로 한 청색경제 정책을 운영하며, 아이슬란드는 북극이사회 의장국 경험을 바탕으로 북극 해양환경 보호와 지속 가능한 운송업을 강조하는 등 각국에서 나타나는 유사점과 차이점 또한 제시한다. 마지막으로 저자는 한국은 북극이사회 옵서버 국가로서 2013년 이후 북극정책 기본계획과 극지 활동 진흥법을 제정하는 등 북극 거버넌스 참여를 확대하고 있지만, 국제사회가 주목하는 청색경제 개념을 적극적으로 반영하는 정책은 아직 미흡한 실정임을 비판하면서 북극 거버넌스 및 경제협력에 더욱 효과적으로 참여하는 방안을 모색해야 한다고 강조한다.

한편, 제6장의 "브뤼셀 효과의 지속가능성과 네트워크 외부성"은 표준 및 규범 권력과 관련하여 EU를 논할 때 핵심어로 부상하는 브뤼셀 효과에 대해 이론적으로 접근하고 있는 글이다. 브뤼셀 효과는 EU에 내재해 있는 일종의 규범 권력 혹은 연성권력을 의미하는 것으로 정의하면서 저자는 EU가 자신들이 가지고 있는 규제 능력을 통해 역내 기업 혹은 역내 진출을 희망하는 기업에 EU의 규제를 수용하게 함과 동시에 이 과정에서 내재화된 규제를 다시 국제표준으로 전파하고 있음을 밝힌다. 브래드포드는 브뤼셀 효과를 구성하는 요소로 시장 규모, 규제 역량, 엄격한 규제, 비탄력성과 비분할성으로 요약하고 있다고 강조하는 저자는 본 연구에서 브뤼셀 효과의 지속가능성 유지에 핵심 요소인 비탄력성과 비분할성에 주목하고 있다. 비탄력성은 규제 변화에 반응하지 않아 특정 규제 체제에 묶여 있는 제품 또는 생산자를 의미하고, 비분할성은 강력한 규제 당국이 설정한 규제나 규정이 전 세계적으로 통일되고 나눌 수 없는 성격을 가지는 것을 의미한다고 파악하는 저자는 이러한 비탄력성과 비분할성의 상호작용이 소위 네트워크 외부성을 형성해 브뤼셀 효과의 지속가능성을 부단히 높인다고 강조한다.

유럽, 특히 EU는 오늘도 각 방면에서 표준 설정 의제를 선점하기 위해 움직인다. 복합 위기를 맞아 지구촌이 지향해야 할 바와 관련해서도 유럽은 그들만의 전통과 추구하는 가치에 기반하여 나름의 해결책을 제시하고 있다. 유럽 그린 딜이라는 유럽의 새로운 전환 전략의 명분 역할을 하는 '신(新) 사회계약'도 그중의 하나이다.

유럽의 이러한 노력이 글로벌 차원에서 표준이 될지의 그 여부는 앞서 언급했듯이 유럽의 글로벌 위상과 유럽이 표방하는 표준의 내용, 국제사회 구성원을 향한 설득 과정과 그에 대한 호응 정도에 달려 있다. 글을 작성하는 이 순간에도 표준 경쟁은 보이게 혹은 보이지 않게 지속되고 있다. 첨단 기술에서의 표준 선점을 통한 경제적 이익 극대화뿐만 아니라 인류 사회가 지향해야 할 사회 질서의 창출 과정에서도 그 움직임은 멈추지 않고 있다. 비록 극우 세력의 준동으로 최근 들어 유럽 회의주의가 더욱 확산하는 분위기이지만, 표준 개념을 매개로 하여 각 정책 분야별 EU의 선택과 그 내용에 대해 접근하는 작업은 여전히 유효하다. 유럽의 통합체로서 단일성을 유지하며, 합의 내용에 기초해 그 방향과 선택이 지속되는 한, 표준을 중심으로 EU를 연구하는 그 필요성도 여전히 유효할 것이다.

참고문헌

아누 브래드포드 지음. 김일곤·박상준·이영주·이하얀 옮김. 『브뤼셀 효과: 유럽연합은 어떻게 세계를 지배하는가』. 서울: 한국외대 지식출판콘텐츠원, 2025.

한국외대 유럽인문사회비교연구센터. 『유럽연합(EU) 기본조약 총서 1-5권』. 서울: 신서원, 2022, 2023.

Havertz, Ralf. *Stages of European Integration: The Treaties of the European Union from a Political-Economic Perspective.* Seoul: HUFS Press, 2024.

European Commission. 2022. "Communication from the Commission to the European Parliament, the Council, the European Economic and Social committee and the Committee of the Regions: An EU Strategy on standardisation Setting global standards in support of a resilient, green and digital EU single market". COM(2022) 31 final. https://eur-lex.europa.eu/legal-content/EN/TXT/?uri=celex:52022DC0031. (2025년 2월 25일)

제1장

EU 노동기준의 글로벌화

김일곤

1. 들어가며

한 시대의 글로벌화가 있었다. 국내 교환과 비교해 국제 거래의 중요성이 상대적으로 증가하고, 상품, 서비스, 자본, 노동의 국경 간 자유로운 이동이 당연한 추세로 환영받던 시대였다. 당시 많은 사람은 글로벌 무역 및 금융 시스템, 공급망, 인터넷으로 묶인 더욱 평화로운 지구가 가능할 것으로 기대했다.

하지만 그러한 기대가 무색하게 세계는 오늘날 더욱 분열로 치닫고 있다. 우크라이나 전쟁에서 비롯된 러시아와 서방과의 계속되는 갈등 및 경제제재, 대중국 봉쇄와 이를 위한 글로벌 공급망 재편 시도 등이 이를 여실히 보여준다. 이러한 전환기를 반영하여 일부 사람들은 경쟁이 세계 정치의 결정적인 힘이 될 것이라고 주장한다. 그리고 영향력을 발휘하기 위한 영역의 구축과

권력을 둘러싼 강대국 간 경쟁도 더욱 치열해질 것으로 바라본다.[1]

그러한 경쟁의 하나로 특히 표준 경쟁이 일국의 경계를 넘어 전 지구적 차원에서 벌어지고 있다. 표준을 얻는 자가 시장을 지배한다는 익숙한 표현처럼, 표준은 시장의 선점을 내포한다. 그 결과에 따라 누가 시장 안에 수용되고 배제될 것인지가 결정된다. 그 때문에 표준은 중립적인 현상이 아니다. 오히려 표준의 설정은 다양한 이해관계자들의 충돌과 경쟁을 동반하는 권력 과정이고, 동시에 항상 권력과 질서의 향배에 영향을 미쳐왔다.[2]

이러한 표준 경쟁에서 미국, 중국, EU가 선두를 형성하며 각축을 벌이고 있다는 점에는 큰 이견이 없는 듯하다. 다만 이들 간에는 표준에 대한 접근 방식에서 차이가 드러날 뿐이다. 미국은 정부개입보다는 민간(주로 산업별 협회나 비영리기관)에 의한 자율적인 표준화 방식을 주로 선호하며 규제에 관해서는 유연성을 강조한다. 그러나 중국은 기술 자립과 혁신을 강조하면서 국가의 산업화 전략과 밀접하게 연관된 정부 주도적 표준화 방식을 취한다. 반면에 EU는 민주주의, 비차별, 인간존엄성, 법치주의 등과 같은 가치를 공통의 원칙으로 내세우면서, 이에 기반하는 엄격한 규제 기준의 설정에 무게감을 두고 있다.[3] 그에 따라 EU는 기술 표준 또한 데이터 보호, 접근성, 차별금지 등처럼 소비

---

1 Mark Leonard, *The Age of Unpeace: How Connectivity Causes Conflict* (London: Penguin Books, 2021), p. XI.

2 로런스 부시(Lawrence Busch) 지음, 이종삼 옮김, 『표준: 현실을 만드는 레시피』 (서울: 한울아카데미, 2015), p. 10.

3 한국정보통신기술협회, 『ICT 표준화 추진체계 분석서: 주요국 표준화 추진체계 편』 (서울: 한국정보통신기술협회, 2022), p. 20, p. 124; Amelia Andersdotter and Lukasz Olejnik, "Policy strategies for value-based technology standards", *Internet Policy Review*, Vol. 10, Issue 3 (September 2021), pp. 5-6.

자 및 사회적 요구에 기반을 두어야 할 것으로 바라본다.[4]

표준을 대하는 이러한 미국, 중국, EU 사이의 차이는 국가 간 규제의 하향식 수렴, 소위 '바닥을 향한 경주(race to bottom)'라는 세계화론자들의 주장을 무색하게 만든다. 실제로 환경 보호에 관한 규제나 법인세 수준이 높으면 기업이 자신의 본거지를 오염 피난처로 이전하거나 자본 도피를 시도하리라는 우려는 크게 일반화되지 않았다. 오히려 그 반대인 국가 및 국제 표준의 전반적 상향 조정을 뜻하는 '정상을 향한 경주(race to the top)'에 관한 주장이 점점 힘을 얻고 있다.[5] 예를 들어, 엔론과 월드컴 사태 이후 미국도 기업의 책임성 개선을 위해 일찍이 2002년에 사베인스-옥슬리 법[6]을 통과시켜 기업지배구조에 대한 기준을 높인 바 있다.[7] 그리고 가장 최근인 2024년 8월에는 미

---

4 European Commission, 2022a, "Communication from the Commission to the European Parliament, the Council, the European Economic and Social committee and the Committee of the Regions: An EU Strategy on standardization Setting global standards in supporting of a resilient, green and digital EU single market", COM(2022) 31 final, https://eur-lex.europa.eu/legal-content/EN/TXT/?uri=celex:52022DC0031. (2024년 12월 10일 검색)

5 David Vogel and Robert A. Kagan, "Introduction", David Vogel and Robert A. Kagan (eds.), *Dynamics of Regulatory Change: How Globalization Affects National Regulatory Policies* (Berkeley: University of California Press, 2004), pp. 1-41.; Elizabeth R. DeSombre, Flagging Standards: Globalization and Environmental, Safety and Labour Regulations at Sea (Cambridge: MIT Press, 2006), pp. 11-54.

6 사베인스-옥슬리(Sarbanes-Oxley) 법은 2000년 전후에 일어난 일련의 스캔들의 산물이다. 몇몇 상장 기업이 회계 조작, 페이퍼 컴퍼니, 여타 사기 수법을 이용해 사업 손실을 대중으로부터 숨기고 주식 가격을 인위적으로 높게 유지했다. 대표적으로 엔론(Enron)과 월드컴(WorldCom)이 있다. 이러한 부정행위의 재발을 방지하기 위해 해당 법은 회사 자체 재무에 관한 정확한 데이터를 생산하고 유지하도록 하며, 나아가 거의 실시간으로 이들 데이터를 투자자와 규제기관이 열람할 수 있도록 함으로써 회사 행위를 개선하는 것을 목적으로 한다. Josh Fruhlinger, "'엄격한 규정과 실효성 논란'의 사베인스-옥슬리법의 정의와 목적", https://www.itworld.co.kr/news/174234. (2025년 1월 7일 검색)

7 Anu Bradford, "Exporting Standards: The Externalization of the EU's Regulatory Power via

국 캘리포니아 주의회가 관련 기업의 반대를 무릅쓰고 AI 기술의 공개 전에 안전성 검증 의무를 내용으로 하는 AI 규제법을 통과시킨 바도 있다.[8] 게다가 EU 또한 2008년 5월 적용에 들어간 '화학물질의 등록, 평가, 허가 및 제한(Registration, Evaluation, Authorization and Restriction of Chemicals, REACH)에 관한 유럽의회와 이사회 규정'을 통해 EU 내에서 생산되거나 수입되는 모든 화학물질의 인체 및 환경에 관한 안전성 요건을 강화한 바가 있다. 그리고 2019년 공개된 유럽 그린 딜(European Green Deal)에서는 온실가스 방출을 제한하기 위한 유럽 배출권 거래제를 항공 부문을 넘어 해상 부문으로까지 확대할 의사가 있음을 내비치기도 했다.[9]

이러한 규제 기준의 상향식 경주와 함께 더욱 눈에 띄는 점은, EU의 엄격한 기준이 각 국가와 지역으로 파급되는 확산 징후가 나타나고 있는 점이다. 이는 주로 환경, 건강, 디지털, 소비자 보호와 같은 분야에서 가장 두드러진다. 특히 EU의 일반 데이터 보호(General Data Protection), 유전자 변형 생물체(GMO)에 관한 관련 규정 등은 앞의 REACH 규정과 마찬가지로 글로벌 다국적 기업과 역외 제3국의 행동 변화만이 아니라 EU 기준을 향한 국가 및 지역 간 표준

Markets", *International Review of Law and Economics*, Vol. 42 (June 2015), p. 159.

8 김지경, "미 캘리포니아주 '안전성 검증 의무' AI 규제법 의회 통과", https://imnews.imbc.com/news/2024/world/article/6631826_36445.html. (2024년 12월 15일 검색)

9 European Commission, 2019, "Communication from the Commission to the European Parliament, the European Council, the Council, the European Economic and Social committee and the Committee of the Regions: The European Green Deal", COM(2019) 640 final, https://eur-lex.europa.eu/resource.html?uri=cellar:b828d165-1c22-11ea-8c1f-01aa75ed71a1.0002.02/DOC_1&format=PDF. (2024년 12월 10일 검색)

의 수렴을 유도하고 있다.[10] 그 때문에 규제 국가로서의 EU가 규제 제국주의(regulatory imperialism)를 지향한다는 의심까지 받고 있다.[11]

그러한 EU가 이제는 기준의 외부화 범위를 노동 분야로까지 넓힐 의사가 있음을 시사하고 있다. 2022년 유럽위원회 통지문(communication)에 따르면, EU는 "사용할 수 있는 모든 수단을 이용하고, 이를 더욱 발전시켜 노동자의 권리를 옹호하고 바닥을 향한 경주를 방지하기 위해 노동 세계에서 책임 있는 리더로서의 역할을 더욱 강화할 것"이라고 말한다. 나아가 EU는 "전 세계적으로 양질의 노동을 증진하는 것이 지정학적 행위자로서 EU의 핵심이다. 이는 다자주의와 국제노동기준에 따라 규칙에 근거한 글로벌 질서를 강력히 지지하는 EU의 입장과도 일치"한다고 언급하고 있다.[12]

그러나 노동기준의 수렴은 EU 역내에서도 쉽지 않은 일이다. 그 이유는 EU의 다층적인 거버넌스 구조뿐만 아니라 노동 정책 자체의 다면적인 특성에서도 연유한다. 다른 분야와 달리 노동기준을 포함한 노동 정책은 초국적 기관이나 회원국 정부의 개입만으로 형성되지 않는다. 오히려 사회경제적 이익집단, 즉 고용주단체와 노동조합 간의 힘의 균형과 합의도 그 형성에 중대

---

10 Elisabeth Christen, Birgit Meyer, Harald Oberhofer, Julian Hinz, Katrin Kamin and Joschka Wanner, "The Brussels Effect 2.0: How the EU sets global standards with its trade policy", *FIW-Research Reports*, No. 7 (October 2022), pp. 16-18.

11 Anu Bradford, *The Brussels Effect: How the European Union Rules the World* (Oxford: Oxford University Press, 2020), p. 247.

12 European Commission, 2022b, "Communication from the Commission to the European Parliament, the Council, the European Economic and Social committee on decent work worldwide for a global just transition and a sustainable recovery", COM(2022) 66 final, https://eur-lex.europa.eu/legal-content/EN/TXT/PDF/?uri=CELEX:52022DC0066. (2024년 12월 13일 검색)

한 영향을 미친다.[13] EU와 회원국이 이들에게 집단 대표성과 교섭을 통해 정책 수립에 개입할 수 있는 권한과 역할을 허용하고 있기 때문이다. 따라서 의사결정의 복잡성과 함께 권력관계가 강하게 작용하는 고유의 특성상 노동 분야는 역외의 다자간 협상은 고사하고 EU 회원국 간에도 합의가 쉽지 않다. 그 결과 노동 분야는 공동체 정책분야 가운데 가장 발전이 더딘 분야로 평가를 받아왔다. 그런데도 EU가 노동기준을 외부화하려는 그러한 시사는 다음과 같은 의문점을 갖게 만든다. 즉, EU는 노동기준을 '어떻게'·'왜' 외부화하려고 하는가가 그것이다.

이러한 문제의식에 따라 이 장에서는 먼저 EU 노동기준의 외부화를 위해 사용될 법한 몇 가지 방식을 예시한다. 물론 그 가운데 일부는 현재도 사용 중에 있다. 다음으로 제시된 방식을 준거로 EU가 노동기준을 외부화하기 위해 어떤 방식을 동원하고 있는지 사례를 통해 살펴본다. 그럼으로써 노동기준의 외부화 방식과 함께 외부화를 시도하는 이유도 파악한다.

13 Colin Crouch, Neo-Corporatism and Democracy", Colin Crouch and Wolfgang Streeck (eds.), *The Diversity of Democracy: Corporatism, Social Order and Political Conflict* (Cheltenham: Edward Elgar Publishing, 2006), pp. 56-57; Ronald Erne, "Interest groups", Daniele Cramani (eds.), *Comparative Politics* (Oxford: Oxford University Press, 2020), pp. 252-266.

2. EU 노동기준의 글로벌 표준화

EU 기준의 글로벌 표준화에는 다양한 방식이 있다. 대표적으로 '다자기구'에 참여하는 것이 그 하나이다. 다자기구는 일반적으로 평화와 안정, 경제 발전, 인권 증진 등을 위해 다양한 국가와 이해관계자들이 협력하고, 이를 위한 행동의 규범과 표준의 제정을 주요 목표로 한다. 실제로 EU와 회원국은 국제 규범과 표준을 제정하는 다양한 다자기구에 적극적으로 참여해 왔고, 지금도 그러하다. 이를 통해 EU는 EU법과 노동 규범 등을 국제 규범이나 표준 제정에 반영시키려고 노력한다. 예를 들어 1983년 유럽의회는 노조 설립의 자유, 단체협상권, 강제노동 금지, 고용 시 차별금지에 관한 국제노동기구(ILO) 규정을 준수하겠다는 약속을 '관세 및 무역에 관한 일반 협정(General Agreement on Tariffs and Trade)' 회원국들에 촉구한 바 있다. 또한 세계무역기구(WTO) 체제 출범 초기에는 일련의 다자협상을 통해 노동문제를 통상과 적극적으로 연계하는 방안도 선진국들과 함께 EU가 모색한 바 있다. 예를 들어 기본적인 노동권을 인정하지 않는 제3국의 수출품에 반덤핑 관세를 매기거나 국제 기준을 밑도는 노동조건을 보조금으로 간주하여 상계관세를 부과하는 조치 등이 그에 해당한다.[14] 그러나 이러한 시도는 특히 개발도상국 그룹의 격렬한 저항으로 실패로 끝났다. 노동기준이 보호주의 목적으로 사용될 우려가 있다는 그들의 주장 탓이었다. 결국, WTO 회원국들은 국제 수준에서 인정되는 핵심적인 노동기준을 존중하겠다고 약속하면서도, 노동기준을 수립할 권한이 ILO에

---

14 박정택·김성중, "노동문제와 통상 분쟁: 기업의 대응 방안", 『월간 노동법률』, Vol. 376 (2022년 9월), pp. 118-121.

있음을 명확히 했다. 그로 인해 노동기준의 설정은 WTO 권한 영역에서 완전히 분리되고, 관련 권한은 ILO의 고유 영역으로 재확인되었다.[15]

따라서 현재 ILO의 국제노동 규범 및 표준은 EU 노동기준의 외부화를 위한 준거 틀로서 그 중요성이 더욱 강화되고 있다. 내부적으로도 ILO 표준은 EU 회원국의 비준과 더 나은 적용을 위한 정당성 제공의 우회로가 되어 EU 자체의 노동 법제와 지침 설정에 주요한 토대가 되어왔다. 예컨대 ILO의 차별금지 규정은 2000년 EU의 '평등 기회 및 차별금지 지침'으로 발전했다. 그리고 ILO의 노동조합의 자유와 보호에 관한 협약은 2002년 EU의 '노동조합 권리 및 단체 협약에 관한 지침'과 ILO의 노동시간 규정은 노동자의 주당 최대 노동시간을 48시간으로 제한하고 최소 휴식을 보장하는 2003년 EU의 '노동시간 지침' 수립의 기반이 된 바 있다.[16] 또한 가장 최근인 2024년 11월 EU 이사회의 최종 승인을 받은 '강제노동 결부 제품의 금지에 관한 규정'도 ILO의 관련 표준[17]이 그 토대가 되었다.

하지만 그러한 상호 간 협력관계와 중요성에도 불구하고, ILO가 EU 노동기준의 외부화 혹은 글로벌화를 위한 직접적 통로가 되는 데는 한계도 있다. 무엇보다 다자기구의 한계로 종종 지적되는 그 규범과 규칙의 구속력 문제를 ILO 또한 공유하고 있기 때문이다. 더욱이 WTO 조약과 달리 EU(특히 유럽위

---

15 Paweł Frankowski, "Labor standards and external promotion of European norms", https://aei.pitt.edu/79013/1/Frankowski.pdf. (2024년 12월 10일 검색)

16 ILO, *The ILO and the EU, partners for decent work and social justice, impact of ten years of cooperation* (Geneva: ILO office, 2012), pp. 6-35.

17 ILO, *ILO Standards on Forced Labour, The New Protocol and Recommendation at a Glance* (Geneva: International Labour Office, 2016), pp. 3-23.

원회) 자체는 ILO 협약의 서명 당사자가 아니며 회원국만이 당사자가 될 수 있다. 따라서 EU는 ILO와 어떤 협약도 비준할 수 없다. 그 결과 그러한 다자기구를 통한 EU 노동기준의 외부화에도 일정한 제한이 있게 된다.

'무역협정'도 EU 노동기준의 글로벌 표준화를 위한 통로로 작용할 수 있다. WTO 체제 출범 초기의 일련의 협상에서 노동문제를 통상 의제로 포함하려던 시도가 실패하면서, 미국과 유사하게 EU는 양자 간 무역협정과 여기에 노동조항을 반영하는 전략으로 선회했다. 통상과 노동문제가 분리된 WTO나 혹은 앞선 ILO 방식과 달리 자유무역협정(FTA)과 같은 무역협정은 EU 노동기준을 의무로 규정하거나 그것을 외부화 및 확산시키는 데 더 유리할 수 있다. EU를 대표한 유럽위원회가 협정의 당사국이기 때문이다. 실제로 EU는 차세대(new-generation) FTA에서 '지속 가능한 발전(sustainable development)'이나 '사회에 관한 장(social chapters)'을 내용에 포함하고자 노력해 왔다. 이는 2011년 체결된 한국과 EU 사이의 FTA에서도 찾아볼 수 있다. 여기서 노동 및 환경 기준을 내용으로 하는 '무역 및 지속 가능한 발전(Trade and Sustainable Development, TSD)의 의무'에 관한 별도의 제13장이 포함되었다. 해당 장 제3조에 따르면 양측은 노동 및 환경 보호 수준을 높이고 법률과 국가 간 인정된 노동 및 환경 기준에 부합하는 높은 수준의 보호를 제공하기 위해 협력하기로 약속했다. 동시에 양측은 자국의 법률과 관행에서 ILO의 노동 기본권을 존중, 증진 및 실현하고, 비준한 ILO 협약을 효과적으로 이행하겠다는 약속(제13장 4.3조)도 재확인했다.[18] 이 협정 이후부터 EU의 모든 FTA에는 인권뿐만 아니

---

18 Aleydis Nissen, "Not That Assertive: The EU's Take on Enforcement of Labour Obligations in Its Free Trade Agreement with south Korea", *European Journal of International Law*, Vol. 33,

라 환경 및 노동 표준에 관한 조항 등 비교역적 목표(Non-trade objectives, NTO)가 포함되기 시작했다. 그 결과 2022년 기준 무역협정의 1/3은 노동기준에 관한 조항을, 2/3는 인권과 환경에 관한 조항을 담고 있는 것으로 나타났다.[19]

그러나 이러한 무역협정이 거래 상대방의 NTO 준수 달성에 얼마나 실효성이 있는지에 대해서는 의문 또한 제기되고 있다. 무엇보다 NTO의 집행력이 낮고, 이를 이유로 거래 상대방에게 약속 이행을 촉구하는 방안으로 무역협정을 중단하거나 종료하는 것도 EU의 이익에 부합하지 않는다. 그리고 이행의 강제성을 담보하기 위해 EU가 관세를 동원하는 '채찍'의 대응 방식도 마땅치 않다. WTO 규정이 상호 간에 관세 철폐를 요구하고 있기 때문이다.[20] 더욱이 협정에 참여하는 거래 상대방의 시장 규모 및 산업구조(수출 중심 혹은 내수 중심), 참여 상대방의 EU 시장에 대한 의존도, 협정 이행에 따른 적응 비용의 비대칭적 배분 효과, 그리고 무역협정에 참여하는 행위자 수에 따라 기준(표준)에 입각한 규제 효과가 달라질 수 있다는 점 등까지 고려하면 무역협정에서도 EU 노동기준의 외부화 및 글로벌화에 필요한 선호의 수렴에 제한이 없지는 않을 것이다.[21]

또한 '표적화된 무역 제한'도 제3국을 EU 기준으로 수렴시키면서 EU 기준의 글로벌 표준화에 공헌하는 하나의 방식이 될 수 있다. 이는 EU 기준의 불이행이나 위반에 대한 강제 제재를 통해 해당 기준을 준수하도록 유도하는 것

No. 2 (May 2022), p. 613.

19 Elisabeth Christen et al., *op. cit.*, p. 18.

20 *Ibid.*, p. 19.

21 Daniel W. Drezner, "Globalization, Coercion, and Competition: The different pathway to policy convergence", http://danieldrezner.com/research/gcc.pdf. (2024년 12월 5일 검색)

이다. 특히 이는 특정한 개인, 기업 또는 국가를 상대로 폭넓게 취해지거나 혹은 그들의 특정한 상품이나 거래 행위만을 표적화하여 EU 시장에서의 경제활동에 제한을 둘 수도 있다. 중요한 점은 이러한 제재가 제3국의 다른 경제 행위자를 향할 수도 있다는 점이다. 즉, EU 밖에서 이루어진 거래 행위일지라도, 표적 대상과의 거래를 이유로 제3국의 다른 경제 행위자가 EU 시장에서 경제활동을 하는 데 있어 제재가 가해질 수 있다. 이에 대한 가장 대표적인 사례로는 우크라이나 전쟁이 시작된 이후 인권 침해와 EU 제재의 계속되는 회피 시도를 이유로 제재 수위를 강화하고 있는 러시아 정부 및 그와 관련된 다양한 개인과 기업에 대한 일련의 무역 제재를 들 수 있다.[22] 이러한 표적화된 제한은 양자 또는 다자 간 무역협정의 이행을 보장하기 위한 또는 그 위반에 대응하기 위한 수단으로 해당 협정들과 함께 사용될 수 있다. 또한 그러한 제한은 EU 표준으로의 이동이나 국제법의 규칙을 집행하기 위한 수단으로도 동원될 수 있다.[23]

그러나 이 방식 또한 EU 기준을 제3국으로 외부화하는 데 있어 무역협정과 유사한 한계를 갖고 있는 듯하다. 무엇보다 주로 표적 대상의 산업이 수출에 얼마나 의존적이며, 그리고 수출을 위해 EU 시장을 표적 대상이 얼마나 중요하게 여기는지에 따라 EU의 강제 제재 효과는 다를 것이다. 또한 표적 대상

22 KIEP, "EU, 러시아에 대한 14차 제재 패키지 채택", https://www.emerics.org:446/newsBriefDetail.es?brdctsNo=367473&mid=a10100000000&systemcode=04 (2025년 1월 8일 검색)

23 Alan Eustace, "The European Union's forced labour regulation: Putting the 'Brussels effect' to work for international labour standards", *European Labour Law Journal*, Vol. 15, Issue 1 (March 2024), p. 147.

에게 있어 제재를 감내할 수 있게 하는 대체 시장의 존재 여부, 동맹 세력을 구할 수 있는 표적 대상의 능력도 그 효과를 좌우할 것이다. 더욱이 제재받았을 시 표적 대상의 보복 위협과 능력이 실질화될 수 있는 정도도 중요할 것이다. 나아가 표적 대상에게 있어 EU의 제재 위협이 얼마나 신뢰할 만하며, 실제로 그 위협을 EU가 실행에 옮길 수 있는 집행 능력과 제재에 임하는 회원국 간 결속 역시도 제재의 효과에 따른 EU 기준의 수용 정도를 결정하는 주요한 요소일 것이다.

한편, 글로벌 표준화를 위해 노동기준을 외부화하는 EU의 또 다른 방식으로 브래드포드(Anu Bradford)에 의해 널리 알려진 '브뤼셀 효과(Brussels Effect)'에 의한 것이 있다. 이는 EU가 자신의 일방적 시장의 힘에 의존해 EU 기준으로 상대방의 자발적 수렴을 유도하는 방식을 의미한다. 이러한 방식에는 몇 가지 장점이 있다. 무엇보다 이는 기준의 외부화를 위해 EU가 다른 국가의 동의를 얻지 않아도 되게 한다. 또한 국제조약이나 협정에서 동의를 거부하는 국가에 금전적 지원을 약속하거나 강압적인 조치를 취할 필요도 없게 한다. 게다가 조약 타결 여부를 둘러싼 다자간 협상의 어려움과 불확실성에서도 EU가 벗어날 수 있게 한다.[24] 한마디로, 이 방식은 EU에 어떠한 비용 부담도 요구하지 않으면서 다른 국가나 관할권이 그들 기업의 지지를 바탕으로 EU의 높은 규제 기준을 따라 자국 시장의 기준을 높이는 자발적 경로를 가져온다는 점이다.

그러나 이러한 브뤼셀 효과의 발생을 위해서는 일련의 조건이 필요하

---

24 Anu Bradford(2015), *op. cit.*, p. 167.

다. 시장 규모(market size), 규제 역량(regulatory capacity), 규제 성향(regulatory propensity), 비탄력적 대상(inelastic targets), 표준의 비분할성(non-divisibility of standards) 등이 이에 해당한다.[25] 여기서 '시장 규모'는 자신의 규제 및 기준을 글로벌화하고, 이를 시장이나 산업에서 통용되는 표준으로 제3국이 채택하게 유도하려면 크고 영향력 있는 소비시장이 필요함을 의미한다. '규제 역량'은 시장 규모가 규제 영향력으로 실질적으로 전환되기 위한 조건으로, 규제를 효과적으로 생산하고 집행할 수 있는 제도적 구조를 의미한다.[26] 그리고 이러한 규제 역량에는 이를 구현하기 위한 정치적 의지가 더해져야 하는데, 그것이 '규제 성향'이다. 다시 말해 규제 성향이란 엄격한 규제 기준에 대한 선호와 그 기준의 집행에 유리한 규제 친화적인 정치적 분위기와 의지를 뜻한다. 한편, 엄격한 규제 기준이 글로벌 표준으로 작동하려면 규제가 겨냥하는 대상이 '비탄력적'이어야 한다. 즉, 이동이 불가할 만큼 규제 대상이 특정한 규제 체제에 묶여 있어야 한다는 것이다. 예를 들어 기업처럼 규제를 피해 다른 국가나 관할권으로 이동할 수 있다면, 규제 효과는 떨어질 것이다. 따라서 이동이 쉽지 않고 역내에 머물 가능성이 큰 소비자나 제품 안전과 같은 소비자 시장 등을 규제가 겨냥해야 한다는 것이다. 끝으로 '표준의 비분할성'이란 EU에 적용해 정의한다면 제3국에 근거지를 둔 기업이 EU에 수출 및 판매하는 상품과 서비스를 위해 EU 시장의 규정이나 법을 준수할 뿐만 아니라, 어떤 시장에 대해서도 EU 기준에 맞춰 모든 상품을 생산하고, 심지어 그것이 다른 시장에서

---

25 Anu Bradford(2020), *op. cit.*, pp. 25-65.

26 Anu Bradford(2015), *op. cit.*, p. 161.

요구하는 기준을 넘어설지라도 EU 기준에 따라 생산하는 것을 의미한다.[27] 다시 말해 표준의 비분할성이란 기업이 전 세계적 생산공정에서 EU 기준을 단일 표준으로 일괄 적용하는 것을 뜻한다고 할 수 있다.

이러한 조건을 바탕으로 다양한 영역(소비자 건강과 안전, 시장 경쟁, 환경 보호, 디지털 경제 등)에서 브뤼셀 효과가 실제로 그 영향력을 발휘하고 있는 것으로 입증되고 있다. 그럼에도, 브뤼셀 효과는 노동시장에 한해서만은 그 적용에 한계가 있는 것으로 여겨지고 있다. 브래드포드에 따르면, 그 이유는 아래와 같은 점에 있다.

> "규모의 경제가 단일 생산지로 생산을 집중할 것을 생산자에게 요구하지 않는 한, 노동시장은 분할될 수 있다. 예를 들어, 여러 관할권에 걸쳐 하나의 글로벌 최저임금을 준수하는 것은 규모의 경제를 거의 동반하지 않는다. 따라서 기업은 - 노동시간과 휴가 정책으로부터 퇴직 계획, 단체노동 전략에 이르기까지 - 여러 관할권에서 서로 다른 기준을 어려움 없이 유지할 수 있다.[28] […] 물론 노동기준은 다른 수단을 통해 다른 관할권으로 성공적으로 수출될 수 있다. 다만 여기서 주장하는 바는, 노동기준이 분할될 수 있는 한까지는 그것이 브뤼셀 효과의 적용을 받지 않는다는 점이다."[29]

이상과 같이 EU는 글로벌 표준화를 위해 노동기준을 외부화할 수 있는 몇

---

27 Alan Eustace, *op. cit.*, p. 154.

28 Anu Bradford(2020), op. cit, p. 62.

29 *Ibid.*, p. 307.

가지 방식을 가지고 있다. 하지만 그 외부화를 위해 EU가 독립적으로 어느 하나의 방식만을 사용하지는 않을 것이다. 오히려 각 방식의 혼재 속에서 EU가 그 기준의 외부화를 추진하는 경우가 현실적으로 대부분일 것이다. 그렇지만 다자기구에서 무역협정으로의 선회가 시사하듯이, 기준의 외부화를 위한 EU의 주요 방식에서 변화도 감지할 수 있다. 따라서 뒤이은 내용에서는 사례를 동원해 그 변화와 기저에 깔린 이유를 탐지한다.

3. EU 노동기준의 외부화 탐색

1) EU 강제노동 결부 제품 수입 금지 규정

2022년 9월 유럽위원회 제안으로 시작된 새로운 규정이 2024년 12월 13일 발효되었다(발효 이후 3년간 유예 기간을 거치고 2027년부터 본격 적용). 'EU 시장에서 강제 노동 결부 제품의 금지에 관한 유럽의회와 이사회 규정'이 바로 그것이다. 유럽위원회 제안서에 따르면 강제노동이란 강제 아동 노동을 포함하여 1930년 ILO의 강제노동에 관한 협약 제2조(제29호)에 정의된 강제 또는 강요된 노동[30]을 의미한다.[31] 하지만 실질적인 핵심 규칙은 제안된 유럽위원회 규

---

30 제재의 위협하에서 강요받거나 자발적으로 요청하지 않은 모든 노동이나 서비스를 말한다. 여기서 의무 군복무, 시민적 의무를 수행하는 공무, 교도소 내 강제노동, 비상시의 강제노동, 소규모 공동체에서 의무로 부과된 업무는 예외로 하고 있다. ILO(2016), *op. cit.*, p. 5.

31 European Commission, 2022c, "Proposal for a Regulation of the European Parliament and of the Council on prohibiting products made with forced labour on the Union market", COM(2022) 453 final, https://eur-lex.europa.eu/legal-content/EN/TXT/PDF/?uri=CELEX:52022PC0453. (2024년 12월 13일 검색)

정 제3조 이하부터이다. 해당 제3조는 그 적용 범위와 관련해 강제 노동으로 만든 제품의 EU 시장 출시 및 제공, 그리고 그러한 제품의 수출을 금지한다. 하지만 이미 최종 사용자에게 도달한 제품의 철회에는 적용되지 않는다고 명시하고 있다.[32]

제4조는 제3조의 위반 가능성을 평가할 때 가용한 모든 정보와 회원국의 위험 평가를 바탕으로 관할 당국이 예비 조사를 수행하도록 규정하고 있다. 또한 관할 당국은 사업자의 규모와 경제적 자원, 해당 제품의 수량, 강제 노동이 의심되는 연루의 밀접성을 고려하여 조사 대상을 선정하도록 권장하고 있다. 사업자는 요청이 있을 시 자체적인 실사를 통해서 얻은 정보를 관할 당국에 제공할 의무도 있다. 이때 제4조 6항과 7항에 따라 사업자에 의해 수행된 실사와 사업자가 제출한 정보에 관할 당국이 만족하면, 조사가 필요치 않을 수 있다. 그러나 그 반대일 경우, 제5조에 따라 관할 당국은 정식 조사를 시작해야 한다. 사업자는 '조사 대상 제품, 해당 제품의 제조업체 또는 생산자, 제품 공급업체를 식별하는 정보를 포함하여 조사에 관련되고 필요한 모든 정보'를 해당 관할 당국에 제공할 의무가 있다. 이때 관할 당국은 관련 사업자의 동의와 조사가 이뤄질 회원국 또는 제3국 정부에 공식 통지하고 이의 제기가 없으면 EU 역내·외에서 필요한 모든 확인 및 검사를 수행할 수 있는 권한이 있다.[33]

제6조에 따라, 만약 제3조를 위반했다고 관할 당국이 결정하는 경우, 해당

---

32 *Ibid.*

33 *Ibid.*

제품의 EU 시장 출시를 금지하고 이미 시장에 출시되었거나 출시된 해당 제품의 철수를 사업자에게 명령해야 한다(단, 위에서 언급한 바와 같이 최종 소비자에게 이미 판매된 모든 제품을 회수하는 것은 아니다). 그런 다음 사업자는 제6조 4(c)항에 따라 해당 제품을 모두 폐기해야 할 의무가 있다. 사업자가 이를 이행하지 않을 경우, 관할 당국은 이러한 금지, 철회 및 폐기를 가져오는 조치를 취할 수 있는 권한이 있다. 사업자가 운영이나 공급망에서 강제 노동이 제거되었다는 증거를 제공하는 때에만, 관할 당국은 결정을 철회하고 사업자의 제품 수입 및 유통 재개를 허용할 수 있다. 이러한 제6조에 따른 결정을 사업자가 준수하지 않았을 때를 대비해 회원국은 효과적이고 비례적인 처벌을 법으로 규정해야 한다. 제7조는 금지 결정을 위한 형식 및 내용에 관한 기준을 정하고 있으며, 제8조는 결정에 대한 항소권을 규정하고 있다.[34]

제9조, 제11조, 제13조 및 제14조, 제Ⅳ장의 절차적 요건에 따라 관할 당국은 정보를 공유하고, 결정에 관한 데이터베이스를 유지해야 한다. 그리고 이들은 서로의 결정을 인정하고, 기타 방식으로 EU 전체의 네트워크 내에서 협력해야 한다.[35] 본 규정 제Ⅲ장(15-21조)에는 강제 노동 결부 제품의 협의를 받는 사업자에 대한 관할 당국의 결정에 따라 EU 외부 국경에서 세관 당국이 취하는 제품의 압류나 철회 및 유통에 관한 구체적 내용들이 조항에 포함되어 있다.[36]

또한 유럽위원회를 향한 요구 및 권고사항도 내용에 담겨 있다. 요컨대, 제

34 *Ibid.*

35 *Ibid.*

36 *Ibid.*

23조는 예비 조사 과정에서 관할 당국을 만족시키기 위해 사업자가 수행해야 하는 실사 요건, 그에 관한 EU법이나 국제기구의 지시 및 권고, 강제 노동의 위험 지수에 관한 정보, 규정 이행에 필요한 기타 지시 등을 포함한 가이드라인을 유럽위원회가 작성하도록 요구하고 있다. 그리고 제26조는 강제 노동에 관한 정책을 개발하기 위해 제3국 당국, 국제기구 및 시민사회단체와 협력하도록 유럽위원회에 권장하고 있다.[37]

이러한 유럽위원회 규정안은 유럽의회로 송부되어 유럽위원회 권한 강화가 포함된 몇 가지 내용상 수정을 거쳤다. 특히 유럽의회 수정안은 강제 노동의 정의를 ILO 기준과 일치시키기 위해 "강제노동에는 공급망을 따라 수행되거나 제공되는 노동과 서비스가 포함되며, 처벌의 위협을 받고 자발적으로 제공되지 않은 사람에게서 요구되는 노동과 서비스가 포함된다"고 명시하고 있다. 또한 유럽위원회 규정안에는 위험 기반 접근 방식에 기반한 2단계 조사 과정을 제안하여 제품이 강제 노동으로 만들어졌다는 입증된 우려가 있는지에 대한 예비 조사를 관할 당국이 수행하게 되어 있다. 그러나 유럽의회 수정안은 그 예비 조사를 유럽위원회가 개시하고 회원국 당국과 함께 절차를 모니터링할 수 있는 권한을 추가했다. 그럼으로써 유럽위원회 역할을 강화했다. 그리고 유럽위원회 규정안에는 강제 노동의 위험 지수에 대한 가이드라인을 발표할 책임이 유럽위원회에 있다고 명시되어 있다면, 유럽의회 수정안은 이를 더욱 확장해 놓았다. 즉, 유럽의회는 강제 노동을 사용할 위험이 큰 지역 및 경제 부문의 목록을 작성하는 작업을 유럽위원회가 맡도록 했고, 목록에 포함

37 *Ibid.*

된 지역에서 생산된 제품에 대해서는 기업이 입증책임을 지도록 했다. 게다가 조사 결과, 제품 생산 과정에서 강제 노동이 발견되면 관할 당국은 해당 제품의 EU 시장 출시 및 수출을 금지할 수 있는데, 이미 EU 시장에 출시된 제품은 반드시 회수하여 폐기하도록 했다. 그리고 유럽의회는 부패하기 쉬운 제품은 공급망에 관련된 사업자가 자선단체에 기부해야 하며, 부패하지 않은 제품은 최후의 수단으로 폐기하되 재활용해야 한다고 덧붙였다. EU 시장에서 철수한 제품을 재진입시키려면, 해당 기업은 운영 및 공급망에서 강제 노동을 사용하지 않았다는 증거 또한 제시하도록 했다.[38]

그러나 강제노동을 막기 위한 이러한 규정안이 실효성이나 강도 면에서 기대에 미치지 못한다는 평가가 있었다. 게다가 이 규정안이 중소기업에 너무 가혹하다는 우려도 제기되었다.[39] 이를 보완하기 위해 EU는 2024년 6월 중소기업을 배제하고 주로 대기업에 적용되는 공급망 실사 지침(Corporate Sustainability Due Diligence Directive)[40]에 합의했다(2027년부터 적용 예정). 이는 회원

---

38 Gorrissen Federspiel, "Update on the EU's proposed ban on products made with forced labour", https://gorrissenfederspiel.com/en/update-on-the-eus-proposed-ban-on-products-made-with-forced-labour/. (2025년 1월 3일 검색)

39 Herbert Smith Freehills, "The EU's forced labour regulation – A comprehensive assessment", https://www.herbertsmithfreehills.com/insights/2023-02/the-eus-forced-labour-regulation-%E2%80%93-a-comprehensive-assessment. (2024년 12월 29일 검색)

40 공급망 실사 지침은 일정 기준을 충족하는 EU 역내 기업뿐만 아니라 제3국의 역외 기업에도 적용되며, 적용 기준은 일반 기업과 로열티 수익기업으로 구분된다. 먼저, 일반 기업을 살펴보면, 역내 기업은, (1) 연간 전 세계 순 매출 규모가 4억 5,000만 유로를 넘고, (2) 평균 직원 수가 1,000명을 초과하는 초대형 기업에 적용된다. 역외 기업의 경우, 4억 5,000만 유로의 EU 역내 순 매출액만 고려한다. 또한 로열티 수익기업은 일반적인 프랜차이즈 또는 라이선스 계약을 체결해 일정 규모의 수익을 창출하는 기업으로, 해당 로열티로 인한 수익이 2,250만 유로가 넘고, 매출 규모가 8,000만 유로를 초과하는 경우 적용된다. 다만, 최근 2년 연속으로 적용 기준을 충족한 경우에만 EU 공급망 실

국의 일부 대기업을 중심으로 자발적인 실사가 시행되었지만, 역내 통일된 기준의 부재로 기업들이 자사에 유리한 부분만 실사를 시행하는 등 투명하지 않고 비효율적이라는 지적이 끊임없이 제기되어 온 결과였다. 이에 EU는 공급망 실사 지침을 제정해 기업의 지속 가능 경영에 대한 법적 의무를 강화하기로 했다.[41]

물론 보호 무역 장벽이라는 '재블록화'에 대한 의심도 받지만, EU는 다른 경제권에 비해 무역과 외국인 투자에 매우 개방적인 태도를 유지해 온 것으로 자부한다. 그럼에도 EU는 회원국 및 EU 영토 밖으로 자신의 표준을 외부화하기 위해 관행의 변화를 유도하려고 역내시장 진입을 점점 더 많이 활용하고 있다. 특히 전통적인 다자주의 틀에서 일방주의로 전환하고 있음을 위의 해당 규정이 잘 보여준다. 이는 글로벌 공급망이 성장하고 EU 핵심 산업 부문에서 기업의 제3국으로의 이전이 증가하면서 회원국 자체의 제품 생산도 줄어든 것이 그 한 이유였다. 더욱이 지정학적 긴장 상황이 고조되는 가운데 국가안보, EU의 산업 경쟁력, 인권 및 기후변화 완화와 관련해 EU의 전략적 자율성이 강조되면서 글로벌 공급망 전반에 대한 엄격한 모니터링을 위해 EU가 더욱 전면에 나서야 한다는 요구가 커진 것도 또 다른 이유였다.[42]

사 지침이 적용되며 역내 기업은 전년도 회계연도를, 역외 기업은 전전년도 회계연도를 기준으로 한다. KOTRA, "EU, 공급망실사지침(CSDDD) 발효 임박", https://dream.kotra.or.kr/kotranews/cms/news/actionKotraBoardDetail.do?SITE_NO=3&MENU_ID=90&CONTENTS_NO=1&pNttSn=217008. (2024년 12월 15일 검색)

41 *Ibid.*

42 Vassilis Akritidis and Jean-Baptiste Blancardi, "How Cos. Can Prepare For EU's Forced Labor Regulation", https://www.crowell.com/a/web/btr7UcJjQqX5WMcPCLPHo/how-cos-can-prepare-for-eus-forced-labor-regulation.pdf. (2024년 12월 11일 검색)

그러한 일방주의는 EU가 가진 시장의 힘과 일방적 규제 영향력, 즉 '브뤼셀 효과'가 강제노동 규정을 통해 제3국에 스며들 여지도 제공하는 것으로 판단된다. '브뤼셀 효과'에 따르면 EU는 크고 영향력 있는 시장 규모와 규제 역량에서 선두권을 형성한다. 그리고 규제 성향, 즉 엄격한 규제 선호에서도 EU는 타의 추종을 불허하는 것으로 알려져 있다. 또한 비탄력적 대상으로서 이동이 불가한 소비자 시장이자 노동시장을 가진 EU의 성격은 차치하더라도, 강제노동 규정은 브래드포드의 주장과 달리 브뤼셀 효과의 또 다른 조건인 '비분할성'의 노동시장 적용 가능성을 암시하는 것으로 생각된다.

구체적으로, 강제노동 규정은 강제 노동 자체의 사용 금지보다는 강제 노동으로 만들어진 '제품'의 EU 시장 판매를 금지하는 데 더 목적을 두고 있다. 제품을 겨냥한 그러한 목적은 글로벌 공급망과 결부되어 최종 완제품에 이르는 각 생산품의 공정 단계마다 어떤 것이 강제 노동으로 생산되었고, 어떤 것이 그렇지 않은지 사업자의 파악을 어렵게 만든다. 게다가 규정을 피하려면 강제노동의 결과물이 EU 시장에 출시될 가능성이 없다는 확신이 사업자에게 필요하지만, 공급망의 복잡성은 이 또한 불가능하게 한다. 따라서 EU를 제품의 최종 목적지로 하지 않는 생산시설에서도 사업자는 강제 노동을 제거해야 할 것인데, 비록 법적으로 그럴 의무가 없음에도 그리해야 할 것이다.

더욱이 그러한 강제 노동 사용의 파악에 딸린 불확실성을 없애기 위해 유럽의회가 '강제노동을 사용할 위험이 큰 지역 및 경제 부문의 목록 작성'을 유럽위원회에 요청하고, 사업자에게는 목록에 포함된 지역에서 생산된 제품에 강제노동이 사용되지 않았음에 대한 '입증책임'을 부여하고자 한다. 이는 EU가 하나의 생산지(강제 노동을 사용할 위험이 없거나 낮은 지역)로 제품 생산의 집적을 유도하는 것으로 볼 수 있다. 결국 이 규정은 브뤼셀 효과에 따른 EU 노동기준으로의 수렴과 외부화 가능성을 내포한다. 게다가 입증책임과 실사 요건 등으로 인해 사업자가 짊어질 공급 지연에 대한 비용, 그리고 강제노동의 사용에 따른 사업자의 글로벌 평판까지 고려한다면 EU 노동기준으로의 수렴과 그 외부화 가능성은 더욱 커질 것이다.[43]

그렇지만 이러한 브뤼셀 효과의 전파 여지가 다음에서 살펴볼 한-EU FTA와 같은 무역협정들의 향후 노동 관련 분쟁 사례들에서도 나타날지는 단언하기가 쉽지 않다. 그렇다고 해서 차후의 가능성마저 완전히 무시할 수는 없어 보인다. 왜냐하면 EU가 한국과의 FTA 분쟁 사례에서 브뤼셀 효과(시장의 힘과 일방적인 규제 영향력)를 내포하는 협상 자세를 구사하지 않은 점에 아쉬움을 표하는 일부 평가들이 있기 때문이다.

2) 한-EU FTA 제13.4.3조에 규정된 사회적 의무 위반 혐의에 대한 EU와 한국 간의 국제 중재

EU는 1995년부터 무역협정에 '인권 조항'을 체계적으로 포함시켜 왔다. 그러나 1998년 ILO의 기본권 선언(ILO 회원국은 아동 및 강제노동 철폐, 고용 및 직업에 관한 차별 철폐, 결사의 자유, 단체교섭권의 효과적인 인정 등을 존중, 증진 및 성실하게 실현할 의무)이 채택된 이후 EU는 기본적 노동권에 더욱 초점을 맞추기 시작했다. 비록 초창기에는 EU 무역협정에서 노동권에 대한 언급이 덜 명시적이었지만, 2009년 리스본 조약 발효 이후 EU가 스스로를 선도적 사례로 여기고

43 Alan Eustace, *op. cit.*, pp. 154-156.

더 넓은 세계에서 자신의 가치를 홍보하려고 노력하면서 노동권에 대한 언급이 더욱 활성화되었다. 그 영향으로 노동 및 환경 기준을 내용으로 하는 '무역 및 지속 가능한 발전(TSD)의 의무'에 관한 별도의 제13장이 포함되어 2011년 한-EU FTA 조약[44]이 체결되고, 2015년 12월 13일부로 동 조약이 발효에 들어갔다.

한-EU FTA 조약은 지속 가능한 발전[45]을 원칙의 초석으로 삼고 있다. 따라서 TSD 의무에 관한 제13장이 양측의 FTA 조약에 포함되었고, 조약 당사자와 시민사회의 참여를 위한 상설 대화 시스템 또한 마련되었다. 이 제13장에서 핵심 조항 중의 하나는 제13.4.3조였다. 이에 따르면 '양 당사자는 자신의 법과 관행에서 1998년 ILO 선언에서 정한 기본적 노동권을 존중, 증진 및 실현하기로 약속'하고 있다. 이에는 한국이 단결권 협약을 통해 이행하고자 하는 노동조합의 권리도 포함되어 있다.

이와 관련해 EU는 한국의 '노동조합 및 노동관계 조정법(이하 노동관계 조정법)'[46]의 일부 조항에 부과된 실질적 제한으로 인해 해당 조항이 ILO 법률 및 관행에 명시된 결사의 자유 및 단체교섭권과 양립할 수 없다고 판단했다. EU

---

44 외교부(당시 외교통상부), "대한민국과 유럽연합 및 그 회원국 간의 자유무역협정", https://www.fta.go.kr/webmodule/_PSD_FTA/eu/doc/00_3_Fulltext.PDF. (2024년 12월 12일 검색)

45 EU가 말하는 지속 가능한 발전이란 환경 보호, 사회적 포용(노동문제를 비롯한), 경제적 성장의 조화를 추구하는 정책과 전략을 뜻한다. 이는 단순한 목표가 아니라 EU의 미래를 위한 필수적 접근법이고, 한-EU FTA 제13장 제목에 무역과 함께 그 명칭이 사용되는 점은 이미 무역과 노동문제가 연계되어 처리될 것임을 암시하고 있다고 할 수 있다.

46 고용노동부, "노동조합 및 노동관계조정법", https://www.law.go.kr/%EB%B2%95%EB%A0%B9/%EB%85%B8%EB%8F%99%EC%A1%B0%ED%95%A9%EB%B0%8F%EB%85%B8%EB%8F%99%EA%B4%80%EA%B3%84%EC%A1%B0%EC%A0%95%EB%B2%95. (2024년 12월 16일 검색)

는 양립 불가의 근거로 크게 3가지를 들었다. 즉, 매우 제한적인 근로자 개념 채택, 공공기관의 노동조합 인정 재량권, 노동조합 대표자 선출의 자유 제한이 그것이었다. 또한 EU는 한국이 ILO 협약 제29호, 제87호, 제98호 및 제105호를 비준하기 위한 충분한 노력을 기울이지 않았다고 판단했다. 그 결과 EU는 FTA 조약 제13.14조 1항에 규정된 바와 같이 2018년 12월 17일 한국에 협의를 요청했다. 특히 한국의 노동관계 조정법 조항과 ILO 기본 협약의 비준 노력이 불충분하다는 것이 주된 이유였다. 2019년 1월 21일 원만한 해결을 위한 양측의 서울 회담이 실패로 돌아간 뒤, 2019년 7월 4일 EU는 노동조항 문제를 다룰 전문가 패널 설치를 공식 요청하는 서한을 한국 정부에 발송했다. 그리고 같은 해 12월 30일에 패널이 공식 출범했다. 2020년 1월 20일부터 2월 14일 사이에 절차 규칙 7에 따라 EU와 한국 측의 1차 서면서가 상호 제출되었고, 잠시 코로나 팬데믹 시기의 휴지기를 거친 뒤인 2020년 10월 8일과 9일에 전문가 패널 심리가 개최되었다.[47]

이 전문가 패널 심리에서 한국은 제기된 사안이 무역 관련 사안이 아니기에 EU의 요청이 패널의 관할권이 아니라고 주장했다. 한국은 한-EU FTA의 제13.2.1조 - 달리 규정된 경우를 제외하고, 이 장은 노동 및 환경 문제의 무역 관련 측면에 영향을 미치는 양 당사자에 의해 채택되거나 유지된 조치에 적용된다 - 가 제13장을 무역에 관한 것으로 제한한다고 주장했다. 패널은 이에 동의하지 않고 제13.4.3조는 제13.2.1조가 존재하도록 허용하는 예외에 해당한다

47 Michele Mazzetti, "Poverty Everywhere Endangers Prosperity Everywhere: Trade Agreements and Labour Rights Protection", PhD. Dissertation, School of International Studies at University of Trento, 2023, pp. 203-204.

고 주장했다. 패널에 따르면, 제13.4.3조는 주요 국제노동 원칙과 권리를 달성하거나 이를 위해 노력하겠다는 각 당사자의 약속이 노동의 무역에 관한 영향과 연결되어서만 존재하게 될 가능성을 배제하는 방식으로 작성된 것이라고 했다.[48] 이는 EU와 한국이 제13.4.3조가 단순한 무역 관계를 넘어 ILO가 정한 보편적 원칙을 FTA에 통합시킨 것으로 패널이 인정하고 있음을 의미했다.[49]

또한 전문가 패널은 싱가포르 각료회의 선언도 되짚었다. 한국이 FTA 조약 제13.2.2조 - 양 당사자는 환경 및 노동기준이 보호주의적 무역 목적을 위해 이용되지 아니하여야 할 것임을 강조한다. 양 당사자는 어떤 경우에도 그들의 비교우위를 문제 삼지 아니하여야 할 것임을 주목한다 - 가 보호주의를 금지하고 있음에도 비교우위에 의문을 제기하고 있다고 주장했기 때문이다. 이에 대해 패널은 동 조약 제13.2.2조의 문구가 'ILO 핵심 노동기준의 촉진을 보호주의 그 자체로 해석해서는 안 된다'는 1996년 싱가포르 각료회의 선언문을 반영하고 있다고 강조하면서 한국의 주장을 일축했다.[50] 나아가 패널은 다음과 같은 1996년 OECD 실증 연구의 결론을 한국에 상기시키기도 했다. 즉, "이러한 기준(제13.4.3조에 언급된 핵심 노동기준과 기본 원칙 및 권리)의 적용이 해당 국가의 경쟁적 지위에 영향을 미칠 수 있다는 우려는 자유화의 맥락에서 볼 때 근거가 없다. 오히려 장기적으로는 모든 국가의 경제적 성과를 강화하는 경향이 있을 수 있다."[51] 궁극적으로 패널은 '양질의 노동'이 한국과 EU가

---

48 Aleydis Nissen, *op. cit.*, p. 626.

49 Michele Mazzetti, *op. cit.*, p. 208.

50 *Ibid.*, p. 211.

51 *Ibid.*, p. 212.; Organization for Economic Cooperation and Development, *Trade, Employment and Labour Standards: A Study of Core Workers' Rights and International Trade* (Paris:

공식화한 TSD 열망의 핵심이라고 판단했다. 따라서 노동권의 구현은 그들이 유지하고 발전시키기 위해 노력하는 시스템의 필수적 구성 요소로 결정되었다.[52]

한편, 전문가 패널은 단체교섭의 효력을 인정받을 권리를 언급하지 않은 EU의 제출된 서면에 개의치 않고, 다음을 판결했다. 즉, 패널은 분쟁의 소지가 있는 다른 노동관계 조정법 조항들이 ILO 회원국 자격에 따른 의무에 부합하게 자신의 법률과 관행에서 단결권 존중, 증진 및 실현하기로 한 약속을 한국이 위반했다고 판단했다. 패널이 한국의 의무 위반을 결정한 이유는, 노동관계 조정법 조항들이 결사의 자유와 단체교섭의 효력 인정을 모두 위반한 것으로 본 데 있었다. 특히 패널은 노동관계 조정법 제2조 1항 - "근로자"라 함은 직업의 종류를 불문하고 임금、급료、기타 이에 준하는 수입에 의하여 생활하는 자를 말한다 - 에 대한 평가에서 그것이 자영업 근로자의 노동조합을 인정하지 않고 있다고 지적했다.[53] 또한 패널은 해당 근로자 정의와 관련해 그 정의에서 해고자와 실직자가 제외되어 있는데, 단결권의 적용을 받는 사람을 결정하는 기준은 고용 관계의 존재 여부와 무관해야 한다. 해고자와 실직자를 노동조합 가입에서 배제하는 조항은 반노조적이고 해고를 조장하므로 결사의 자유 및 단체교섭의 원칙에 반한다고 주장했다.[54] 더욱이 패널은 단체교섭에 대한 한국의 해석을 고려하여 노동관계 조정법 제23조 1항 - 노동조합

OECD, 1996). https://www.oecd.org/en/publications/trade-employment-and-labour-standards_9789264104884-en.html. (2024년 12월 31일 검색)

52 Aleydis Nissen, *op. cit.*, p. 627.

53 Michele Mazzetti, *op. cit.*, p. 223.

54 *Ibid.*, p. 224.

의 임원 자격은 규약으로 정한다. 이 경우 하나의 사업 또는 사업장을 대상으로 조직된 노동조합의 임원은 그 사업 또는 사업장에 종사하는 조합원 중에서 선출하도록 정한다 - 을 평가했다. 이에 대해 한국은 '한국의 노사 단체교섭은 일반적으로 기업 수준'에서 이루어지며, 이는 노조 조합원과 기업 경영진 간의 독특한 파트너십과 일상적인 접촉이 있기 때문이라고 말했다. 그러나 패널은 '기업별 노조 간부가 기업에서 근무해야 한다는 요구는 결사의 자유에 위배된다'는 ILO 결사의 자유 위원회가 명시한 내용에 주목했다. 이에 따르면 노동자 단체는 완전한 자유로 대표자를 선출할 권리가 있었다.

패널은 핵심 노동에 관한 ILO 협약 제29호, 제87호, 제98호 및 제105호 비준을 위한 한국의 노력이 불충분하다는 EU의 주장은 기각했다. 패널은 FTA 조약 제13.4.3조의 마지막 문장 - 양 당사자는 ILO 핵심 협약뿐만 아니라 ILO에 의해 "현행" 협약으로 분류된 그 밖의 협약들을 비준하기 위해 계속적이고 지속적인 노력을 할 것이다 - 이 당사자에게 여유를 부여하고 있으며, 비준 노력이 '중단 없이' 이뤄져야 한다는 것을 요구하지는 않는다고 판단했다.[55] 즉, 이미 이룬 한국의 노력을 그에 관해 가시화된 것으로 간주했던 셈이다. 전문가 패널이 권고안을 발표하고 3개월 후인 2021년 4월에 한국은 드디어 ILO 협약 제29호, 제87호, 제98호를 비준했다.

그러나 그 비준에서 강제노동 철폐에 관한 ILO 협약 제105호는 빠졌다. 그 이유는 다음에 있었다. 첫째, 역대 한국 정부는 한국 남성이 의무적으로 군복무를 해야 하기에 강제노동 폐지에 문제가 있다고 지적해 왔다. 북한과 대결

55 Aleydis Nissen, *op. cit.*, p. 627.

하고 있는 한국의 특수 상황에서 볼 때 징병제를 협상할 수 없는 문제로 여긴 때문이다. 또한 ILO 협약 제29호 제2조 2항은 군복무가 강제 또는 강요된 노동이 아니라고 명시적으로 규정하고 있지만, 제105호에는 이런 조항이 없었다. 둘째, 1948년 제정된 '국가보안법' 제7조는 북한에 우호적인 정치적 의견을 표현한 경우, 징역형과 함께 교도소 노동형을 선고할 수 있도록 규정하고 있다. 이에 대해 ILO 협약 제105호 제1(a)조는 정치적 강압과 교육의 수단으로서 또는 기존 정치, 사회 또는 경제체제에 이념적으로 반대되는 정치적 견해나 견해를 보유하거나 표현한 것에 대한 처벌로서 강제 또는 강요된 노동을 명확하게 규정하고 있었다. 셋째, 2003년 '외국인 근로자의 고용 등에 관한 법률'에는 한국 노동시장을 보호하면서 인력 부족으로 어려움을 겪는 부문에 혜택을 주는 비자 제도가 포함되어 있었다. 이 제도에 따라 이주민은 수작업이 필요한 직종에 취업할 수 있으며, 300인 미만의 중소 규모 공장에서 최대 3년까지 일할 수 있었다. 이를 위해서는 입국 이전에 한국인 고용주와 근로계약을 체결해야 하며, 이를 위해 채용 수수료를 지불하는 경우가 많았다. 한국에 도착한 후 일부 이주민은 약속했던 일자리와 다른 일자리를 얻거나, 예상보다 더 위험하거나 임금이 적다는 사실을 알게 되는 경우가 많았다. 그러나 이 제도는 이직을 협상할 수 있는 권리를 이주민에게 거의 제공하지 않으며, 이주민을 강제 노동을 포함한 모든 형태의 착취에 취약하게 만들었다. 그로 인해 ILO는 이주 노동자들이 높은 채용 수수료로 인해 빚과 다른 형태의 속박을 강요받는다고 지적한 바 있었다. 이에 대해 ILO 협약 제105호 제1(b)조는 경제 발전을 목적으로 노동력을 동원하고 사용하는 방법으로서 강제노동 또는 강요된 노동을 명시적으로 금지하고 있었다.[56] 이상의 이유로 ILO 협약 제105호의 비준에 관한 한국의 노력은 매우 더디게 진행되었다.

그럼에도 이러한 비준에 관해 EU에서 일부 긍정적 평가가 나오기도 했다. 예를 들어 당시 유럽위원회 무역 담당 총국장은 TSD 장의 실제 이행 사례로 이를 높이 평가했다. 그리고 EU 자문단의 한 일원은 '한국 정부가 ILO 협약 비준을 검토하기로 한 결정은 부분적으로 우리 활동의 결과이며, 많은 사람이 문을 두드리면, 조만간 문이 열릴 것임'을 보여주는 사례로 그 비준에 의미를 부여하기도 했다. 비록 비준과 관련하여 한국은 그것이 정부 간 협의와는 아무런 관련이 없다고 주장했지만, 정부 간 협의가 시작된 이후로 일부 큰 진전이 있었던 것은 분명해 보인다. 첫째, 유럽위원회는 2021년 4월 EU와 한국이 ILO 협약 제105호 비준을 위한 한국의 준비 작업을 공동으로 검토하기로 합의했다고 발표했다. 둘째, EU와 한국은 TSD 위원회의 특별 임시 회의에서 2021년 7월 발효 이후 새로운 노동관계 조정법 조항의 적용을 공동으로 검토하기로 합의했다. 셋째, 2018년 이후 처음으로 EU의 자문단과 한국의 자문단이 만났고 시민사회 포럼이 개최되었다.[57]

반대로 그 중재 과정 전반에 대해서 일부 부정적 평가 또한 존재했다. 첫째, 이들은 TSD에 관한 제13장의 분쟁 해결 방식으로 금전적 또는 무역 제재와 같은 강경한 접근이 아닌 전문가 패널의 판결에 의존하는 '연성적(soft)' 접근을 문제로 지적했다. 제13장 위반에 대한 제재방식으로 전문가 패널의 판결

56 *Ibid.*, pp. 619-620.

57 *Ibid.*, p. 628.

이 구속력이 약하다는 뜻이었다. EU가 이러한 연성적 접근을 분쟁 해결 방식으로 선택한 이유는 제재가 경제적 배상으로 이어질 수 있을지, 그리고 그러한 제재가 현장에서 효과적이고 지속 가능하며 계속적인 개선을 가져올 수 있을지가 불확실하다는 유럽위원회의 판단에 따른 것이었다. 또한 TSD 의무를 집행이 가능하게 하려면, EU가 TSD의 의무 범위를 줄여야 한다는 협상 파트너들의 주장도 그에 한몫했다.[58]

둘째, 일부 부정적 시각은 유럽위원회가 지속 가능한 발전을 위한 중요한 기회를 놓쳤다고 평가했다. 이 시각에 따르면 한국과의 FTA에서 노동조항이 잘 이행되지 않는 한 가지 이유는 한국이 해당 조항을 수출 산업의 경쟁력을 저해하는 것으로 인식한다는 것이었다. 실제로 한국은 오랫동안 대기업의 이익을 위해 해당 분야 노동자들의 희생을 강요해 왔다. 그 대가로 삼성, 현대, SK하이닉스 등 ILO 결사의 자유 위원회에 의해 제소 대상이 된 대기업들은 오늘날 한국을 경제 강국으로 만들었다.[59] 더욱이 이들 한국의 대기업은 세계에서 가장 유명한 브랜드를 판매하고 있다. 특히 삼성그룹은 2021년 글로벌 평판지수에서 17위를 차지했고, 또한 「포춘」 지가 선정한 2021년 세계에서 가장 존경받는 기업 333위에 삼성전자와 현대자동차가 이름을 올리기도 했다. 많은 기업이 평판 압박에서 비교적 자유롭지만, 이들 유명 대기업은 최종 소비자에게 직접 '제품'을 공급하기 때문에 상대적으로 평판 압박에 취약할 수밖에 없다. 이들은 EU에서 브랜드 평판을 유지 또는 회복하기 위해 유해

58 *Ibid.*, p. 615.

59 *Ibid.*, p. 624.

한 행위가 노출될 위험이 커지면, 그리고 EU 시장을 중요한 수출 지역으로 삼고 있는 입장에서 브뤼셀 효과의 논리에 따라 자발적으로 기본적 노동권 실적을 개선하기 위해 노력하게 될 가능성이 높을 것이다. 따라서 전문가 패널 논의에서 한국 수출 부문의 노동권 문제에 관한 질문은 이들 기업의 평판 리스크를 증가시켰을 것이다. 그리고 이들 대기업의 언론 영향력이 큰 한국과 달리 EU에서는 분쟁 절차에서 제기된 부정적 여론을 돌리는 것도 쉽지 않을 것이다.[60] 그럼에도 유럽위원회가 EU의 노동기준이 투사될 수 있는 이러한 기회를 이용하지 못했다는 것이다.

결론적으로 이상의 내용에서 나타나는 바는 크게 세 가지로 정리될 수 있다. 첫째 FTA와 같은 무역협정을 통해 EU가 통상 관련 사안에 노동문제를 적극 연계시키고 있는 점이다. 게다가 FTA에 노동 관련 조항을 반영하는 것에만 그치지 않고, 실제로 해당 조항에 따라 EU가 상대국과의 통상 분쟁을 불사하는 태도까지 보이고 있는 점이다.[61]

둘째 유럽위원회가 특정 사안(제13.4.3조에 규정된 사회적 의무 위반)과 특정 노동자에 대해서만 전문가 패널에 제소한 점이다. 그 이유는 대략 두 가지 요인으로 설명될 수 있다. 우선, 수년간 한국과의 TSD 사안에 관한 협상에서 실패를 겪은 유럽위원회는 노동권에 대한 한국의 국내 입장에 영향을 미치려는 시도에 어려움을 느끼고 있었다. 따라서 EU는 적어도 일부 가시적인 효과를 얻기 위해 논란이 덜할 것으로 여긴 분야와 더 적은 쟁점 사안에 집중하는 방식을

---

60 *Ibid.*, p. 625.

61 박정택·김성중, *op. cit.*, p. 119.

선택했다. 다음으로, 시장 개방에 따른 일시적 효과일 수 있지만 협정을 협상하던 당시 EU의 대한국 수출이 증가했고, 반면에 한국의 대EU 수출은 감소했다. 따라서 유럽위원회는 한-EU FTA가 한국에 많은 혜택을 제공하지 않았기에 한국이 특별히 태도를 바꿀 의향이 없을 것으로 생각했다.[62]

셋째, 이 분쟁 사건은 전문가 패널의 조사 결과를 실행하는 집행 체제에 약점이 있음을 보여준다. EU 사회조항 모델이자 한-EU FTA 제13장은 제재를 통해 강제되지 않는다. 제재가 없다는 것은 해당 조항의 법적 억지력을 잠재적으로 감소시키는 중요한 한계이다. 패널보고서의 선언적 성격은 근로자의 권리를 보호하고자 하는 사람들에게는 무딘 무기가 될 수 있다. 이렇듯 제재의 위협이 없으면 법적 조항의 억지력이 감소하기 때문에, 위반으로 인한 비용은 주로 평판 손실이며 정부의 민주성이 높을수록 그 역시 증가한다. 반대로 권위주의나 상대적으로 민주성이 약한 정부에서는 평판 손실의 영향이 제한적이기 때문에, 이들 국가에서는 패널보고서의 효과가 떨어질 것이다. 오히려 그런 국가에서는 무역 및 경제제재가 실질적인 억지력으로 작용할 것이다. 이러한 제한적 효과의 증거는 한국의 후속 조치에서 잘 드러난다. 예를 들어, 앞서 말했듯이 한국은 그동안 미비준 상태에 있던 ILO 핵심 협약 중 3개 협약(제29호, 제87호, 제98호)은 비준했으나, 협약 제105호는 미비준 상태로 남겨두었다. 그러면서 형법 검토의 필요성을 미비준의 정당성으로 들었다. 게다가 분쟁 종결 이후에도 전문가 패널의 권고에 부합하도록 노동법이나 형법을 포괄적으로 개혁하는 절차를 밟았어야 했으나 한국은 그리하지 않았다. 오히려 노

---

62 Aleydis Nissen, *op. cit.*, p. 625.

동조합의 자유를 제한할 수 있는 복수노조 모델과 노조 해산 또는 축소 재량권을 그대로 유지하기로 했다.[63]

4. 나오며

이상의 내용에서 보았듯 글로벌 표준화를 향한 EU의 노동기준 외부화 노력은 다양하게 이루어진다. 국제 규범 및 규칙을 제정하는 WTO, ILO 등의 '다자기구'를 활용하거나 '무역협정'에 의하거나 혹은 EU 가입협정과 파트너십 조약에 의해서도 EU는 자신의 기준을 수출할 수 있다. 나아가 EU는 '경제 제재나 강압'과 같은 보다 강경한 방식에 의존할 수도 있다. 하지만 대부분 이는 상대방의 동의를 끌어내기 위한 손실 감수와 정치적 타협이 불가피한 점에서 지불해야 할 비용이 클 것이다. 한편으로 입법 차용이나 다양한 벤치마킹 역시 EU 기준이나 규칙이 확산하는 통로가 될 수 있다. 이때는 EU 규제기관의 개입이 거의 필요치 않을 것이다. 그런 점에서 '일방주의', 즉 시장의 힘과 일방적 규제 영향력에 의존해 상대방이 EU 기준을 자발적으로 수용하게 하는 브뤼셀 효과에 의한 방식도 EU 노동기준의 중요한 외부화 통로로 활용될 수 있다. 물론 이는 외국의 주권 당국이나 규제기관과의 협력보다는 EU 시장의 진입과 교역을 원하는 외국 기업들의 의지를 그 바탕으로 한다.

이러한 다양한 방식에도 불구하고, 중요한 공통점은 EU가 자신의 노동 규

---

63 Michele Mazzetti, *op. cit.*, pp. 240-241.

범 및 기준을 무역과 적극적으로 연계하고 있는 점이다. 앞에서 본 사례에서도 이는 잘 드러난다. 이러한 점은 EU가 자기 기준으로의 수렴을 유도하는 방안으로 역내시장 진입을 적극 활용할 것임을 시사한다. 즉, EU 역내 노동시장 규칙이나 기준에 미달한 기업 '제품'은 EU 시장 진입에 커다란 제한을 받을 수 있다는 뜻이다.

그리고 그 규칙이나 기준을 밖으로 수출하는 데 있어 EU는 다자기구보다는 FTA와 같은 무역협정으로의 선회를 뚜렷이 하고 있다. 예를 들어 2024년 10월 기준으로 EU는 한국을 포함한 약 78개국과 46건의 양자 및 다자간 FTA를 체결했고, 그 수를 점차 늘려가는 추세에 있다. 게다가 이 무역협정에 곁들여 브뤼셀 효과가 상정하는 일방주의도 점점 힘을 얻고 있다. 이는 EU 시장 진입을 원하는 역외 기업 행위자에게 EU 기준의 자발적 수용을 유도하는 것으로 볼 수 있으며, 그러한 힘은 EU의 시장 규모와 함께 규정(Regulation)과 같은 일방적 규제 형태의 영향력에서도 나온다고 볼 수 있다. 특히 본 글의 사례인 '강제노동 관련 규정'에서 '규정'은 다자간 협력 대상이 아니며 EU 단독의 제정 대상이자 EU 내부의 논의 대상일 뿐이다. 더욱이 규정은 법적 강제력이 가장 크고 발효 즉시 효력을 발휘하므로 긴급한 상황이나 일관된 정책 실행에 유리하다. 또한 규정은 모든 회원국에 즉시 적용되며, 각국의 법률 체계에 따라 해석될 필요가 없다.[64] 따라서 이는 EU 내에서 일관된 법적 틀을 제공하여 법적 불확실성을 줄여준다. 게다가 정책 통합의 효과가 큰 점까지 고려할 때, 환경이나 노동과 같은 분야에서 규정의 수가 앞으로 증가할 소지도 있

---

64 Neill Nugent (8th eds.), *The Government and Politics of the European Union* (London: Palgrave, 2017), p. 230.

다.

그렇다고 하여 EU가 다자기구를 포기하지는 않는다. 선택적이기는 하지만, EU가 다자간 규칙이나 제도에 계속 의존하는 것은 무역협정이나 혹은 일방적인 시장의 힘만으로는 충분치 않은 경우가 있기 때문이다. 심지어는 EU가 도덕적 가치와 의무에 따라 행동하고 제3국에 자신의 기준을 채택하도록 종용하기 위해서라도 다자기구는 더욱 유용하다. 예를 들어 본 글의 사례이자 브뤼셀 효과의 투영 가능성도 있는 '강제노동에 관한 규정'과 '한-EU FTA 분쟁 사례' 모두는 ILO 공통 기준을 상위 규범으로 제시한다. 이렇게 국제사회 전체가 공유하는 ILO 공통 기준을 통해 EU 기준을 추진하면, 이는 EU 가치와 기준의 정당성을 높이는 동시에 반발을 누그러뜨리는 효과를 기대할 수 있다.[65] 따라서 궁극적으로는 다자기구가 EU 기준을 글로벌 표준으로 안착 및 결정화시키는 '잠금효과(lock-in effect)'의 유용한 수단이 될 수도 있다.

나아가 경중의 차이는 있겠으나 노동기준의 외부화를 위한 EU의 노력은 전방위적일 것이다. 한-EU FTA 분쟁 사례가 증명하듯이 EU는 상황에 따라 상대국과의 통상 분쟁도 불사하는 태도를 보일 것이다. 그리고 어떠한 방식이나 경로가 되었든 노동기준의 외부화를 위한 EU의 시도에는 근본적인 동기가 있다고 판단된다. 즉, '유럽의 경쟁력을 고양하는 동시에 단일시장의 성과와 EU 가치를 보존해야 한다는 것'이다. 무엇보다 EU 표준은 기업과 소비자에게 큰 혜택을 제공하며, 공평한 경쟁의 장을 만드는 단일시장의 핵심 도구라고 EU는 자평한다. 그리고 그 표준은 EU 가치를 보호하는 중요한 담지

---

65 Kristina Koldinská, "The International Labour Organisation and the EU – Old Friends with New Goals", *Hungarian Journal of Legal Studies*, Vol. 60, No 2 (June 2019), p. 175.

자 역할도 해왔다. 따라서 유럽의 경쟁력만이 아니라 노동을 포함한 사회적 및 환경적 목표에 담긴 EU 가치의 보호는 유럽의 주요 행위자들이 얼마나 성공적으로 EU 표준을 글로벌 차원의 표준으로 격상시킬 수 있느냐에 달려있다.[66] 또한 EU 노동기준의 외부화 시도는 역으로 '내부화, 즉 내부의 통합된 규칙 및 기준의 강화'까지 목표에 둔 것일 수 있음을 내포한다. EU 규칙 및 기준의 외부 수출을 위해서는 역내에서 회원국 간 기준의 조화와 일관된 적용을 선행적으로 요구하기 때문이다. 결국 이는 그동안 가장 통합이 더디게 진행된 것으로 알려진 노동·사회 분야에서도 법률과 규정을 중심으로 과거와 다른 통합의 속도감과 진척이 앞으로 관찰될 수도 있을 것임을 전망하게 한다.

---

66 European Commission(2022a), *op.cit.*

참고문헌

박정택·김성중. "노동문제와 통상 분쟁: 기업의 대응 방안". 『월간 노동법률』. Vol. 376 (2022년 9월), pp. 118-121.

로런스 부시(Lawrence Busch) 지음, 이종삼 옮김. 『표준: 현실을 만드는 레시피』. 서울: 한울아카데미, 2015.

한국정보통신협회. 『ICT 표준화 추진체계 분석서: 주요국 표준화 추진체계 편』. 서울: 한국정보통신협회, 2022.

고용노동부. "노동조합 및 노동관계조정법". https://www.law.go.kr/%EB%B2%95%EB%A0%B9/%EB%85%B8%EB%8F%99%EC%A1%B0%ED%95%A9%EB%B0%8F%EB%85%B8%EB%8F%99%EA%B4%80%EA%B3%84%EC%A1%B0%EC%A0%95%EB%B2%95. (2024년 12월 16일 검색)

김지경. "미 캘리포니아주 '안전성 검증 의무' AI 규제법 의회 통과". https://imnews.imbc.com/news/2024/world/article/6631826_36445.html. (2024년 12월 15일 검색)

외교부(구 외교통상부). "대한민국과 유럽연합 및 그 회원국 간의 자유무역협정". https://www.fta.go.kr/webmodule/_PSD_FTA/eu/doc/00_3_Fulltext.PDF. (2024년 12월 12일 검색)

Josh Fruhlinger. "'엄격한 규정과 실효성 논란'의 사베인스-옥슬리법의 정의와 목적". https://www.itworld.co.kr/news/174234. (2025년 1월 7일 검색)

KIEP. "EU, 러시아에 대한 14차 제재 패키지 채택". https://www.emerics.org:446/newsBriefDetail.es?brdctsNo=367473&mid=a10100000000&systemcode=04. (2025년 1월 8일 검색)

KOTRA. "EU, '공급망실사지침(CSDDD) 발효 임박". https://dream.kotra.or.kr/kotranews/cms/news/actionKotraBoardDetail.do?SITE_NO=3&MENU_ID=90&CONTENTS_NO=1&pNttSn=217008. (2024년 12월 15일 검색)

Andersdotter, Amelia and Olejnik, Lukasz. "Policy strategies for value-based technology standards". *Internet Policy Review.* Vol. 10. Issue 3 (September 2021), pp. 1-26.

Bradford, Anu. "Exporting Standards: The Externalization of the EU's Regulatory Power via Markets". *International Review of Law and Economics.* Vol. 42 (June 2015), pp. 158-173.

Bradford, Anu. *The Brussels Effect: How the European Union Rules the World.* Oxford: Oxford University Press, 2020.

Christen, Elisabeth, Meyer, Birgit, Oberhofer, Harald, Hinz, Julian, Kamin, Katrin and Wanner, Joschka. "The Brussels Effect 2.0: How the EU sets global standards with its trade policy". *FIW-Research Reports.* No. 7 (October 2022), pp. 1-80.

Crouch, Colin. "Neo-Corporatism and Democracy". Crouch, Colin and Streeck, Wolfgang. (eds.). *The Diversity of Democracy: Corporatism, Social Order and Political Conflict.* Cheltenham: Edward Elgar Publishing, 2006, pp. 46-70.

DeSombre, Elizabeth R. *Flagging Standards: Globalization and Environmental, Safety and Labor Regulations at Sea.* Cambridge: MIT Press, 2006.

Erne, Ronlad. "Interest groups". Caramani, Daniele. (eds.). *Comparative Politics.* Oxford: Oxford University Press, 2020, pp. 252–266.

Eustace, Alan. "The European Union's forced labour regulation: Putting the 'Brussels effect' to work for international labour standards". *European Labour Law Journal.* Vol. 15. Issue 1 (March 2024), pp. 144-165.

ILO. *The ILO and the EU, partners for decent work and social justice, impact of ten years of cooperation.* Geneva: ILO Office, 2012.

ILO. *ILO Standards on Forced Labour, The New Protocol and Recommendation at a Glance.* Geneva: International Labour Office, 2016.

Koldinská, Kristina. "The International Labour Organisation and the EU - Old Friends with New Goals". *Hungarian Journal of Legal Studies.* Vol. 60. No 2 (June 2019), pp. 173-184.

Leonard, Mark. *The Age of Unpeace: How Connectivity Causes Conflict.* London: Penguin Books, 2021.

Mazzetti, Michele. *Poverty Everywhere Endangers Prosperity Everywhere: Trade Agreements and Labour Rights Protection.* PhD. Dissertation. School of International Studies at University of Trento, 2023.

Nissen, Aleydis. "Not That Assertive: The EU's Take on Enforcement of Labour Obligations in Its Free Trade Agreement with south Korea". *European Journal of International Law*. Vol. 33. No. 2 (May 2022), pp. 607-630.

Nugent, Neill. (8th eds.). *The Government and Politics of the European Union*. London: Palgrave, 2017.

Vogel, David and Kagan, Robert A. "Introduction". Vogel, David and Kagan, Robert A. (eds.). *Dynamics of Regulatory Change: How Globalization Affects National Regulatory Policies*. Berkeley: University of California Press, 2004, pp. 1-41.

Akritidis, Vassilis and Blancardi, Jean-Baptiste. "How Cos. Can Prepare For EU's Forced Labor Regulation". https://www.crowell.com/a/web/btr7UcJjQqX5WMcPCLPHo/how-cos-can-prepare-for-eus-forced-labor-regulation.pdf. (2024년 12월 11일 검색)

Drezner, Daniel W. "Globalization, Coercion, and Competition: The different pathway to policy convergence". http://danieldrezner.com/research/gcc.pdf. (2024년 12월 5일 검색)

European Commission. 2019. "Communication from the Commission to the European Parliament, the European Council, the Council, the European Economic and Social committee and the Committee of the Regions: The European Green Deal". COM(2019) 640 final. https://eur-lex.europa.eu/resource.html?uri=cellar:b828d165-1c22-11ea-8c1f-01aa75ed71a1.0002.02/DOC_1&format=PDF. (2024년 12월 10일 검색)

European Commission. 2022a. "Communication from the Commission to the European Parliament, the Council, the European Economic and Social committee and the Committee of the Regions: An EU Strategy on standardisation Setting global standards in support of a resilient, green and digital EU single market". COM(2022) 31 final. https://eur-lex.europa.eu/legal-content/EN/TXT/?uri=celex:52022DC0031. (2024년 12월 10일 검색)

European Commission. 2022b. "Communication from the Commission to the European Parliament, the Council and the European Economic and Social committee on decent work worldwide for a global just transition and a sustainable recovery". COM(2022) 66 final. https://eur-lex.europa.eu/legal-content/EN/TXT/PDF/?uri=CELEX:52022DC0066. (2024년 12월 13일 검색)

European Commission. 2022c. "Proposal for a Regulation of the European Parliament and of the Council on prohibiting products made with forced labour on the Union market". COM(2022) 453 final. https://eur-lex.europa.eu/legal-content/EN/TXT/PDF/?uri=CELEX:52022PC0453. (2024년 12월 13일 검색)

Federspiel, Gorrissen. "Update on the EU's proposed ban on products made with forced labour". https://gorrissenfederspiel.com/en/update-on-the-eus-proposed-ban-on-products-made-with-forced-labour/. (2025년 1월 3일 검색)

Frankowski, Paweł. "Labor standards and external promotion of European norms". https://aei.pitt.edu/79013/1/Frankowski.pdf. (2024년 12월 10일 검색)

Herbert Smith Freehills. "The EU's forced labour regulation – A comprehensive assessment". https://www.herbertsmithfreehills.com/insights/2023-02/the-eus-forced-labour-regulation-%E2%80%93-a-comprehensive-assessment. (2024년 12월 29일 검색)

Organization for Economic Cooperation and Development. *Trade, Employment and Labour Standards: A Study of Core Workers' Rights and International Trade.* Paris: OECD, 1996. https://www.oecd.org/en/publications/trade-employment-and-labour-standards_9789264104884-en.html. (2024년 12월 31일 검색)

제2장

유럽의 권리 주도 모델과 디지털 규제

박상준

1. 들어가며

유럽연합(European Union, EU)은 종종 글로벌 규제 기관을 자처한다. EU는 다른 주요 규제 강대국들과 차별화되는 독특한 규제 방식을 가지고 있다. 중국의 국가 주도 규제 접근 방식과 미국의 시장 주도 접근 방식에 비해, EU의 규제 방식은 권리 주도 모델이다. 즉 유럽의 권리 주도 모델은 인간 존엄성, 데이터 개인정보보호, 민주주의 등과 같은 기본권을 보호하려는 목표를 추구한다.[1] 이를 위해 EU는 급변하는 디지털 기술 영역에 책임을 묻고 유럽 시민에게 해가 되지 않는 방향으로 규제하고 있다. 기술 영역에 대한 규제는 EU의 다른 모든 규제와 마찬가지로 유럽 시장을 대상으로 하지만 때로는 유럽 국

1 Anu Bradford, *Digital Empires: The Global Battle to Regulate Technology* (Oxford: Oxford University Press, 2023), p. 105.

경을 넘어 적용되는 경우가 많다. 즉 EU 규제는 유럽에 기반을 두지 않더라도 유럽 시장에 제품이나 서비스를 제공하는 모든 종류의 행위자에게 적용된다. 이러한 맥락에서 아누 브래드포드(Anu Bradford)는 글로벌 규칙과 표준을 설정하는 데 있어 EU의 중요성을 '브뤼셀 효과(Brussels effect)'[2]라는 용어로 설명하고 있다. 현재 EU는 대규모 디지털 플랫폼 규제 강화 시도부터 인공지능(AI) 규제를 위한 세계 최초의 입법, 데이터 거버넌스에 대한 새로운 규칙 그리고 사이버안보에 이르기까지 다양한 영역에서 표준을 설정하기 위해 적극적으로 활동하고 있다.

최근 유럽위원회(European Commission)는 디지털 전환 부문에서 일련의 비입법적 및 입법적 법안을 제안했다. 제정된 법안으로는 일반데이터보호규정(General Data Protection Regulation, GDPR), 디지털서비스법(Digital Services Act, DSA), 디지털시장법(Digital Markets Act, DMA), 인공지능법(Artificial Intelligence Act, AIA), 반도체법(Chips Act), 데이터거버넌스법(Data Governance Act), 데이터법(Data Act), 사이버보안법(Cybersecurity Act) 등이 있다. 이들 디지털 규제 법안은 안전한 온라인 환경과 공정하고 개방적인 디지털 시장을 보장하고 유럽의 경쟁력을 강화하며 알고리즘 투명성을 개선하고 유럽 시민들이 개인 데이터를 안전하게 공유하는 방법을 더 잘 통제하는 것을 목표로 한다.[3]

그중 GDPR과 인공지능법이 가장 잘 알려진 예이다. GDPR은 데이터 보

---

2 Anu Bradford, *The Brussels Effect: How the European Union Rules the World* (Oxford: Oxford University Press, 2020)

3 Maria Niestadt with Jasmin Reichert, "The global reach of the EU's approach to digital transformation", EPRS | European Parliamentary Research Service, PE 757.632–January 2024, p. 2.

호에 대한 기본권을 확립하려는 최초의 시도 중 하나이다. 2016년 발효된 GDPR은 현재 브라질, 인도, 일본과 같은 다양한 국가들뿐만 아니라 캘리포니아주와 같은 미국의 주요 주에서도 모방되고 있다. GDPR의 성공은 EU가 디지털 시장 규제에서 선도적인 역할을 할 수 있고, 또 해야 한다는 기대를 높였다. 한편, 2023년 세계 최초로 채택된 인공지능법은 인간 중심적이고 신뢰할 수 있는 AI를 촉진하는 것을 목표로 한다. 유럽위원회는 GDPR에 대해 " ... 디지털 시대에 개인의 기본권을 강화하고 디지털 단일 시장(Digital Single Market)에서 기업과 공공 기관에 대한 규칙을 명확히 함으로써 비즈니스를 촉진하기 위한 것"[4]이라고 명시하고 있다. 이처럼 유럽위원회는 해당 법이 개인의 기본권에 초점을 맞추고 있음을 분명히 강조하고 있다. 마찬가지로 유럽의회는 "인공지능법은 기본권, 민주주의, 법치, 환경적 지속가능성을 고위험 AI로부터 보호하는 동시에 혁신을 촉진하고 유럽을 이 분야의 리더로 만드는 것을 목표로 한다"[5]라고 주장하고 있다. 두 법안 모두 기술 부문의 발전과 급격한 변화로 인해 현재 사회가 직면한 유해한 결과로부터 유럽 시민들을 보호하는 것을 목표로 한다는 공통점이 있다. 따라서 GDPR과 인공지능법 모두 EU의 권리 주도 규제 접근 방식을 보여주는 대표적인 사례라고 할 수 있다.

유럽의 권리 주도 모델은 기본권을 보호한다는 점에서 찬사를 받아왔다. 하지만 브뤼셀 효과를 초래하는 권리 주도 규제 방식의 디지털 규제가 혁신을

---

4 European Commission, "Data protection in the EU", 2024, https://commission.europa.eu/law/law-topic/data-protection/data-protection-eu_en. (2024년 11월 23일 검색)

5 European Parliament, "EU AI Act: first regulation on artificial intelligence", 2023, https://www.europarl.europa.eu/topics/en/article/20230601STO93804/eu-ai-act-first-regulation-on-artificial-intelligence. (2024년 11월 23일 검색)

저해하여 EU의 경쟁력을 약화시킨다는 의견 또한 존재한다. 예를 들어, 대부분의 국가는 기술 기업의 운영에 간섭하려는 정부의 시도가 혁신 역량을 약화시킬 수 있다는 우려 때문에 디지털 부문에 대한 규제를 자제해 왔다. 특히 미국은 디지털 경제의 토대인 자유 시장, 자유로운 인터넷 등을 주장하면서 규제 반대를 주도해 왔다. 이는 개입주의적 접근 방식이 기술 기업의 혁신 활동을 저해하여 국가의 경제 및 기술 발전을 저해할 것이라는 우려를 반영한다. 이러한 우려는 오늘날의 미중 기술 전쟁 시대에 더욱 증폭되고 있다. 반면, EU는 거대 기술 기업을 견제하고 유럽 시민의 권리를 보호하기 위해 반독점법, 데이터 개인정보보호 규제 등에서 자신의 권한을 적극적으로 활용하고 있다. 이들 규제는 기술 기업의 일상적인 운영에 상당한 영향을 미쳐 데이터를 수집, 처리 또는 공유하고, 제품을 설계하고, 인터넷 사용자와 시장의 다른 기업들과의 상호작용하는 방식을 제한하고 있다. 그 결과 유럽에서는 아마존, 애플, 구글, 메타, 마이크로소프트 같은 선도적인 거대 기술 기업이 나오기 힘들다는 의견이 제시되곤 한다. 그런데 거대 기술 기업이 EU가 아닌 미국에서 설립된 이유가 EU의 엄격한 규제 때문이라는 것은 그다지 명확하지 않다.

따라서 본 글은 유럽의 권리 주도 모델이 추구하는 권리와 가치가 무엇인지, 그리고 이러한 규제 접근 방식이 기술 혁신과 발전을 저해하는지 아닌지에 대해 논의하는 것을 연구 목적으로 삼는다. 이러한 연구 목적에 따라, 먼저 EU의 권리 주도 모델과 브뤼셀 효과가 무엇인지에 대해 브래드포드의 논의를 중심으로 살펴본다. 이어서 EU가 디지털 규제 영역에서 어떤 규범적 가치를 추구하고 있는지를 분석하며, 이러한 유럽의 권리 주도 모델이 혁신을 저해하는지 아닌지에 대해 고찰한다.

2. 이론적 논의 : 유럽의 권리 주도 모델과 브뤼셀 효과

브래드포드는 EU의 규제 접근 방식이 유럽 시민의 기본권 보호에 초점을 맞추고, 이를 최우선 순위에 둠으로써 다른 접근 방식과 차별화된다고 설명한다. 이러한 접근 방식은 획기적이거나 새로운 것이 아니다. 유럽인권협약(European Convention on Human Rights)은 유럽의 인권과 기본적 자유를 보호하기 위한 국제 조약으로 1950년대까지 거슬러 올라간다. 이는 EU 제 조약에 지속적으로 반영되었다. 2009년 유럽연합기본권헌장(Charter for Fundamental Rights of the European Union)이 그 대표적인 사례이다. 이러한 의미에서 유럽 시민의 기본권 보호는 오랜 기간 EU의 최우선 과제였다. 따라서 유럽의 권리 주도 모델은 기본권을 중시하고 이를 계승 발전시켜 온 EU 역사에 기반하고 있다.

EU는 유럽연합기본권헌장을 사회 변화, 사회적 진보, 과학 및 기술의 발전에서 사람들의 권리와 자유를 보호하고 증진하는 현대적이고 포괄적인 도구라고 규정한다. 특히 유럽연합기본권헌장은 현대 사회를 더 잘 반영하기 위해 '제3세대' 기본권을 포함하고 있는데, 여기에는 데이터 보호, 생명윤리에 관한 보호, 투명한 행정 등이 담겨있다. 한편, EU는 기본권을 보장하기 위해 국가가 적극적으로 개입해야 한다고 믿고 있다. 다시 말해 EU의 권리 주도 접근 방식은 정부가 개인을 보호할 규칙을 수립해야 한다는 믿음에 근거하고 있다. 이는 EU와 회원국들이 유럽 시민들의 기본권을 보호하기 위해 시장을 규제

할 수 있는 법안을 채택해야 한다는 것이다.[6]

기본권 보호에 대한 EU의 노력은 특히 데이터 보호, AI, 온라인 콘텐츠 규제 등에 대한 규제에서 잘 드러난다. EU는 기술 기업들에도 규칙이 필요하다고 생각한다. EU는 기술 기업들의 경우 기술이 민주주의와 기본권에 어떤 영향을 미치는지를 이해하지 못하며 그들의 제품과 서비스가 이를 자주 훼손하고 있다는 것을 상당히 우려하고 있다. 이것이 바로 정부가 기술 기업들을 규제해야 한다고 믿는 이유이다. 예를 들어, EU는 유럽 시민의 기본권을 보호하기 위해 소셜 미디어의 온라인 콘텐츠를 제한하거나 민주적 담론 보호라는 명목으로 온라인 혐오 발언을 제한하고 있다. 이처럼 유럽의 권리 주도 모델은 개인의 권리와 시민의 정치적 자율성을 보호한다는 명목으로 정부의 개입을 정당화한다.[7]

유럽 모델이 다른 모델과 무엇이 다른지를 잘 보여주기 위해 다른 두 디지털 강국인 미국과 중국의 모델과 비교하여 설명하는 것이 적절하다. 미국이 주로 시장 주도 규제 모델을 가지고 있다면, 중국은 국가 주도 규제 모델을 가지고 있다. 미국의 시장 주도 모델은 자유 시장 및 혁신에 대한 인센티브 보호에 중점을 둔다. 경제적으로 유익한 이 모델은 기술 기업들을 육성하는 능력으로 찬사를 받았지만, 종종 기본권, 인간 존엄성, 정치적 자율성, 민주주의를 위협하는 대가를 지불했다. 반면 유럽의 권리 주도 모델은 언론 자유, 민주주

---

6 Annikken Håkonsen, The European Rights-Driven Regulatory Approach in the Technology Sector and its Extraterritorial Impact: A Comparative Case Study of the GDPR and the AI Act, Master's thesis in European Studies Supervisor: Carine S. Germond, 2024, pp. 22-23.

7 Anu Bradford, *Digital Empires*, 2023, *op. cit.*, pp. 105-111.

의, 인간 존엄성, 개인정보보호 등 여러 기본권의 보장을 추구한다. 한편, 중국의 국가 주도 모델은 자국 시민들의 의사소통 통제와 사회질서 유지를 강조하면서 국가의 기술적 지배력을 극대화하는 것을 목표로 한다. 이는 결국 표현의 자유 등과 같은 시민들의 기본권을 제약하는 효과를 초래한다. 이와 대조적으로 유럽의 권리 주도 모델은 시민들의 권리를 강화하고 개선하는 것을 목표로 한다. 이처럼 EU는 디지털 규제에 대해 인간 중심적이고 권리 중심적인 접근 방식을 채택함으로써 미국이나 중국과 보조를 맞추지 않겠다는 의지를 분명히 보여준다.[8]

이러한 유럽의 권리 주도 모델의 영향력은 유럽뿐만 아니라 역외에도 상당한 영향력을 행사한다. 브래드포드는 이를 '브뤼셀 효과'라는 용어로 설명한다. '브뤼셀 효과'라는 용어는 EU의 일방적인 글로벌 시장 규제 능력을 의미한다.[9] 브뤼셀 효과에는 '사실상의 브뤼셀 효과(de facto Brussels Effect)'와 '법적 브뤼셀 효과(de jure Brussels Effect)'라는 두 가지 유형이 있다. 사실상의 브뤼셀 효과는 글로벌 기업들이 EU 규제에 대응하여 자신들의 글로벌 차원의 활동을 EU 규칙에 맞게 조정하는 방식을 의미한다. 법적 브뤼셀 효과는 외국 정부가 EU식 규제를 채택하는 것을 의미하며, 이는 사실상의 브뤼셀 효과에 직접적으로 기반을 두고 있다.[10] 브뤼셀 효과의 근간에는 시장 규모, 규제 역량, 엄격한 표준, 비탄력적 대상 그리고 비분할성 등 다섯 가지 요소가 있다.[11]

---

8 *Ibid.*, pp. 7-105.

9 Anu Bradford, 2020, *op. cit.*, p. 1.

10 *Ibid.*, p. 2.

11 *Ibid.*, p. 25.

먼저 시장 규모는 브뤼셀 효과의 중요한 메커니즘이다. 수입국의 시장이 수출국에 비해 상당한 규모라고 가정하면, 기업이 수입국의 표준에 적응할 가능성이 더 높다. 따라서 상당한 규모의 EU 단일 시장은 유럽 외부로 규제 조치를 외부화할 수 있는 능력의 핵심이다. EU는 17조 달러가 넘는 국내총생산(GDP)을 가진 세계에서 두 번째로 큰 경제권이다. 전 세계 국민총소득(GNI)에서 EU가 차지하는 비중은 20%가 넘는다. 또한 EU는 두 번째로 큰 상품 수입국이자 가장 큰 서비스 수입국이다.[12]

두 번째로 규제 역량 측면에서 보면, EU는 특히 1986년 단일유럽법(Single European Act)을 채택한 이후 광범위한 규제 역량을 구축해 왔다. 규칙을 공표하고 준수를 보장하는 EU의 역량은 EU 기관들의 상당한 규제 전문성, 정책 결정의 일관성 그리고 광범위한 제재 권한에 달려 있다. EU는 기업들이 규제를 준수하지 않는 경우 상당한 벌금을 부과할 수 있는 권한을 보유하고 있을 뿐만 아니라 EU 시장에 대한 접근을 거부할 수 있다. 광범위한 규제 장치를 구축하기 위한 EU의 의식적인 노력은 통합 과정을 더욱 진전시켜 단일 시장을 완성해야 한다는 필요성에서 비롯되었으며, 이는 대부분 규제를 통해 이루어졌다.[13]

세 번째로 엄격한 표준의 측면에서 보면, EU는 유럽통합이라는 광범위한 목표를 촉진하기 위한 도구로서 규제 의제를 활용했다. 이 외에도 EU가 엄격한 규제를 추구하게 된 배경에는 주목할 만한 몇 가지 이유가 있다. 첫째, 유럽

---

12 *Ibid.*, pp. 26-30.

13 *Ibid.*, pp. 32-34.

인들은 시장보다 정부를 더 신뢰하는 경향이 있다. 공정성과 효율성을 확보하는 데 있어 정부의 역할을 중시하는 이데올로기적 성향이 강하기 때문이다(이데올로기). 둘째, 불확실한 상황에서 유럽은 개인이 제기하는 사적 소송보다는 공공 규제를 선호하며, 규제 기관이 개입하는 기준도 상대적으로 낮다. 따라서 문제가 있다고 판단되면 규제 기관이 더욱 적극적으로 규제에 나서는 경향이 강하기 때문이다(과정).[14]

네 번째로 비탄력적 대상이라는 측면에서 보면, 엄격한 국내 규제는 비탄력적 - 탄력적 대상이 아닌 - 대상을 겨냥하는 경우에만 글로벌 표준으로 작동할 수 있다. 비탄력적 대상은 규제 변화에 반응하지 않아 특정 규제 레짐에 묶여 있는 제품이나 생산자를 의미한다. 예를 들어, EU가 소비자 건강 및 안전을 규제하는 경우 규제의 대상은 EU 시장에서 소비자에게 판매된 제품이다. 제조업체의 위치가 아닌 EU 내 소비자의 위치에 따라 대상 제품에 대한 EU 규제의 적용 여부가 결정된다. 소비자 시장의 비탄력적 특성으로 인해 관할권에 대한 선택권이 생산업체들에게 주어지지 않는다. 다시 말해 생산업체는 소비자 시장의 비탄력적인 특성으로 말미암아 EU 규제를 준수하지 않으면 EU 시장에 접근할 수 없게 된다. 이에 EU는 탄력적인 자본 시장이 아니라 주로 데이터 개인정보보호와 같은 비탄력적인 소비자 시장을 규제한다.[15]

다섯 번째로 비분할성 측면에서 보면, 브뤼셀 효과는 다국적 기업들이 EU 표준을 준수하기 위해 제품 또는 비즈니스 관행을 전환한 후 이 새로운 표준

---

14 *Ibid.*, pp. 37-38.

15 *Ibid.*, pp. 48-49.

을 전 세계 제품 또는 활동에 적용하기로 결정할 때에만 촉발된다. 비분할성은 관할권 전반에 걸쳐 생산이나 비즈니스 관행을 표준화하여 - 맞춤화하는 것이 아니라 - 기업의 글로벌 활동을 규율하는 단일 표준을 적용하는 것을 의미한다. 단 하나의 규제 표준만을 준수하면, 기업은 단일 생산 과정을 유지할 수 있다. 이는 다양한 규제 표준을 충족하도록 생산을 조정하는 것보다 비용이 적게 든다. 즉 기업은 여러 종류의 제품을 생산하는 대신 가장 엄격한 규제를 모든 제품에 대한 표준으로 삼는다. 이렇게 하면 해당 생산업체의 제품은 모든 시장의 규제를 준수할 수 있다. 기업의 생산 또는 활동의 비분할성은 법적 비분할성, 기술적 비분할성, 경제적 비분할성 등 세 가지 주요 유형으로 나뉜다. 그중 마지막 유형인 경제적 비분할성이 브뤼셀 효과를 주도하는 가장 일반적인 유형이다. 법적 비분할성은 단일한 표준의 동인으로서 법적 요건과 구제책을 의미한다. 이는 일반적으로 기업이 가장 엄격한 관할권의 법을 준수함으로써 발생하는 파급효과로 발현된다. 기술적 비분할성은 기술적인 이유로 기업의 생산 또는 서비스를 여러 다양한 시장에 걸쳐 분할하는 것이 어렵다는 것을 의미한다. 이는 종종 데이터 개인정보보호 규제에 적용된다. 마지막으로 기업들은 종종 다양한 시장을 위해 서로 다른 제품을 생산할 수 있는 기술적 해법을 찾아낼 수 있지만, 기저에 깔린 경제학 - 특히 단일 생산과 관련된 규모의 경제가 가지는 중요성 - 은 이러한 분할을 실제로 유지될 수 없게 한다. 이러한 유형의 '경제적 비분할성'은 아마도 제조업체들이 글로벌 표준을 선택하는 가장 일반적인 이유일 것이다.[16]

---

16 *Ibid.*, pp. 53-62.

예를 들어보자. EU는 GDPR을 통해 초국적 기업의 행동과 외국 정부의 입법 활동에 영향을 미치고 있으며, EU를 넘어서서 개인정보보호를 강화하고 있다. 또한 EU는 온라인 혐오 발언 규제를 통해 전 세계 여러 관할권에서 허용되는 담론의 경계를 재정립하고 있다. 이처럼 데이터 보호는 브뤼셀 효과의 강력한 예시로, 사실상의 브뤼셀 효과와 법적 브뤼셀 효과로 나타난다. EU는 다국적 기업들에게 중요한 시장으로 브뤼셀 효과의 근본적인 전제 조건인 시장 규모를 충족시킨다. GDPR은 또한 유럽 외부에서 데이터가 처리되더라도 유럽 데이터를 보호하기 때문에 비탄력적이다. 더 나아가, GDPR은 이전보다 더 엄격한 데이터 보호 표준을 설정함으로써 브뤼셀 효과를 강화했고, EU의 규제 역량 또한 강화되었다. 데이터 개인정보보호에서 브뤼셀 효과의 발생은 비분할성의 존재 여부에 따라 결정되곤 한다. 기업들이 글로벌 브랜드를 유지하고 모든 사용자에게 동일한 보호를 제공할 필요성이 높아짐에 따라, 비분할성은 점점 더 중요한 요소가 되고 있다. 데이터 보호에서 법적인 브뤼셀 효과는 GDPR을 모방한 법을 도입한 아시아, 아프리카, 라틴 아메리카 등 여러 관할권으로 널리 확산되고 있다. 게다가 사실상의 브뤼셀 효과는 다국적 기업들로 하여금 자국 시장에서 GDPR 유형의 법률을 지지하도록 만들었다.[17] 이러한 과정을 통해 유럽의 권리 주도 모델이 전 세계적으로 큰 영향력을 발휘하게 되었다.

---

17 *Ibid.*, pp. 167-169.

3. EU 디지털 규제의 공통 가치

유럽의 디지털 규제는 글로벌 기업들이 전 세계 사업장에서 EU 규제를 자주 도입하는 현상인 브뤼셀 효과를 발생시킨다는 점에서 외국 기업들에게도 매우 중요하다. EU가 2016년 GDPR을 채택하자, 메타, 구글, 애플, 마이크로소프트 등 미국의 주요 기술 기업들이 이를 글로벌 데이터 보호 표준으로 수용하기 시작했다. 유럽식 규제는 사실상의 브뤼셀 효과(거대 기술 기업들이 EU 규제에 맞춰 글로벌 활동을 조정하는 방식) 외에도 외국 정부가 EU식 규제를 채택하는 것을 의미한 법적 브뤼셀 효과를 통해 전 세계적으로 확고히 자리매김하고 있다.[18]

현재 EU는 디지털 전환을 최우선 의제로 삼고 있다. '디지털 시대에 적합한 유럽(a Europe fit for the digital age)'을 건설하는 것은 2019~2024년 유럽위원회의 6대 우선 과제 중 하나였다.[19] 우르줄라 폰데어라이엔(Ursula von der Leyen) 유럽위원회 위원장은 2019~2024년 차기 유럽위원회 정치적 지침(political guidelines for the next European Commission 2019-2024)에서 유럽이 글로벌 표준이 될 차세대 기술 표준을 공동으로 설정하고 핵심 기술 분야에서 주권을 확보해야 한다고 강조했다.[20] 2021년, 유럽위원회는 2020년부터 2030년까지를 유

---

18 Ant Bradford, "Europe's Digital Constitution", 2023, 64 *VA. J. INT'L L.* 1, p. 6

19 유럽위원회 6대 우선 과제는 유럽 그린 딜, 디지털 시대에 적합한 유럽, 사람을 위해 일하는 경제, 세계에서 더 강력한 유럽, 유럽적 삶의 방식 촉진, 그리고 유럽 민주주의를 위한 새로운 추구이다. European Commission, "The European Commission's priorities", 2019, https://commission.europa.eu/strategy-and-policy/priorities-2019-2024_en. (2025년 1월 12일 검색)

20 Ursula von der Leyen, "My agenda for Europe: political guidelines for the next European Commission 2019-2024", Directorate-General for Communication (European Commission),

럽의 '디지털 10년'으로 선언했다.[21]

그렇다면 EU 디지털 규제의 근간이 되는 공통 가치들은 무엇일까? EU 디지털 의제는 주로 디지털 경제와 사회에서 유럽 시민의 개인적 · 집단적 권리를 강화하는 것을 목표로 한다. 이를 위해 EU와 회원국들은 개인의 기본권을 옹호하고, 사회의 민주적 구조를 보존하며, 디지털 경제에서 공정한 이익 분배를 보장하고, 디지털 단일 시장을 만들어 유럽통합을 진전시키는 데 중심적인 역할을 해야 한다. EU의 디지털 의제는 기본권, 민주주의, 공정성에 깊이 뿌리를 두고 있다. 이는 유럽연합조약(Treaty on European Union, TEU) 제2조 "연합은 인간 존엄성의 존중, 자유, 민주주의, 평등, 법치 및 소수자의 권리를 포함한 인간 존중의 가치 위에 설립된다"[22]라는 정신을 그대로 반영한 것이다. 또한 유럽연합기본권헌장은 사생활의 보호, 차별금지, 소비자 보호, 비즈니스 활동의 자유를 보호함으로써 이러한 가치들을 더욱 강화하고 있다.[23]

이러한 권리와 자유는 많은 디지털 의제에서 강조되고 있다. 즉 EU는 디지털 경제와 사회에 대한 인간 중심의 비전을 촉진하고자 한다. 기술은 사람들을 위해 작동하고 사람들이 사회에 참여할 수 있도록 도와야 한다. 기업은 동등한 조건으로 경쟁할 수 있어야 하며, 소비자는 자신의 권리가 존중된다는 확신을 가져야 한다. 인터넷은 개방적이고 공정하며 포용적이고 인간 중심적

2020, pp. 13-14.

21 European Commission, "Europe's Digital Decade: digital targets for 2030", 2021, https://commission.europa.eu/strategy-and-policy/priorities-2019-2024/europe-fit-digital-age/europes-digital-decade-digital-targets-2030_en. (2025년 1월 13일 검색)

22 채형복·김일곤·박상준 번역·해제, 『리스본 조약』(서울: 신서원, 2023), p. 72.

23 *Ibid.*, pp. 615-636.

으로 유지되어야 한다. 디지털 전환은 지속 가능하고 기후 중립적이며 자원 효율적인 경제에 기여해야 한다. 이처럼 EU는 디지털 기술에 대한 신뢰를 높이는 윤리적 규칙을 장려한다.

위에서 언급한 원칙은 2022년 유럽의회, 이사회, 유럽위원회가 공동으로 채택한 '디지털 시대를 위한 유럽 디지털 권리와 원칙 선언(Declaration on European digital rights and principles for the Digital Decade)'[24]에서 집대성된다. 해당 선언의 전문 6에서는 "디지털 전환을 위한 EU의 비전은 그 중심에 사람을 두고, 개인에게 권리를 부여하며, 혁신적인 비즈니스를 육성한다"라고 명시하고 있다. 전문 9에서는 "디지털 사회와 경제의 민주적 기능은 법치, 효과적인 규제 수단 및 법 집행을 전적으로 존중하여 더욱 강화되어야 한다"라고 주장한다. 특히 선언 1장에서는 "EU 디지털 전환의 중심에는 사람이 있다. 기술은 EU에 거주하는 모든 사람에게 도움이 되고 혜택을 주어야 하며, 기본권을 완전히 보장하고 존중하는 가운데 각자의 역량을 추구할 권리를 부여해야 한다"라고 명시하고 있다.[25] 유럽 디지털 권리와 원칙 선언은 [표-1]에서 보듯 1) 사람 중심의 디지털 전환, 2) 연대와 포용, 3) 선택의 자유, 4) 디지털 공공 공간 참여, 5) 안전, 보안 및 권한 부여 6) 지속가능성 등 여섯 개의 장으로 구성되어 있다.

---

24 European Commission, "European Declaration of Digital Rights and Principles for the Digital Decade", COM (2022) 28 final, 2022.

25 *Ibid.*

[표-1] 디지털 시대를 위한 유럽 디지털 권리와 원칙 선언의 주요 내용

장	주요 내용
제1장 사람 중심의 디지털 전환	1. EU 디지털 전환의 중심에는 사람이 있다. 기술은 EU에 거주하는 모든 사람에게 도움이 되고 혜택을 주어야 하며, 기본권을 완전히 보장하고 존중하는 가운데 각자의 역량을 추구할 권리를 부여해야 한다.
제2장 연대와 포용	2. 기술은 사람들을 분열시키는 것이 아니라 통합하는 데 사용되어야 한다. 디지털 혁신은 EU의 공정하고 포용적인 사회와 경제에 기여해야 한다. 3. EU의 모든 사람이 어디에서나 합리적인 가격의 고속 디지털 연결에 접근할 수 있어야 한다. 4. 모든 사람은 교육, 훈련 및 평생 학습을 받을 권리가 있으며 모든 기본 및 고급 디지털 기술을 습득할 수 있어야 한다. 5. 모든 사람은 고용 상태, 근무 방식 또는 기간과 관계없이 물리적 근무 장소와 마찬가지로 디지털 환경에서도 공정하고 정당하며 건강하고 안전한 노동 조건 및 적절한 보호를 받을 권리가 있다. 6. 노동조합과 고용주 단체는 특히 직장에서의 디지털 도구 사용을 포함한 공정하고 정당한 노동 조건의 정의와 관련하여 디지털 전환에서 중요한 역할을 해야 한다. 7. 모든 사람은 EU의 주요 공공 서비스에 온라인으로 접근할 수 있어야 한다. 누구도 디지털 공공 서비스에 접근하고 사용할 때 필요 이상의 데이터 제공을 요구받지 않아야 한다.
제3장 선택의 자유	8. 인공지능은 인간의 행복을 증진하는 것을 궁극적인 목표로 삼아 사람을 위한 도구로 사용되어야 한다. 9. 모든 사람은 디지털 환경에서 정보에 입각한 선택을 하는 등 알고리즘 및 인공지능 시스템의 이점을 누릴 수 있어야 하며, 동시에 자신의 건강, 안전 및 기본권에 대한 위험과 피해로부터 보호받을 수 있어야 한다. 10. 모든 사람은 객관적이고 투명하며 쉽게 접근할 수 있고 신뢰할 수 있는 정보를 바탕으로 어떤 온라인 서비스를 사용할지를 효과적이고 자유롭게 선택할 수 있어야 한다. 11. 모든 사람은 디지털 환경에서 공정하게 경쟁하고 혁신할 기회를 가져야 한다. 이는 중소기업을 포함한 기업들에게도 도움이 되어야 한다.

장	주요 내용
제4장 **디지털 공공 공간 참여**	12. 모든 사람은 신뢰할 수 있고 다국어를 지원하는 디지털 환경에 접근할 수 있어야 한다. 다양한 콘텐츠에 대한 접근은 차별 없이 다원적인 공적 토론과 민주주의에 효과적으로 참여하는 데 기여한다. 13. 모든 사람은 디지털 환경에서 표현의 자유와 정보의 자유, 집회 및 결사의 자유를 누릴 권리가 있다. 14. 모든 사람은 자신이 사용하는 미디어 서비스의 소유자 또는 관리자에 대한 정보에 접근할 수 있어야 한다. 15. 온라인 플랫폼, 특히 초대형 온라인 플랫폼은 온라인에서 자유로운 민주적 토론을 지원해야 한다. 여론과 담론을 형성하는 서비스의 역할을 고려할 때, 초대형 온라인 플랫폼은 가짜 정보 및 허위 정보 캠페인과 관련하여 서비스의 기능 및 사용으로 인한 위험을 완화하고 표현의 자유를 보호해야 한다.
제5장 **안전, 보안 및 권한 부여**	16. 모든 사람은 설계상 안전하고 보안이 유지되며 개인정보가 보호되는 디지털 기술, 제품 및 서비스에 접근할 수 있어야 한다. 17. 모든 사람은 개인정보 보호와 개인 데이터 보호에 대한 권리를 보유한다. 후자의 권리에는 개인이 자신의 개인 데이터가 어떻게 사용되고 누구와 공유되는지에 대한 통제권이 포함된다. 18. 모든 사람은 자신의 통신 및 전자 기기에 있는 정보를 기밀로 유지하고 불법적인 온라인 감시, 불법 감청 및 도청 조치를 받지 않을 권리가 있다. 19. 모든 사람은 자신의 디지털 유산을 결정할 수 있어야 하며, 사후에 자신의 개인 계정과 정보를 어떻게 처리할지 결정할 수 있어야 한다. 20. 어린이와 청소년은 디지털 환경에서 안전하고 정보에 입각한 선택을 하고 창의력을 발휘할 수 있는 권한을 부여받아야 한다. 21. 연령에 적합한 자료와 서비스는 디지털 환경에서 어린이와 청소년의 경험, 복지, 참여를 향상시켜야 한다. 22. 디지털 기술을 통해 저질러지거나 디지털 기술을 통해 조장되는 모든 범죄로부터 아동과 청소년이 보호받을 권리에 특별한 주의를 기울여야 한다.
제6장 **지속가능성**	23. 환경에 대한 심각한 피해를 방지하고 순환 경제를 촉진하기 위해 디지털 제품과 서비스는 환경과 사회에 미치는 부정적인 영향을 완화하고 조기 노후화를 방지하는 방식으로 설계, 생산, 사용, 수리, 재활용 및 폐기되어야 한다. 24. 모든 사람은 디지털 제품 및 서비스의 환경적 영향과 에너지 소비, 수리 가능성 및 수명에 대해 정확하고 이해하기 쉬운 정보에 접근할 수 있어야 하며, 이를 통해 책임감 있는 선택을 할 수 있어야 한다.

출처: European Commission, "European Declaration of Digital Rights and Principles for the Digital Decade", COM (2022) 28 final, 2022.

이러한 논의를 바탕으로 현재 EU에서 주목하고 있는 부분을 조금 더 구체적으로 살펴보자. 첫째, EU의 정치 지도자들은 기본권을 EU 디지털 정책의 초석으로 자주 언급한다. 유럽위원회 부위원장 마르그레테 베스타게르(Margrethe Vestager)와 EU 외교·안보 고위대표 주제프 보렐(Josep Borrell)은 "1948년 세계인권선언은 개인의 존엄성, 개인정보보호, 차별받지 않을 권리, 그리고 언론과 신념의 자유를 확립했다. 디지털 혁명이 그 약속에 부응하도록 하는 것은 우리 모두의 의무"[26]라고 언급했다.

디지털 혁신은 비즈니스 운영 방식과 사회적 기능에 변화를 초래했으며, 그 과정에서 여러 기본권이 침해되고 있다.[27] 데이터에 대한 수요가 증가함에 따라 공공 및 민간 주체 모두 데이터를 오용할 가능성도 증대되고 있다.[28] 이에 대응하여 EU는 정부 감시와 기술 기업의 인터넷 개인 데이터 악용을 제한하

---

26 Margrethe Vestager & Josep Borrell, "Why Europe's Digital Decade Matters", EUR. EXTERNAL ACTION SERV, (Mar. 10, 2021), https://www.eeas.europa.eu/eeas/why-europe's-digital-decade- matters-margrethe-vestager_en. (2025년 1월 14일 검색)

27 스티글러(Stiegler)의 다음과 같은 경고는 의미심장하다. "창조적 파괴가 파괴적 파괴가 되어감에 따라 기술적인 것-되기와 그것이 생산하는 분기화는 기업에게 전 지구적 규모로 수행되는 방식으로 경쟁의 이익을 마련해주고 있다. 하지만 지구의 모든 가용한 자원을 동원해 파괴하는 것을 대가로 말이다." 베르나르 스티글러 지음, 김지현· 박성우·조형준 옮김, 『자동화 사회 1: 알고리즘 인문학과 노동의 미래』 (서울: 새물결, 2019), pp. 256-257.

28 쇼샤나 즈보프(Shoshana Zuboff)는 이러한 데이터 오용에 대해 신랄하게 비판했다. "감시 자본주의는 일방적으로 인간의 경험을 공짜 원재료로 삼아 행동 데이터로 번역한다. 이 데이터 중 일부는 상품이나 서비스 개선에 활용되지만, 나머지는 사유화된 행동 잉여로 분류되어 '기계 지능'이라고 알려진 고도의 제조공정에 투입되고, 당신이 지금, 혹은 장차 할 행동을 예상하는 예측 상품으로 만들어진다. 그리고 이러한 예측 상품은 행동의 예측이 거래되는 새로운 종류의 시장에서 거래된다. 나는 이 시장을 행동의 선물 거래가 이루어지는 미래행동시장이라고 부를 것이다. 많은 회사가 우리의 미래 행동에 판돈을 걸려고 안달인 까닭에 감시 자본주의 사회의 자본가들은 이러한 거래를 통해 막대한 부를 쌓는다." 쇼사나 즈노프 지음, 김보영 옮김, 『감시자본주의 시대』 (서울: 문학사상, 2021), pp. 31-32.

기 위해 노력하고 있다. 또한 EU는 인터넷 사용자를 각종 차별로부터 보호하고자 하며, 표현의 자유를 보호하기 위해 노력하고 있다. 동시에 EU는 온라인에서 불법적이고 유해한 콘텐츠로 인해 훼손될 수 있는 인간 존엄성을 적극 보호하고자 한다.

개인정보보호 및 데이터 보호에 대한 권리는 EU에서 기본권으로 간주된다. EU는 GDPR에 개인정보보호 규정을 상세히 명시하여 개인 데이터 처리의 적법성, 공정성, 투명성을 요구한다. 또한 GDPR는 데이터 수집의 양과 목적을 제한할 뿐만 아니라 데이터 주체에게 특정 데이터의 삭제를 요청할 수 있는 권리를 부여하는 '잊혀질 권리(the right to be forgotten)'와 제조업체가 처음부터 해당 규정을 염두에 두고 제품과 서비스를 설계해야 하는 '개인정보보호 중심 설계(Privacy by Design)' 등의 의무도 명시했다. GDPR은 강력한 제재 조항도 규정하고 있다. 기술 기업들이 규정을 위반할 경우, 최대 2천만 유로 또는 이전 회계연도 전 세계 연간 총매출액의 최대 4%에 해당하는 벌금이 이들에게 부과될 수 있다.[29]

AI는 기본권과 관련된 또 다른 문제를 초래한다. AI가 수반하는 기회와 위험을 모두 인식하고 있는 EU는 이 분야를 규제하려고 한다. EU 인공지능법은 AI와 관련된 전 세계 최초의 법이다. 해당 법은 윤리, 신뢰, 기본권, 존엄성에 대한 유럽의 가치를 담고 있으며, 이러한 가치를 법치주의에 기반을 두고

---

29 REGULATION (EU) 2016/679 OF THE EUROPEAN PARLIAMENT AND OF THE COUNCIL of 27 April 2016 on the protection of natural persons with regard to the processing of personal data and on the free movement of such data, and repealing Directive 95/46/EC (General Data Protection Regulation)

민주적 기관의 감독을 받도록 하는 EU의 접근 방식을 반영하고 있다. 이처럼 EU는 AI에 대한 구속력 있는 규칙을 추구함으로써 법치와 민주주의의 우선성을 확고히 한다.[30]

이를 위해 EU 인공지능법은 [그림-1]과 같이 위험 기반 접근 방식을 통해 AI 시스템의 위험 수준을 허용 불가 위험, 고위험, 제한적 위험, 최소 위험으로 분류하고 있다. 허용 불가 AI 시스템에는 잠재의식 조작, 아동과 장애인 착취, 실시간 원격 생체 인식 시스템, 사회적 점수 평가(social scoring)에 이용되는 시스템, 범죄자 예측 치안 시스템, 감정 인식 시스템 등이 포함된다. 여기에 해당하는 AI 시스템은 기본적으로 모두 금지된다. 고위험 시스템에는 채용 및 인사 관리, 필수적 공공 및 민간 서비스의 접근, 이민/난민 및 출입국 관리, 핵심 인프라의 관리 운영, 생체인증, 교육 및 직업훈련에 활용되는 AI 시스템 등이 포함된다. 고위험 AI 시스템의 경우, 제품 출시 또는 서비스 개시 전에 사업자가 적합성 평가기관에 적합성 평가를 받아야 하는 의무가 부과된다. 또 고위험 AI 시스템에는 사용자에 대한 의무도 규정했다. 사용자는 자체 권한을 바탕으로 AI 시스템을 사용하는 법인, 공공 기관 등을 의미하고, 비전문적인 사적 활동을 수행하는 사용자는 제외된다. 고위험 AI 시스템 사용자는 AI가 기본권을 침해할 가능성에 유의하고, AI 시스템의 데이터가 본래 목적과 관련성을 가지는지 확인할 의무가 있다. 다음으로 챗봇 등 사람과 상호작용하도록 의도된 AI 시스템은 제한적 위험에 해당한다. 이 시스템의 경우 제공자나 사용자에게 고지 또는 공개 의무가 부과된다. 예를 들어 챗봇의 경우 사용자가

---

30 Ant Bradford, “Europe’s Digital Constitution”, 2023, *op. cit.*, p. 20.

[그림-1] 위험 기반 접근 방식

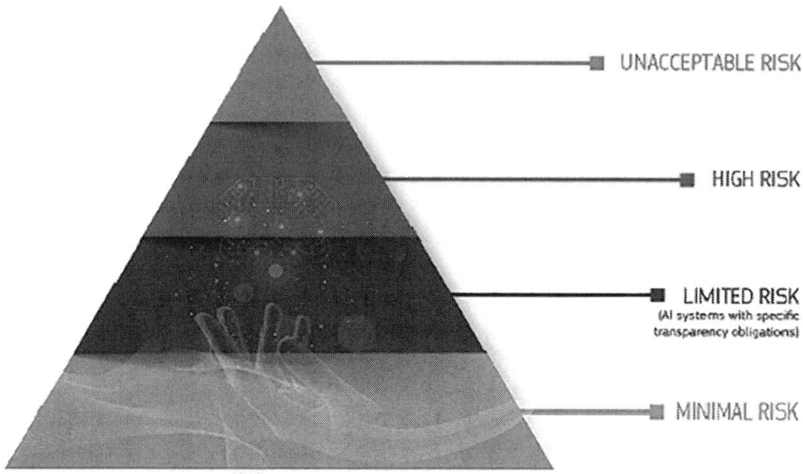

출처: European Commission, "AI Act", https://digital-strategy.ec.europa.eu/en/policies/regulatory-framework-ai. (2025년 2월 2일 검색)

AI 시스템과 상호작용 중이라는 사실을 고지받는 방식으로 시스템을 설계 및 개발해야 한다. 마지막으로 최소 위험의 AI 시스템에 대해서는 별다른 규제를 적용하지 않았다.[31]

EU 인공지능법은 전 세계에 영향을 미치고 EU가 안전하고 신뢰할 수 있으며 윤리적인 AI 개발의 글로벌 리더가 될 수 있도록 지원하기 위해 고안되었다. 동시에 인공지능법은 EU의 디지털 주권을 강화하고자 한다. 만약 EU가 AI 기술에 대한 공통의 기본 체계를 채택하지 않으면 국가별 접근 방식이

---

31 한미정·김예진, "브뤼셀 효과: EU의 디지털 규제를 중심으로", 삼성 SDS, 2024-05-30, https://www.samsungsds.com/kr/insights/brussels-effect.html. (2025년 2월 2일 검색)

다양해져 단일 시장의 분열로 이어지게 되고, 이는 EU 기업들(특히 중소기업)에게 장애가 될 위험이 다분하다. 이는 결국 AI 시스템을 제공하고 사용하는 EU 기업들의 글로벌 경쟁력에 부정적인 영향을 미쳐 제3국 기업들에게 유리하게 작용할 수 있다.[32]

둘째, 인터넷이 다양한 목소리를 포용하는 플랫폼을 제공함으로써 민주주의를 보존하고 강화할 수 있다는 긍정적인 의견이 있다. 하지만 그 반대의 의견 또한 존재한다. 온라인은 시민 참여를 촉진하기도 하지만 허위 정보의 확산을 촉진하여 공론화와 민주적 선거의 정당성을 훼손하기도 한다. 온라인 플랫폼은 자유를 창출하고 민주주의를 강화하는 것 이외에도 불화를 조장하고 사회 분열을 심화하기도 한다. 이러한 점을 고려하면, 자유를 확장하고 민주주의를 활성화할 인터넷의 잠재력은 기껏해야 부분적으로만 실현되었으며, 최악의 경우 거짓 약속으로 판명되었다. 다시 말해 디지털 기술은 소통의 기회를 혁신적으로 변화시켜 개인의 표현의 자유를 확대했지만, 동시에 온라인에서 혐오 발언과 기타 유해한 콘텐츠의 유포도 증가시켰다. EU는 허위 정보의 만연과 심각성 그리고 민주주의에 대한 명백한 악영향을 고려하여 온라인에서 해당 정보의 유포를 제한하고자 했으며, 이를 위해 여러 규제 방안을 모색해 왔다. 즉 EU는 허위 정보에 대응하고 자유롭고 다원적인 미디어를 강화하기 위한 조치를 비롯해 여러 규제 도구를 채택했다.[33] 그것이 바로 2022년 디지털서비스법(DSA)[34]이다. DSA는 기본적으로 디지털 환경의 일상화, 온라

32 Maria Niestadt with Jasmin Reichert, *op. cit.*, p. 5.

33 Ant Bradford, "Europe's Digital Constitution", 2023, *op. cit.*, pp. 24-25.

34 Regulation 2022/2065, of the European Parliament and of the Council of 19 October 2022 on a

인 플랫폼의 전 세계적 대중화로 인한 개인정보 유출, 불법 콘텐츠 양상, 가짜 뉴스 확산 등의 문제를 해결하고 디지털 서비스 이용자의 기본권을 보장하기 위해 제정되었다.

DSA는 온라인 플랫폼과 온라인 검색 엔진에 유해하고 불법적인 콘텐츠와 불법 상품 및 서비스 판매에 대처할 의무를 부여한다. 온라인 플랫폼과 검색 엔진은 사용자가 불법 콘텐츠, 상품 또는 서비스를 쉽게 신고할 수 있는 조치를 마련하고 불법 콘텐츠를 즉시 삭제해야 한다. DSA는 규정 위반 기업들에게 전 세계 연간 총매출액의 최대 6%까지 벌금을 부과할 수 있는 막대한 재정적 벌칙을 부과한다. 이처럼 DSA는 온라인 플랫폼이 호스팅하는 콘텐츠와 관련하여 포괄적이고 법적 구속력이 있는 체계를 구축하기 위한 것으로 다양한 실사 의무와 절차적 안전장치를 상세히 명시하고 있다.[35] 예를 들어, DSA는 온라인 플랫폼이 시스템적 위험을 식별하고 완화하는 연례 평가를 수행하고 독립적인 감사 체계를 따르도록 의무화한다. DSA는 구속력 있는 규제와 무거운 벌금을 부과함으로써 디지털 사회에서 민주주의를 지키기 위해서는 정부의 개입이 필요하다는 EU의 견해를 강조한다. 이는 언론의 자유에 대한 제한이 궁극적으로 민주주의에 더 큰 위협이 될 수 있다는 우려로 개입을 꺼려온 미국 정부와는 완전히 대조되는 접근 방식이다.[36]

셋째, 사회적 공정성 및 연대와 관련된 가치는 유럽 경제 정책의 특징을 규

Single Market For Digital Services and Amending Directive 2000/31/EC (Digital Services Act), 2022 O.J. (L 277) 1 (EU).

35 European Parliament, 2024, *op. cit.*, p. 12.

36 *Ibid.*, pp. 25-28.

정하는 요소이다. 공정성과 재분배에 대한 EU의 노력은 '사회적 시장 경제' 모델과 일치한다. EU의 규제 의제는 기존의 권력 비대칭을 완화하고 더 공정한 디지털 경제를 조성하는 데 초점을 맞추고 있다. 많은 이점에도 불구하고 디지털 혁신은 소수의 강력한 기업들이 경제적 부와 정치적 권력을 장악하는 지나치게 집중된 경제를 초래하여 불평등을 심화시키고 승자와 패자 간의 격차를 확대할 수 있다. 따라서 EU 규제는 이러한 권력 불균형을 줄이고 디지털 경제의 이익을 더 공평하게 분배하는 것을 목표로 한다. 최근 공정성과 재분배에 대한 EU의 관심은 다음과 같다. 1) EU는 소규모 기업과 소비자에게 힘을 실어주기 위해 대기업의 권력을 견제하는 반독점법을 시행하고 있다. 2)

[그림-2] 게이트키퍼와 핵심 플랫폼 서비스

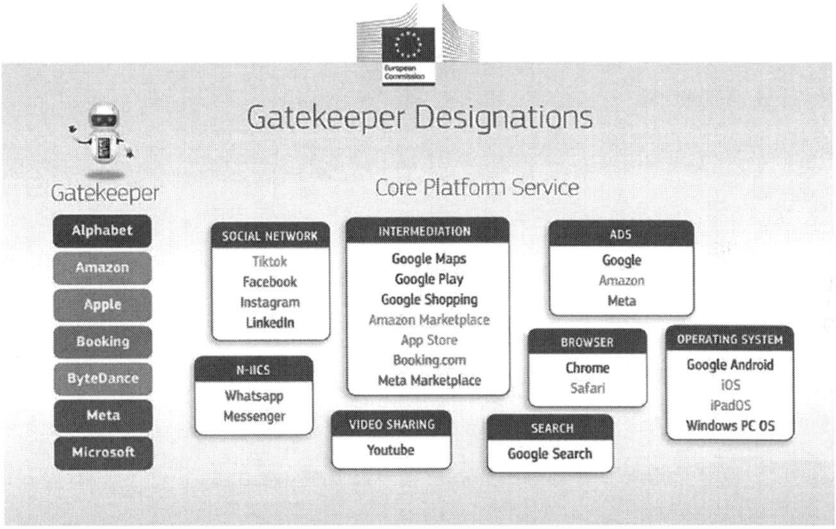

출처: European Commission, "Commission designates six gatekeepers under the Digital Markets Act", 6 September 2023, https://digital-markets-act.ec.europa.eu/commission-designates-six-gatekeepers-under-digital-markets-act-2023-09-06_en. (2025년 2월 2일 검색)

EU 회원국들은 디지털 경제의 이익을 일반 대중과 공유하기 위해 보다 공정한 디지털 조세 체계를 구축하는 데 앞장서고 있다. 이러한 EU의 노력은 디지털 경제가 사회의 많은 부분에 혜택을 주기 위해 정부의 개입이 필요하다는 EU의 관점을 반영한다.

2022년 EU가 디지털시장법(DMA)[37]을 채택한 것은 공정성의 개념을 발전시키기 위해 반독점 규제를 어떻게 활용할 수 있는지를 보여준다. DMA는 디지털 부문의 시장을 더 공정하고 경쟁적으로 만들기 위한 법이다. 이를 위해 DMA는 '게이트키퍼(gatekeepers)'를 식별하기 위한 명확하게 정의된 객관적인 기준을 정했다. 즉 DMA는 연간 매출액 75억 유로 또는 월간 활성 사용자 수 4,500만 명 이상, 활성 비즈니스 사용자 수 1만 명 이상 등의 정량적 기준을 설정하여 기업이 해당 범위에 속하는지를 판단한다. 2023년 9월 유럽위원회는 [그림-2]와 같이 알파벳, 아마존, 애플, 바이트댄스, 메타, 마이크로소프트 등을 DMA에 따라 게이트키퍼로 지정했다. 또한 유럽위원회는 게이트키퍼가 제공하는 핵심 플랫폼 서비스를 지정했다. 게이트키퍼는 온라인 검색 엔진, 앱 스토어, 메신저 서비스와 같은 소위 핵심 플랫폼 서비스를 제공하는 대규모 디지털 플랫폼이다. 게이트키퍼는 DMA에 나열된 해야 할 일(즉, 의무)과 하지 말아야 할 일(즉, 금지 사항)을 준수해야 한다. 예를 들어, 게이트키퍼는 사용자가 사전 설치된 앱을 쉽게 제거하고 기본 설정을 변경할 수 있도록 허용해야 한다. 또한 비즈니스 사용자가 게이트키퍼의 플랫폼 외부에서 광고를 하

37 Regulation 2022/1925, of the European Parliament and of the Council of 14 September 2022 on Contestable and Fair Markets in the Digital Sector and Amending Directives (EU) 2019/1937 and (EU) 2020/1828 (Digital Markets Act), 2022 O.J. (L 265) 1 (EU)

고 고객과 계약을 체결할 수 있도록 허용해야 한다. 게이트키퍼는 자신의 제품이나 서비스를 타사의 제품이나 서비스보다 더 유리하게 순위를 매기거나 앱 개발자에게 앱 스토어에 표시하기 위해 특정 독점 서비스(예를 들어, 결제 시스템)를 사용하도록 요구해서는 안 된다. DMA는 위반 기업에 대한 재정적 처벌(반복 위반 시 전 세계 매출의 최대 20%)과 조직적 위반의 경우 구조적 구제책(다른 기업에 대한 인수합병의 한시적 금지)을 명시했다. 이처럼 DMA는 가장 큰 디지털 기업의 게이트키퍼 권한을 포괄적으로 규제하는 최초의 규제 도구 중 하나로 공정성을 지향하는 디지털 정책에 직접적으로 기여하고 있다.[38]

EU는 반독점법의 집행만으로는 공정성과 부의 재분배를 달성하는 데 한계가 있음을 잘 알고 있다. 세금은 일반적으로 경제에서 부를 이전하는 데 있어 반독점 정책보다 더 효과적인 정책 수단으로 간주된다. 이에 대부분의 EU 회원국들은 국내 디지털 서비스세(domestic Digital Services Tax, DST)를 발표, 제안 또는 제정했다. DST는 디지털 기업이 특정 국가의 사용자들에게 디지털 서비스를 제공함으로써 그 국가에서 경제적 가치를 창출했다면, 해당 국가가 그 디지털 기업에 대한 과세권을 갖는 것이 마땅하다는 믿음을 반영한다. 유럽위원회는 회원국 차원에서 여러 DST의 출현을 방지하기 위해 2018년 3월 디지털 과세에 대한 유럽 차원의 해결책을 모색했다. 유럽위원회의 제안은 이후 디지털 부담금에 대한 확대 개편된 제안으로 발전했다.[39]

---

38 European Parliament, 2024, *op. cit.*, p. 14.; European Commission, "The Digital Markets Act", https://digital-markets-act.ec.europa.eu/index_en. (2025년 1월 14일 검색)

39 그럼에도 EU의 경우 조세 정책이 개별 회원국의 권한으로 남아 있기 때문에 조세를 통해 보다 공정한 디지털 경제를 형성하는 데 한계가 있다. Ant Bradford, "Europe's Digital Constitution", 2023, *op. cit.*, pp. 34-35.

이러한 EU의 디지털 규제의 핵심 가치들은 유럽통합이라는 근본적인 목표를 달성하는데 기여해 왔다. '디지털 단일 시장'이 잘 작동하려면, 일관성 없는 규제 표준이 국가 간 무역을 저해하기 때문에 EU 규제의 조화가 필요하다. 예를 들어 27개 개별 회원국이 각각 다른 개인 데이터 보호 규정을 채택한다면, 기업들은 각 회원국마다 다른 규제 환경에 직면하게 되므로 단일 시장이 효율적으로 기능할 수 없다. 즉 대부분의 EU 규제는 기본권, 민주주의, 공정성과 같은 특정 정책 목표를 증진하는 동시에 단일 시장의 더 나은 작동에 이바지하는 이중적 목표를 추구해야 한다. 따라서 디지털 단일 시장을 구축하여 유럽통합을 진전시킨다는 정책 목표는 디지털 규제의 핵심 가치에 직접적으로 반영되어 있다.

디지털 규제에 대한 EU 권리 주도 모델은 EU 국경을 훨씬 넘어서는 영향력을 행사할 가능성이 높다. 해당 규제는 사용자가 EU에 설립되었거나 거주하고 있다면 설립지나 거주지에 상관없이 모든 기업에 적용되는 경우가 많다. 이처럼 EU는 특정 기업이 자발적으로 글로벌 비즈니스 전반에 걸쳐 EU 규제에 확대 적용하는 브뤼셀 효과라는 현상을 통해 글로벌 기술 기업의 관행에 영향을 미치고 있다.

4. EU 디지털 규제가 혁신을 저해하는가?

위에서 살펴본 것처럼, EU 디지털 규제의 공통 가치는 인터넷 사용자의 기본권, 디지털 시민의 민주적 권리, 소규모 시장 행위자의 다양한 경제적 권리 강화 등에 초점을 맞추고 있다. 또한 EU의 광범위한 디지털 의제는 시장에 맡겨서는 최적의 결과를 얻을 수 없으며 정부의 개입이 필요하다는 믿음을 반영하고 있다.

하지만 선도적인 거대 기술 기업들은 기술 규제가 많을수록 혁신이 저해된다는 비판의 목소리를 자주 낸다. 예를 들어, 애플은 EU가 제안한 DMA에 대해 논평하면서 상호운용성 및 데이터 액세스 의무가 혁신을 저해할 수 있다고 지적하면서 '애플이 추구하는 소비자 중심의 혁신을 억압할 것'이라고 경고했다. 메타도 마찬가지로 기존 시장은 '빠르게 진화하고 역동적이며 매우 혁신적'이라고 설명하면서 DMA가 혁신을 억제할 것이라고 주장했다. 구글은 DMA와 같은 사전 규제로 인해 '혁신을 위축시켜 소비자에게 해를 끼칠 위험이 있다'라고 유럽위원회에 경고했다. 다른 기업들보다 규제에 더 우호적인 태도를 보여온 마이크로소프트 또한 게이트키퍼에 대한 명확한 지침이 부족하면 '불확실성이 커지고' '디지털 시장과 온라인 플랫폼 혁신의 성장을 저해하거나 소비자 후생을 감소시킬 뿐'이라고 지적하는 등 DMA에 대해 유보적인 입장을 표명했다. 미국 정부도 2022년 DMA에 대해 '의도하지 않은 사이버보안 위험이나 기술 혁신에 대한 피해와 같은 의도하지 않은 부작용'에 대해 경고하면서 DMA가 미국 기업을 차별하고 있다는 우려를 표명했다. 미국 국가안보위원회 AI 위원장이자 구글의 전 CEO인 에릭 슈미트(Eric Schmidt)는 EU 인공지능법이 유럽에 '매우 큰 좌절'이라고 비판했다.[40] 엄격한 기술 규제가 혁신을 저해한다는 이러한 견해는 학계에도 광범위하게 퍼져 있다. 규제

---

40 Anu Bradford, "The False Choice Between Digital Regulation and Innovation", *Northwestern University Law Review*, Vol. 118, Issue 2, 2024, pp. 13-14.

가 혁신을 저해한다고 여겨지는 가장 일반적인 이유는 비용이 많이 든다는 것이다. 이는 규제 준수가 경제 활동에 부정적인 영향을 미친다는 것을 전제로 한다. 즉 규제가 생산성, 신규 투자, 혁신에 부정적인 영향을 미쳐 경제 성장과 기술 발전을 둔화시킬 수 있다는 것이다. 그 결과 혁신 속도가 저하되고 기술 발전이 더 제약된다.

유럽은 내부적으로 AI 의제를 발전시키는 데 성공했다. 하지만 더 큰 문제는 유럽의 권리 주도 모델이 전 세계에 어떤 영향을 미칠 것인가 하는 점이다. 확실히 유럽의 AI 규범에 대한 영향력을 강화하는 몇 가지 요인이 있다. 우선, EU의 발 빠른 움직임은 유럽을 AI 규제의 선두 주자로 자리매김하는 등 이점을 가져다준다. AI에 관한 실제 법안을 마련하는 데 있어 EU만큼 앞서 있는 관할권은 없다. EU의 대규모 소비자 시장이라는 기반은 또한 선두 주자로서의 이점을 증폭시킬 것이다. 그런데 문제는 유럽의 AI 접근 방식에는 글로벌 확산 전망에 악영향을 미칠 수 있는 함정도 존재한다는 것이다. 그중 대표적인 것이 혁신의 지체이다. 즉 AI의 주요 혁신 센터가 유럽에 있지 않고 유럽 기업들이 관여하지 않는다는 점이다. 현재 투자 상황은 이를 잘 보여준다. 인간 중심 AI를 위한 스탠퍼드 연구소의 AI 지수는 지역별로 AI에 대한 민간 투자를 세분화하고 있다. 2021년 기준으로 미국은 520억 달러 이상을 투자했고, 중국은 172억 달러를 투자하여 그 뒤를 이었다. 이에 비해 유럽 최고 국가인 독일의 투자 총액은 19억 8,000만 달러에 불과했다. AI '유니콘' 기업의 지리적 분포도 비슷한 양상을 보인다. 182개 글로벌 기업 중 103개 유니콘 기업이 미국에 기반을 두고 있으며, 35개 기업이 중국에 기반을 두고 있다. 이와 대조적으로 독일에는 총 3개 기업이 본거지를 두고 있으며, 프랑스에는 단 2개의 유니콘 기업만이 있을 뿐이다. 유럽의 방대한 소비 시장은 분명 중요하며 브뤼셀 효과의 핵심이지만, 그에 상응하는 기업 투자와 전문 지식 없이는 유럽이 AI 기술에 대한 주도적인 정책 영향력을 계속 발휘할 수 있을 것으로 상상하기는 어렵다. 유럽은 아직 미국, 중국, 인도와 같은 강대국들에 비해 상업용 AI를 많이 생산하지 못하고 있다. 독일과 같은 EU 회원국들은 AI 기술 보급률이 상당히 높고 AI 연구개발 논문과 오픈소스 AI 코드를 생산하고 있지만, 여전히 미국이나 중국과 같은 국가에 비해 AI 스타트업에 대한 자금 지원이 훨씬 적고 AI 분야 일자리 창출도 미국, 중국, 인도에 비해 적다. 이처럼 유럽은 혁신 및 투자의 격차 문제로 계속 당혹스러워하고 있다. 현재 EU가 세계 최고의 규제 기관으로서 그 지위를 굳건히 하고 있지만, 유럽 기업들은 계속해서 혁신에 뒤처지고 있다. 이러한 역학 관계는 아직 유럽이 주도하는 규제 의제를 방해하고 있지는 않지만, AI 기술에서의 이러한 긴장은 혁신을 지속 불가능하게 할 수 있다는 강력한 징후를 보여준다.[41]

하지만 마이클 포터(Michael E. Porter)는 규제가 어떻게 혁신을 촉진할 수 있는지를 보여준다. 특히 그는 규제가 기업이 환경, 건강, 안전 또는 기타 사회적 이익을 창출할 뿐만 아니라 경제적 이익으로 이어지는 방식으로 제품과 생산 과정을 변화시킬 수 있다고 주장했다. 이러한 주장은 규제가 종종 기업이 기술을 업그레이드하거나 재설계하도록 자극한다는 생각에 기반을 두고 있다. 규제 요구를 충족하는 새로운 기술을 성공적으로 개발하는 기업은 선두 주자의 이점을 누릴 수 있으며, 이를 통해 시장을 선점하여 주목할 만한 경제적 보

---

41 Steven Feldstein, "Evaluating Europe's push to enact AI regulations: how will this influence global norms?", *Democratization*, Vol. 31, 2024, pp. 1059-1060.

상을 거둘 수 있다. 이러한 방식으로 규제로 인해 발생하는 '혁신 상쇄 효과'가 규제와 관련된 규정 준수 비용을 초과하여 혁신 측면에서 순이익으로 이어질 수 있다.[42] 다시 말해 규제가 많다고 해서 혁신이 감소하지는 않는다는 것이다.

EU는 GDPR과 기타 기술 규제가 사회 혁신을 촉진한다고 일관되게 주장해 왔다. GDPR은 소비자, 기술 기업, 정부의 데이터 개인정보보호에 대한 의식을 높여 시장의 기대치를 변화시키는 데 기여했다. 인터넷 사용자들이 개인정보보호에 대한 의식이 높아지면서 개인정보보호를 제품 품질의 한 요소로 간주하기 시작했고, 점점 더 개인정보보호를 고려한 제품을 찾게 되었다. 이렇게 되면 개인정보보호 강화 기술을 개발하는 기업은 변화하는 소비자 선호도를 반영한 혁신에 대한 시장의 보상으로 경제적 이득을 얻을 수 있다. 기술 기업들은 이미 EU 규제에 맞춰 비즈니스 관행을 조정하고 있으며, 이는 기술 개발이 이제 개인정보보호를 고려하는 방향으로 나아가고 있음을 나타낸다. 오늘날 대부분의 기술 기업의 개인정보보호 정책은 GDPR에 부합하며, 애플, 구글, 메타, 마이크로소프트와 같은 기업은 전 세계 사용자에게 GDPR이 규정한 보호 기능을 제공한다. 이는 EU의 데이터 개인정보보호 규제가 이미 기술 기업의 혁신 활동의 방향을 바꾸고 있음을 보여준다. 더 나아가 EU의 엄격한 데이터 개인정보보호 규제는 시장 혁신에도 기여한다. 높은 수준의 개인정보보호 기준을 준수하는 기업은 소비자와 사용자가 해당 기업의 제품과 서비

---

42 Michael E. Porter, & Claas van der Linde, "Toward a New Conception of the Environment-Competitiveness Relationship", *Journal of Economic Perspectives*, vol. 9. no. 4. Fall 1995.

스를 더 신뢰하기 때문에 경쟁 우위를 점할 수 있다.[43]

EU가 DMA 도입 이후 반독점 규제가 디지털 시장에 미치는 영향에 대한 학계 논쟁이 활발해지고 있다. 미국 상공회의소 국제 규제 및 반독점 담당 수석 부사장인 숀 헤더(Sean Heather)에 의하면, "DMA는 혁신보다 규제를 우선시한다. 이 규제는 경쟁을 촉진하기보다는 오히려 경쟁을 통제하게 되어, 잠재적으로 미래 경쟁자의 출현을 억제한다."[44] 그런데 DMA의 배경에는 오늘날 디지털 시장이 너무 집중되어 있어 반경쟁적이라는 가정이 깔려 있다. DMA의 목표는 새로운 기업이 시장에 진입하여 경쟁할 수 있도록 시장의 경쟁 가능성을 높이는 것이다. 이처럼 DMA는 혁신의 다양성을 향상시킬 수 있는 잠재력을 가지고 있다. 왜냐하면 경쟁이 치열해지면 기업의 혁신 유인이 증가하기 때문이다. 오히려 독점 기업이 혁신을 억제할 가능성이 높다.[45]

또한 AI를 규제하려는 정부의 노력이 개발에 악영향을 미칠 것이라는 비판적 목소리가 높다. 이러한 예측은 모든 기술 규제는 본질적으로 규제 준수 비용을 수반하며, 이는 혁신에 부정적인 영향을 미칠 수 있다는 가정에 기반하고 있다. 또 다른 우려는 EU의 엄격한 규제 표준으로 인해 기술 기업이 처음부터 글로벌 시장을 겨냥해 개발한 AI 시스템이 EU 규제에 부합하지 않는 것으로 간주되는 경우 유럽 시장에 맞게 재교육해야 한다는 점이다. 하지만 규

---

43 Anu Bradford, 2024, *op. cit.*, p. 24.

44 U.S. Chamber of Commerce, "U.S. Chamber: EU's Digital Markets Act Prioritizes Regulation Over Innovation", March 06, 2024, https://www.uschamber.com/international/u-s-chamber-eus-digital-markets-act-prioritizes-regulation-over-innovation. (2025년 1월 16일 검색)

45 Kenneth J., Arrow, "Economic Welfare and the Allocation of Resources for Invention", University of Illinois at Urbana-Champaign's Academy for Entrepreneurial Leadership Historical Research Reference in Entrepreneurship, 1962.

제 강화가 AI 개발과 그 유용성을 가속화하는 데 도움이 된다는 주장들도 있다. 이러한 주장들은 AI 규제가 사회에 긍정적인 기여를 할 수 있다는 점을 강조한다. 보다 윤리적이고 정확하며 안전한 AI 시스템으로 AI 개발을 유도함으로써 혁신을 촉진할 수 있다. 이러한 시스템은 편향된 데이터를 기반으로 AI를 학습시킬 때 발생하는 대규모 차별과 같은 우려를 완화할 수 있다는 점에서 웰빙 향상에 도움이 된다. 규제가 처음에는 AI의 개발과 도입을 방해할 수 있지만, 이러한 규제는 궁극적으로 기업이 더 윤리적이고 오류가 적은 AI 애플리케이션에 투자하도록 장려하여 보다 강력한 AI 시스템으로 유도한다는 점에서 후생 증진에 도움이 된다. 규제 표준을 충족하는 새로운 기술을 신뢰한 결과 더 많은 소비자가 AI를 채택하게 되면 긍정적인 시장 반응을 이끌어낼 수 있다.[46] 즉 AI 규제가 사회와 시장 혁신에 모두 기여할 수 있는 방식으로 기술 혁신의 방향을 전환할 수 있다는 것이다.[47]

---

46 Anu Bradford, 2024, *op. cit.*, pp. 29-30.

47 물론 이와 대비되는 주장 또한 있다. 예컨대, EU 인공지능법의 기술적 요건을 준수하도록 하는 사실상의 브뤼셀 효과가 부작용을 초래할 수 있다. 기술 표준을 통해 제정된 대부분의 기술 요건은 그 이행 과정에서 준수해야 할 광범위한 목록을 제공한다. 엄격한 규제에 대한 EU의 명성을 고려할 때, 제공업체, 사용자 그리고 대중은 EU 인공지능법을 준수하는 것으로 기본권 및 기타 가치를 보호할 만하다고 믿을 가능성이 높다. 하지만 이러한 가치가 일반적인 용어로 공식화되거나 소프트웨어 규칙으로 변환하기 어려운 경우 무너질 수도 있다. 그럼에도 AI 시스템 제공업체가 EU 인공지능법에 따라 제품 안전 요건을 준수해야 한다고 가정해 보자. 이 경우 제품 안전 체계에서 벗어난 모호한 규제 목표는 소프트웨어 설계 과정에서 우선순위가 뒤로 밀릴 가능성이 높다. 결과적으로 EU 인공지능법이 다루지 않는 가치에 대한 위험은 개인과 사회집단의 피해로 현실화된 후에야 발견될 수 있다. 둘째, 법적 브뤼셀 효과 측면에서도 부작용이 나타날 수 있다. 물론 사실상의 브뤼셀 효과보다는 그 발생 가능성이 낮다. 일부 관할권은 EU 인공지능법을 제품 안전 규제의 표준으로 채택하지 않고 다른 규제 접근 방식 또는 규제 도구를 채택할 수 있다. 하지만 다수의 관할권은 EU의 시장 규모 등을 고려하여 EU가 제시한 표준을 준수하고자 할 것이다. 결국 이는 전 세계 입법자들이 EU 인공지능법의 장단점을 복제하는 결과를 초래할 수 있다. 그렇다면 EU는 EU 인공지능법의 대외적 부작용의 가능성을 입법 절차에서 고려

유럽에서 세계적으로 성공한 기술 기업이 부족한 이유를 EU의 기술 규제 탓으로 돌릴 수 없다면, EU가 구글이나 애플과 같은 기업을 육성하지 못하는 이유는 무엇일까? 브래드포드는 미국과 EU 간의 혁신 격차를 설명하기 위해 네 가지 요인을 제시한다. (1) 디지털 단일 시장의 부재, (2) 심화 및 통합된 유럽 자본 시장의 부재, (3) 위험 감수를 억제하는 징벌적 파산법, 그리고 (4) 유럽이 글로벌 인재를 활용할 수 있는 적극적 이민 정책의 부재 등이 그것이다. 이들 요인은 미국의 기술 성공을 미국의 느슨한 디지털 규제와 동일시하거나 기술 챔피언을 배출하기 위한 EU의 노력을 엄격한 규제와 동일시하는 주장이 얼마나 단순하거나 부적절한지를 보여준다.[48] 브래드포드는 '지정학연구회'와의 인터뷰에서 다음과 같이 말했다.

> "실제로 일반적인 비판은 EU 모델이 혁신을 저해하고 경제 발전을 저해할 정도로 규제를 과도하게 적용한다는 것이다. 이 견해에 따르면, EU가 개인의 기본권과 사회의 민주적 구조를 보호하는 데는 더 성공적일 수 있지만, EU의 규제 접근 방식은 사회의 경제적 기회를 박탈할 수 있다. ... 지금까지 EU가 선도적인 기술 기업을 배출하는 데 성공하지 못한 것은 사실이지만, 규제 이외에도 다른 이유가 있다 ... EU 기술 기업이 직면한 주요 장애물 중 하나는 ... 완전히 통합된 디지털 단일 시장의 혜택을 누리지 못한다는 점

해야 할까? 이에 대해 정치적 현실주의자는 EU 국경을 넘어서는 함의에 대해 신경 쓸 필요가 없다고 주장할 것이다. 하지만 이러한 주장은 결국 EU가 지향하는 글로벌 가치 확산이라는 목표와 정면으로 부딪힐 수밖에 없다. Marco Almada, Anca Radu, "The Brussels Side-Effect: How the AI Act Can Reduce the Global Reach of EU Policy", *German Law Journal*, 19 February 2024, pp. 1-18.

48 Anu Bradford, 2024, *op. cit.*, p. 33.

이다. 이는 부분적으로 유럽 기술 기업들이 미국과 중국의 경쟁자들에 필적할 만한 시장 입지를 구축하는 데 어려움을 겪고 있는 이유를 설명해 준다. 또 다른 주요 장애물은 유럽 기업들이 유럽에서 혁신 자금을 조달할 수 있는 심화 및 통합된 자본 시장의 부재이다. 대신, 유럽 기업들은 성장 기회를 얻기 위해 미국 자본 시장에 의존해야 하는 경우가 많다. 유럽의 거대 기술 기업이 부재한 또 다른 잠재적 이유는 위험 감수 및 기업가 정신에 대한 유럽의 법적·문화적 장벽이다. EU 전역의 징벌적 파산법으로 인해 실패에 따른 비용이 너무 커서 유럽 기업가들은 야심 찬 기술 벤처에 필요한 위험을 감수하는 것을 기피하는 경우가 많다. 마지막으로, 유럽의 혁신 부족은 부분적으로 EU가 적극적인 이민 정책을 통해 세계 최고의 혁신 인재를 유치하지 못했기 때문일 수 있다 ... 유럽이 야심 찬 기업가들이 성공할 수 있는 곳으로 인식되는 것이 중요하다. 이를 위해서는 응집력 있는 디지털 단일 시장을 만들고, 자금 조달에 대한 접근성을 보장하며, 혁신에 대한 공정한 보상이 이루어질 수 있도록 해야 한다 ... 유럽을 기술 사업을 시작하고 성장시키기에 더 매력적인 곳으로 만들기 위해서는 대학과 노동 시장의 개방성을 육성하고 전반적인 스타트업 생태계를 향상시키는 것이 필수적이다. 이렇게 함으로써 유럽은 기술적 진보를 이끄는 글로벌 인재들에게 더 매력적인 목적지가 될 수 있다. 이 모든 것은 개인의 권리와 사회적 자유의 보호라는 명목으로 기술 산업을 규제하기로 한 선택이 유럽에서 혁신을 저해하는 문제가 되지 않음을 시사한다."[49]

---

49 Groupe d'études géopolitiques, "The Battle for the Soul of the Digital Economy – An Interview with Anu Bradford on Digital Empires", 17/12/2023, https://geopolitique.eu/en/2023/12/17/

이와 유사한 주장은 2024년 마리오 드라기(Mario Draghi)가 발표한 『유럽 경쟁력의 미래(The future of European competitiveness)』[50]라는 보고서에서도 볼 수 있다. 드라기 또한 디지털 분야에서 유럽의 혁신을 가로막는 것이 엄격한 규제 때문만은 아니라고 진단한다. 오히려 그는 다음과 같은 요인을 더 강조하고 있다. 첫 번째, 이는 유럽의 정적인 산업구조에서 기인한다. 지난 20년간 미국의 연구혁신 지출 상위 3개 기업은 2000년대 자동차 및 제약 산업에서 2010년대에는 소프트웨어와 하드웨어 기업으로, 그리고 2020년대에는 디지털 분야로 바뀌었다. 반면 유럽의 산업구조는 정체되어 자동차 기업이 연구혁신 지출 상위 3개 기업을 지속적으로 차지하고 있다. 이러한 정적인 산업구조는 유럽의 연구혁신 지출 규모가 작고 획기적인 기술 혁신에 충분히 집중되어 있지 않기 때문에 발생한다. 두 번째는 미국과 달리 유럽은 벤처캐피털로부터 자금을 조달받기 훨씬 더 어렵다. 그 때문에, 유럽의 혁신 기업 다수는 미국 벤처캐피털로부터 자금을 조달받고, 파편화된 EU 시장에 도전하기보다는 거대한 미국 시장에서 성장하는 것이 훨씬 더 좋은 선택지라고 생각한다. 다시 말해 단일 시장의 분열 또는 미완성은 성장 단계에 도달한 혁신 기업이 EU에서 규모를 확장하는 데 걸림돌이 되고, 이는 결국 자금 조달 수요를 감소시킨다. 세 번째, 미국과 달리 유럽은 디지털 분야에서 우수한 인재를 양성하는 대학 및 기타 연구기관이 미국과 중국에 비해 충분하지 않으며, 이를 효과적으로

---

the-battle-for-the-soul-of-the-digital-economy-an-interview-with-anu-bradford-on-digital-empires/. (2025년 1월 17일 검색)

50 Mario Draghi, *The future of European competitiveness-A competitiveness strategy for Europe*, September 2024.

활용할 수 있는 혁신 클러스터 또한 부족한 편이다. 특히 EU는 기초 연구를 상업화하는 단계에서 취약하다. 유럽 대학이나 연구기관이 등록한 특허 발명 중 대략 1/3만이 상업적으로 활용되고 있을 뿐이다. 이러한 실패의 주요 원인은 유럽의 연구자들이 첨단 기술 분야의 성공적인 상업화에서 큰 비중을 차지하는 대학, 스타트업, 거대 기업, 벤처캐피털의 네트워크인 혁신 클러스터에 잘 통합되어 있지 않았기 때문이다. 유럽은 전 세계 상위 10위 안에 혁신 클러스터가 없는 반면, 미국은 4개, 중국은 3개가 있다. 그는 이러한 문제를 해결하기 위해 유럽이 새로운 성장 전략을 모색하고 행동으로 옮겨야 한다고 주장한다. 그런데 그가 주장한 성장 전략은 "유럽의 기본적 가치는 지속 가능한 환경에서의 번영, 공정성, 자유, 평화, 민주주의이다. EU는 유럽인들이 이러한 기본권의 혜택을 항상 누릴 수 있도록 보장하기 위해 존재한다. 만약 유럽이 더는 이러한 기본권을 시민들에게 제공할 수 없을 때, 유럽은 그 존재 이유를 상실하게 될 것이다"에 기반하고 있다. 그의 성장 전략은 사회적 포용이라는 가치와 성장을 동시에 고려한 것이다. 결국 그가 제안한 것은 생산성과 혁신 측면에서 그 목표를 미국 사례에 더 가까워지는 것에 두어야 하지만, 이는 미국 사회 모델의 단점을 노정하지 않은 가운데 해야 한다는 것이다.

5. 나오며

오늘날 디지털 전환에서 미국, 중국, EU가 강력한 디지털 제국으로 부상하고 있다. 이 제국들은 각각의 모델을 가지고 있다. 미국의 모델은 주로 시장 중심이며, 정부의 간섭을 최소화하면서 언론의 자유와 혁신을 강조한다. 이러한 접근 방식은 경제적 번영과 사회 발전을 위한 기술의 혁신적 힘에 대한 믿음에 기반을 두고 있다. 즉 미국 정부는 기술 기업의 혁신 능력을 억누를 수 있다는 우려 때문에 너무 공격적으로 규제하는 것을 꺼리고 있다. 한편, 중국의 국가 주도 모델은 기술을 정치적 통제의 도구로 사용하며, 정부가 기술 부문을 지도하고 규제하는 데 중추적인 역할을 한다. 중국 정부는 사회 안정을 유지한다는 명분 아래 첨단 기술을 동원해 자국민을 광범위하게 감시하고 있다. 아울러 중국은 인터넷을 정부 선전의 수단으로 활용하는 한편, 자국민이 온라인에서 접할 수 있는 정보를 철저히 검열하고 있다. 중국은 이러한 시스템을 통해 정부에 비판적인 목소리와 정보의 흐름을 차단하고 있다. 반면, EU는 미국과 중국과 달리 개인의 권리를 보호하고 공정한 인간 중심의 디지털 시장을 보장하기 위해 권리 주도 규제 모델을 추구한다.

유럽의 권리 중심 모델에서는 정부가 디지털 경제의 핵심 주체로서 적극적인 규제를 통해 개인의 기본권을 옹호하고, 사회의 민주적 구조를 지키며, 디지털 경제의 혜택이 공정하게 분배되도록 보장한다. 이러한 EU의 규제는 외국 기술 기업들은 물론 미국이나 중국을 포함한 다른 국가들도 완전히 회피할 수 없다. 결국 EU는 광범위한 규제 권력을 활용하여 글로벌 디지털 시장 전반에 걸쳐 영향력을 확대할 수 있다. 이러한 규제 권력은 유럽의 권리 주도 모델을 전 세계로 확장하여 EU가 미국, 중국과 함께 글로벌 디지털 경제를 형성하는 데 주도적인 역할을 할 수 있게 해준다.

하지만 GDPR과 인공지능법의 브뤼셀 효과에 대해서는 평가가 엇갈린다. GDPR은 기술 분야에서 나타난 브뤼셀 효과의 정점으로 EU 규제 권력의 영향력을 잘 보여준다. 기업의 진정한 규정 준수 문화가 무엇이든, 많은 인터넷 기반 비즈니스 모델에서 GDPR을 공식적으로 채택하는 것이 합리적이다. 그런데 AI 규제에 대한 EU의 접근 방식이 미국, 중국, 인도와 같은 비유럽 행위자들의 접근 방식에 영향을 미치고 있다는 증거는 현재 그다지 명확하지 않다. 각국은 EU와 명백히 구별되는 방식으로 접근하고 있다. 미국은 이미 EU의 AI 규제 접근 방식과 상당한 차이를 보이고 있으며, 새롭게 디지털 강국으로 떠오르고 있는 인도 역시 EU식 접근법을 자국 제도에 도입하겠다는 어떠한 의지도 보이지 않고 있다. EU 인공지능법에서 금지하고 있는 AI 활용 사례 중 일부는 중국에서 국가의 적극적인 지원과 참여로 활발하게 연구되고 있는 분야이다. 예를 들어, EU는 AI 기반의 사회적 점수 평가를 금지하고 있지만, 중국은 더 정교한 AI 알고리즘을 개발하여 이를 국민 생활의 더 많은 영역으로 확장하려 하고 있다.

지리-규범적 영역(geo-normative sphere)에서의 깊은 분열이 이미 진행 중임이 분명하다. 왜냐하면 미국과 중국 모두 전략적 이점을 위해 첨단 기술의 장점을 극대화하는 것을 목표로 삼고 있기 때문이다. 이러한 상황에서 EU 또한 전략적 자율성과 디지털 주권을 강조하고 있다. 오늘날의 지정학적 환경에서 유럽의 정치 지도자들은 디지털 기술 혁신을 통해 EU의 전략적 · 산업적 역량을 강화해야 한다고 거듭 말하고 있다. 예를 들어, 2019년 11월 유럽의회에서 열린 취임 연설에서 유럽위원회 위원장 우르줄라 폰데어라이엔은 "유럽은 핵심 기술을 직접 보유하고 이를 완전히 숙달해야 한다"[51]라고 선언했다. 또

---

51 Ursula von der Leyen, "Speech by President-elect von der Leyen in the European Parliament Plenary on the occasion of the presentation of her College of Commissioners and their

한 유럽위원회는 "데이터 인프라, 네트워크 및 통신의 무결성과 복원력"을 유럽 기술 주권의 토대라고 밝혔다.[52] EU는 외국 기술에 대한 유럽의 의존도를 낮추는 동시에 자체 디지털 역량을 강화하기 위해 방어적 전략과 공세적 전략을 모두 추구하고 있다. '개방성에서 주권으로'라는 EU의 접근 방식은 국경을 넘어 영향을 미치고 있으며, 개발도상국 및 신흥 시장 경제의 정부들이 유사한 보호주의 조치를 채택하도록 유도하면서 도미노 효과를 초래하고 있다. 한때 글로벌 규제를 형성하는 데 있어 EU의 막강한 영향력을 상징했던 브뤼셀 효과가 오히려 규제 파편화를 초래하여 기업에 상당한 비용을 부과하고 무역 장벽을 만들 가능성도 있다.[53] 이처럼 오늘날의 지정학적 대립은 기술 보호주의 또는 디지털 민족주의가 번성할 수 있는 토양을 제공하고 있다.

EU가 추진하고 있는 전략적 자율성과 디지털 주권은 여전히 논쟁의 여지가 있는 정책 목표이다. 어떤 이들은 이를 유럽의 역량을 강화하려는 바람직한 목표로 인식하고 있지만, 다른 이들은 보호주의 조치를 통해 '요새 유럽'을 구축하려는 잘못된 시도로 간주한다. 디지털 주권의 핵심은 EU가 스스로 선택할 자유를 유지하고, 미국 기업에 대한 의존도를 줄이고 미중 기술 전쟁에 연루되는 것을 피하기 위한 해법을 모색, 유지, 회복해야 한다는 것이다. 하지

---

programme", Nov. 27, 2019, https://ec.europa.eu/commission/presscorner/detail/en/SPEECH_19_6408. (2024년 11월 24일 검색)

52 European Commission, "Communication on Shaping Europe's Digital Future", 2020, https://commission.europa.eu/system/files/2020-02/communication-shaping-europes-digital-future-feb2020_en_4.pdf. (2024년 11월 24일 검색)

53 Matthias Bauer, Dyuti Pandya, "EU Autonomy, the Brussels Effect, and the Rise of Global Economic Protectionism", European Centre for International Political Economy(ECIPE), OCCASIONAL PAPER-No. 1/2024.

만 디지털 주권 논의가 자칫 중국 등이 추진하는 더 극단적인 형태의 디지털 주권에 정당성을 부여하는 의도하지 않은 결과를 초래할 수도 있다. EU가 디지털 경제에 적극적으로 개입하면 할수록, 중국에 디지털 경제에 대한 개입을 완화하라고 요구하는 주장의 설득력이 약해질 수 있다. 다시 말해 브뤼셀 효과는 좋은 규제와 나쁜 규제 모두를 수출할 수 있는 강력한 메커니즘이라는 것이다.[54]

그럼에도 유럽의 권리 주도 모델은 오늘날 디지털 전환에 있어 적절하고 유효한 나침반 역할을 할 것으로 보인다. EU가 2023년 세계 최초로 인공지능법을 채택한 후, 2024년에는 유엔이 『인류를 위한 AI 거버넌스(Governing AI for Humanity)』[55]에 관한 보고서를 발표했다. 물론 아직까지 초기 단계이기 때문에 브뤼셀 효과를 통해 유럽의 권리 주도 모델이 어느 정도 영향력을 행사할지는 장담할 수 없다. 하지만 EU가 디지털 규제의 선두 주자로서 갖는 이점을 과소평가해서는 안 될 것이며, 디지털 전환 과정에서 유럽의 권리 주도 모델이 향후 어떤 영향력을 행사할지는 여전히 주의 깊게 살펴보아야 할 것이다.

---

54 Ant Bradford, "Europe's Digital Constitution", 2023, *op. cit.*, pp. 62-68.

55 UN AI Advisory Body, *Governing AI for Humanity: Final Report,* 2024, chrome-extension://efaidnbmnnnibpcajpcglclefindmkaj/https://www.un.org/sites/un2.un.org/files/governing_ai_for_humanity_final_report_en.pdf. (2024년 11월 24일 검색)

참고문헌

채형복·김일곤·박상준 번역·해제. 『리스본 조약』. 서울: 신서원, 2023.

쇼사나 즈노프 지음. 김보영 옮김. 『감시 자본주의 시대』. 서울: 문학사상, 2021.

베르나르 스티글러 지음. 김지현·박성우·조형준 옮김. 『자동화 사회 1: 알고리즘 인문학과 노동의 미래』. 서울: 새물결, 2019.

한미정·김예진. "브뤼셀 효과: EU의 디지털 규제를 중심으로". 삼성 SDS. 2024-05-30. https://www.samsungsds.com/kr/insights/brussels-effect.html. (2025년 2월 2일 검색)

Almada, Marco, Radu, Anca. "The Brussels Side-Effect: How the AI Act Can Reduce the Global Reach of EU Policy". *German Law Journal,* 19 (February 2024), pp. 646-663.

Arrow, Kenneth J.. "Economic Welfare and the Allocation of Resources for Invention". University of Illinois at Urbana-Champaign's Academy for Entrepreneurial Leadership Historical Research Reference in Entrepreneurship. 1962.

Bauer, Matthias, Pandya, Dyuti. "EU Autonomy, the Brussels Effect, and the Rise of Global Economic Protectionism". European Centre for International Political Economy(ECIPE). OCCASIONAL PAPER-No. 1/2024.

Bradford, Anu. *The Brussels Effect: How the European Union Rules the World.* Oxford: Oxford University Press, 2020.

Bradford, Anu. *Digital Empires: The Global Battle to Regulate Technology.* Oxford: Oxford University Press, 2023.

Bradford, Anu. "Europe's Digital Constitution". 64 *VA. J. INT'L L.* 1. 2023, pp. 1-68.

Bradford, Anu. "The False Choice Between Digital Regulation and Innovation". *Northwestern University Law Review*. Vol. 118, Issue 2. 2024, pp. 377-454.

Draghi, Mario. *The future of European competitiveness-A competitiveness strategy for Europe.* September 2024.

European Commission. "European Declaration of Digital Rights and Principles for the Digital Decade". COM (2022) 28 final. 2022.

Feldstein, Steven. "Evaluating Europe's push to enact AI regulations: how will this influence global norms?". *Democratization.* Vol. 31. 2024, pp. 1049-1066.

Håkonsen, Annikken. The European Rights-Driven Regulatory Approach in the Technology Sector and its Extraterritorial Impact: A Comparative Case Study of the GDPR and the AI Act. Master's thesis in European Studies Supervisor: Carine S. Germond. 2024.

Niestadt, Maria with Reichert, Jasmin. "The global reach of the EU's approach to digital transformation". EPRS | European Parliamentary Research Service. PE 757.632– January 2024.

Porter, Michael E. & van der Linde, Claas. "Toward a New Conception of the Environment-Competitiveness Relationship". *Journal of Economic Perspectives.* vol. 9. no. 4. Fall 1995, pp. 97-118.

REGULATION (EU) 2016/679 OF THE EUROPEAN PARLIAMENT AND OF THE COUNCIL of 27 April 2016 on the protection of natural persons with regard to the processing of personal data and on the free movement of such data, and repealing Directive 95/46/EC (General Data Protection Regulation).

Regulation 2022/1925, of the European Parliament and of the Council of 14 September 2022 on Contestable and Fair Markets in the Digital Sector and Amending Directives (EU) 2019/1937 and (EU) 2020/1828 (Digital Markets Act), 2022 O.J. (L 265) 1 (EU).

Regulation 2022/2065, of the European Parliament and of the Council of 19 October 2022 on a Single Market For Digital Services and Amending Directive 2000/31/EC (Digital Services Act), 2022 O.J. (L 277) 1 (EU).

Simons, Bright. "The Limits of the Brussels Effect on Emerging Techno-Norms". DOI:10.13140/RG.2.2.30691.53289. 2023.

von der Leyen, Ursula. "My agenda for Europe: political guidelines for the next European Commission 2019-2024". Directorate-General for Communication (European Commission). 2024.

European Commission. "The European Commission's priorities". 2019. https://commission.europa.eu/strategy-and-policy/priorities-2019-2024_en. (2025년 1월 12일 검색)

European Commission. "Communication on Shaping Europe's Digital Future". 2020. https://commission.europa.eu/system/files/2020-02/communication-shaping-europes-digital-future-feb2020_en_4.pdf. (2024년 11월 24일 검색)

European Commission. "Europe's Digital Decade: digital targets for 2030". 2021. https://commission.europa.eu/strategy-and-policy/priorities-2019-2024/europe-fit-digital-age/europes-digital-decade-digital-targets-2030_en. (2025년 1월 13일 검색)

European Commission. "Data protection in the EU". 2024. https://commission.europa.eu/law/law-topic/data-protection/data-protection-eu_en. (2024년 11월 23일 검색)

European Commission. "The Digital Markets Act". https://digital-markets-act.ec.europa.eu/index_en. (2025년 1월 14일 검색)

European Commission. "Commission designates six gatekeepers under the Digital Markets Act". 6 September 2023. https://digital-markets-act.ec.europa.eu/commission-designates-six-gatekeepers-under-digital-markets-act-2023-09-06_en. (2025년 2월 2일 검색)

European Commission. "AI Act". https://digital-strategy.ec.europa.eu/en/policies/regulatory-framework-ai. (2025년 2월 2일 검색)

European Parliament. "EU AI Act: first regulation on artificial intelligence". 2023. https://www.europarl.europa.eu/topics/en/article/20230601STO93804/eu-ai-act-first-regulation-on-artificial-intelligence. (2024년 11월 23일 검색)

Groupe d'études géopolitiques. "The Battle for the Soul of the Digital Economy - An Interview with Anu Bradford on Digital Empires". 17/12/2023. https://geopolitique.eu/en/2023/12/17/the-battle-for-the-soul-of-the-digital-economy-an-interview-with-anu-bradford-on-digital-empires/. (2025년 1월 17일 검색)

UN AI Advisory Body. *Governing AI for Humanity: Final Report*. 2024. chrome-extension://efaidnbmnnnibpcajpcglclefindmkaj/https://www.un.org/sites/un2.un.org/files/governing_ai_for_humanity_final_report_en.pdf. (2024년 11월 24일 검색)

U.S. Chamber of Commerce. "U.S. Chamber: EU's Digital Markets Act Prioritizes

Regulation Over Innovation". March 06, 2024. https://www.uschamber.com/international/u-s-chamber-eus-digital-markets-act-prioritizes-regulation-over-innovation. (2025년 1월 16일 검색)

Vestager, Margrethe & Borrell, Josep. "Why Europe's Digital Decade Matters". EUR. EXTERNAL ACTION SERV. (Mar. 10, 2021). https://www.eeas.europa.eu/eeas/why-europe's-digital-decade- matters-margrethe-vestager_en. (2025년 1월 14일 검색)

von der Leyen, Ursula. "Speech by President-elect von der Leyen in the European Parliament Plenary on the occasion of the presentation of her College of Commissioners and their programme". Nov. 27. 2019. https://ec.europa.eu/commission/presscorner/detail/en/SPEECH_19_6408. (2024년 11월 24일 검색)

제3장

EU 에코 디자인과 에너지 라벨링 규제

이하얀

1. 들어가며

최근 기후 위기의 심화와 자원 고갈 문제가 부각됨에 따라 국제사회는 생산과 소비 전 과정을 환경적으로 재설계하는 방안을 적극 모색하고 있다. EU는 이와 같은 흐름을 선도하는 대표적 국제기구로, 2009년부터 가전제품과 에너지 관련 제품을 대상으로 에코디자인 지침을 시행해 왔다.[1] 그러나 에너지 효율성 위주의 기존 규제가 급변하는 환경위기에 충분히 대응하지 못한다는 비판이 제기되면서, EU는 2024년 7월 18일 효력에 들어간 제품의 전 생애

1 European Commission, "Eco-design Directive - Directive 2009/125/EC", https://circular-cities-and-regions.ec.europa.eu/support-materials/eu-regulations-legislation/eco-design-directive-directive-2009125ec. (2025년 2월 13일 검색)

주기와 순환경제 개념을 포괄하는 새로운 에코디자인 규정을 마련했다.[2] 이는 단순히 특정 제품군의 에너지소비 효율을 개선하는 차원을 넘어, 제품의 내구성, 재사용성, 수리 용이성, 재활용 가능성 같은 다양한 환경적 속성을 규범화함으로써 생산-소비 체제 전반을 지속 가능한 방식으로 전환하려는 목표를 갖는다[3].

에너지 라벨링 제도 역시 이와 궤를 같이하여, 가전제품뿐 아니라 스마트폰과 태블릿 등 ICT 제품으로 확대 적용되고 있다. 기존에는 주로 백색가전에 부착되던 에너지 라벨이 이제는 휴대폰, 노트북, 심지어 일부 중간재 및 부품에 대해서도 요구될 전망이다.[4] 적용 범위가 넓어지면, 기업들은 제품을 설계하는 초기 단계에서부터 에너지 효율뿐 아니라 재활용 소재 사용, 내구성 시험, 소프트웨어 업데이트 지원 기간 등 여러 측면을 종합적으로 고려해야 한다.[5] 동시에 소비자들은 에너지 라벨을 통해 제품의 자원과 에너지 효율 성능뿐 아니라 탄소발자국 혹은 수리 가능성 같은 정보를 확인할 수 있게 되며, 이

2 EUR-Lex, "Regulation (EU) 2024/1781 of the European Parliament and of the Council of 13 June 2024 establishing a framework for the setting of ecodesign requirements for sustainable products, amending Directive (EU) 2020/1828 and Regulation (EU) 2023/1542 and repealing Directive 2009/125/EC (Text with EEA relevance)", https://eur-lex.europa.eu/eli/reg/2024/1781/oj/eng. (2025년 2월 25일 검색)

3 CTIS, "에코디자인을 통해 제품 환경규제 대비해야...", https://ctis.re.kr/en/selectBbsNttView.do?key=1574&bbsNo=312&nttNo=623091&searchCnd=all&pageIndex=1743. (2024년 12월 28일 검색)

4 Bird&Bird, "New Ecodesign Regulation 2024/1781 published:", https://www.twobirds.com/en/insights/2024/germany/neue-oekodesign-verordnung-veroeffentlicht-worauf-sich-wirtschaftsakteure-einstellen-muessen. (2025년 1월 4일 검색)

5 상민경·한성애·박선효, "재생에너지 탄소인증제도의 개발 방향성에 관한 연구 : 국제무역규범 및 환경 라벨링 관련 무역 분쟁 사례분석을 중심으로", 『한국태양에너지학회』 제39권 6호 (2019), pp. 1-13.

는 친환경, 고효율 제품에 대한 시장 수요를 더욱 촉진할 것이다.[6]

EU의 정책적 행보는 우리 기업들에게도 큰 영향을 미치고 있다. 유럽은 세계적 수준의 소비력과 규제 주도권을 보유한 시장이기에, 유럽 기준이 사실상 글로벌 표준으로 작용할 가능성이 높다. 가령 스마트폰 제조사나 가전기업은 기존 에너지 절감 기술에 더해, 내구성, 수리 용이성, 재활용 부품 적용 여부 등을 체계적으로 관리해야만 한다.[7] 배터리의 경우, 최소 800회 이상의 충전 및 방전 후에도 80% 이상 성능이 유지되어야 하고, 그 상태를 실제 라벨에 반영해야 할 수도 있다.[8] 그뿐만 아니라 제품 판매 후에도 일정 기간 소프트웨어 업데이트와 부품 공급을 보장해야 하므로, 제조사 입장에서는 장기적인 재고 및 유지비용 부담이 커지게 된다. 이는 중소 및 중견기업이 자칫 감당하기 어려운 수준의 비용 상승을 초래할 수도 있어, 정부나 업계 차원의 대응 전략이 시급하다.[9]

이에 대해 국내 기업은 이미 다양한 형태로 대응을 시작하고 있다. 예를 들어 삼성전자는 탄소중립, 폐전자제품 재활용, 수리 용이성 강화를 목표로 다

---

6 Concerted Action, "Official EED Documentation", https://www.ca-eed.eu/energy-efficiency-directive/. (2024년 12월 11일 검색)

7 Kenneth A Armstrong, "Legal Integration: Theorizing the Legal Dimension of European Integration", *Journal of Common Market Studies,* Vol. 36. No. 2 (November 1998), pp. 156-174.

8 InCompliance, "Latest EU Ecodesign and Energy Labeling Developments", https://incompliancemag.com/latest-eu-ecodesign-and-energy-labeling-developments/. (2024년 11월 28일 검색)

9 Sidley, "With Ecodesign for Sustainable Products Regulation, EU Will Impose Ecodesign Requirements on Virtually All Products Sold in EU", https://www.sidley.com/en/insights/newsupdates/2024/07/with-ecodesign-for-sustainable-products-regulation. (2024년 11월 28일 검색)

각적 투자를 진행 중이며, 에너지를 줄이기 위해 AI 기반 절전모드를 개발하거나, 재생 소재(예컨대, 폐어망 플라스틱)를 일부 스마트폰 및 가전제품에 적극 도입했다.[10] LG전자는 고객 사용 단계에서 발생하는 탄소를 줄이기 위해 가전제품의 에너지 효율을 대폭 향상시키고, 재생 플라스틱을 적극 활용하여 폐기물 매립을 줄이는 중장기 전략을 수립했다.[11] 동시에 브뤼셀 사무소를 개설해 유럽 현지에서의 대관 업무를 강화하거나, 정부와 협회 차원에서 마련한 통상대책단에 참여함으로써 최신 규제 동향을 신속히 파악하고 로비 활동을 전개하고 있다. 일부 국내 중소기업도 무역협회와 KOTRA 등 관련 기관을 통해 정보를 습득하고, 대기업과의 협업 체계를 구축함으로써 환경규제 대응 역량을 높이려는 움직임을 보이고 있다.[12]

그럼에도, 에코디자인 규정과 에너지 라벨링 제도가 적용되는 범위와 수준이 갈수록 엄격해짐에 따라 많은 기업은 생산 및 공급망 전반에서 혁신을 요구받고 있다. 예컨대 철강, 화학 기업은 제품 제조 과정에서의 탄소 배출을 줄이고, 재활용 가능성이 높은 소재를 적용해야 하며, 시장에 납품하는 중간재 역시 에코디자인 기준을 충족해야 한다.[13] 섬유, 패션 기업은 미판매 재고를

---

10 Samsung, "지속가능경영보고서 2023", https://www.samsung.com/sec/sustainability/media/pdf/Samsung_Electronics_Sustainability_Report_2023_KOR.pdf. (2024년 12월 28일 검색)

11 LG전자, "ESG 보고서 2023", https://www.lg.com/content/dam/lge/global/sustainability/pdf/2023-2024_Sustainability_Report_%28KOR%29_.pdf. (2024년 12월 28일 검색)

12 Shin&Kim, "EU 에코디자인 규정 유럽의회 통과 - 에코디자인 요구조건 강화", https://www.shinkim.com/kor/media/newsletter/2458. (2024년 12월 28일 검색)

13 Intertek, "EU - Ecodesign for Sustainable Products Regulation (ESPR) Overview 2024", https://www.intertek.com/products-retail/insight-bulletins/2024/espr-overview-2024/. (2024년 12월 28일 검색)

대거 폐기하는 관행이 금지되거나 엄격히 모니터링되는 상황에 대비해, 재고 관리, 리퍼비시[14], 리세일[15] 사업 모델을 새롭게 구축해야 한다. 이와 같은 변화는 단순히 '규제를 준수한다'는 차원을 넘어, 기업의 지속가능성 경쟁력을 한층 더 높일 기회이기도 하다.[16] 실제로 에코디자인 및 라벨링 기준을 선제적으로 충족하는 기업은 소비자에게 친환경 이미지를 각인시킴으로써 시장 점유율을 높일 수 있고, 그리고 환경, 사회, 기업 지배구조의 소위 ESG 투자 확대라는 글로벌 경영 트렌드에도 부합한다.[17]

이 장에서는 EU의 이러한 규제 추세를 반영해 EU 에코디자인 및 에너지 라벨링 규제의 주요 내용을 검토하고, 국내외 주요 기업들의 사례를 비교 분석하여 시사점을 도출하는 데 목적을 둔다. 그 과정에서 특히 최근 발표된 EU 디지털 제품 여권, 미판매 소비재 폐기 금지와 같은 새 규정이 실제 기업 경영 현장에 어떻게 적용되는지 살펴보고, 이에 대응하기 위한 구체적 전략과 정책

---

14 리퍼비시(Refurbish)는 사용된 제품을 수리·보완하여 재판매 가능하도록 개선하는 과정을 의미한다. 이는 단순한 중고 거래와 달리, 제조사 또는 전문 업체가 제품의 기능을 점검하고, 필요한 경우 부품을 교체하거나 외관을 정비하여 품질을 보증하는 특징이 있다. 리퍼비시 제품은 주로 전자제품, 가전제품, 명품 의류 및 액세서리 등의 산업에서 활용되며, 자원 순환과 폐기물 저감이라는 지속가능성 목표와 밀접하게 연관된다.

15 리세일(Resale)은 소비자가 한 번 구매한 제품을 다시 시장에서 판매하는 과정을 의미한다. 이는 중고 거래, 빈티지 마켓, 명품 리세일 플랫폼 등의 형태로 이루어지며, 제품의 생애주기를 연장하고 폐기물을 줄이는 효과를 가진다. 최근 패션 및 명품 산업에서는 리세일 시장이 지속적으로 성장하고 있으며, 순환 경제 실현을 위한 중요한 전략 중 하나로 평가되고 있다.

16 European Commission, "The Legislative Framework", https://energy-efficient-products.ec.europa.eu/ecodesign-and-energy-label/legislative-framework_en. (2025년 2월 22일 검색)

17 EFS, "Digital Product Passport: Some things get clearer thanks to a new FAQ document of the European Commission", https://efs.consulting/en/insight/digital-product-passport/. (2025년 1월 5일 검색)

지원 방안 또한 논의한다.

2. EU 에코디자인 규제 : 디지털 제품 여권, 에너지 라벨링

EU의 에코디자인 및 에너지 라벨링 규제는 기존에 가전제품과 에너지소비 제품 위주로 전개되던 환경규제를 대폭 확장하고 강화함으로써, 제품 전 생애주기에 걸친 자원 효율성, 탄소 저감 그리고 재활용성 등을 보다 면밀히 관리하고자 하는 특징을 지닌다.[18] 에코디자인은 특히 제품 설계 단계에서부터 내구성과 수리 가능성, 재활용 가능성 등 다양한 환경적 가치를 고려하도록 하는 제도적 장치로 발전해 왔다. 그런데 과거에는 주로 전력 사용량과 같은 에너지 효율 부문이 강조되었다면, 새로운 에코디자인 규정은 광범위한 제품군에 대해 재료 선택, 부품 구조, 생산 공정, 유통 및 폐기 단계까지 통합적으로 규범화하려 한다.[19] 이는 단순히 특정 에너지 관련 제품의 전력 소비 저감만을 목표로 했던 과거와 달리, 소비재 전반을 대상으로 순환경제 개념을 심층 도입한다는 데 큰 의의가 있다.

2024년 7월 18일부터 발효된 에코디자인 규정은 식품, 의약품, 군수품, 특

18 European Commission, "Ecodesign for Sustainable Products Regulation", https://commission.europa.eu/energy-climate-change-environment/standards-tools-and-labels/products-labelling-rules-and-requirements/ecodesign-sustainable-products-regulation_en. (2024년 12월 25일 검색)

19 Bird&Bird, "New Ecodesign Regulation 2024/1781 published:", https://www.twobirds.com/en/insights/2024/germany/neue-oekodesign-verordnung-veroeffentlicht-worauf-sich-wirtschaftsakteure-einstellen-muessen. (2025년 1월 4일 검색)

수목적 제품 등을 일부 예외로 두면서도, 그 외 상당수의 물리적 제품을 포괄하도록 범위를 넓혔다.[20] 기존 2009년의 에코디자인 지침이 주로 대형 가전이나 전자기기, 조명 기기 등 에너지 사용 제품에 집중했다면, 새로운 규정은 스마트폰, 태블릿과 같은 ICT 기기, 섬유 및 패션 제품, 철강, 알루미늄 등 중간재에 이르기까지 폭넓은 품목을 포함한다.[21] 나아가 기존에는 에너지 소비 효율이 핵심이었다면, 이제 제품의 내구성, 재사용성, 수리 용이성, 부품 교체 및 업그레이드의 편의성 등 제품 전 주기적 특성이 강조된다. 예를 들어, 섬유 및 패션 제품의 경우, 제조 단계에서 환경 부하를 줄이는 것은 물론이고, 재고가 판매되지 않았을 때 이를 대량으로 소각 또는 매립하는 행위를 금지하거나, 최소한 해당 폐기가 발생할 경우 기업이 그 이유와 방법, 그리고 폐기 방지를 위한 노력을 투명하게 공시하도록 규제한다.[22] 이와 같은 흐름은 섬유 업계에서 기존에 관행적으로 이뤄지던 재고 폐기에 제동을 걸며, 리퍼비시나 리세일을 기반으로 한 새로운 비즈니스 모델을 태동시키는 배경이 될 것으로 보인

---

20 Circularise, "A guide to the Ecodesign for Sustainable Products Regulation (ESPR)", https://www.circularise.com/blogs/a-guide-to-the-ecodesign-for-sustainable-products-regulation-espr. (2025년 2월 23일 검색)

21 European Commission, "Designing more sustainable products: 18 categories with high potential", https://joint-research-centre.ec.europa.eu/jrc-news-and-updates/designing-more-sustainable-products-18-categories-high-potential-2024-11-22_en. (2024년 11월 19일 검색)

22 Crowell, "Companies Selling Consumer Products in the EU (Particularly Clothing, Apparel, and Footwear Companies) Beware: The New ESPR Rules on Unsold Consumer Products Have Now Entered into Force", https://www.crowell.com/en/insights/client-alerts/companies-selling-consumer-products-in-the-eu-particularly-clothing-apparel-and-footwear-companies-beware-the-new-espr-rules-on-unsold-consumer-products-have-now-entered-into-force. (2024년 12월 12일 검색)

다.[23]

특히 새 에코디자인 규정의 핵심 중 하나로 거론되는 디지털 제품 여권은 제품마다 고유한 디지털 정보 세트를 부여해, 생산부터 폐기에 이르는 전체 수명을 추적하고 관련 데이터를 축적함으로써 자원순환 및 투명성을 극대화하는 제도이다.[24] 예를 들어 배터리에 부착된 QR 코드를 스캔하면, 제조사와 원재료 정보, 충전 사이클 이력, 예상 수명, 추후 재활용 시 분해 방법 등을 한눈에 확인할 수 있게 될 전망이다.[25]

이는 EU가 배터리 규정에서 이미 부분적으로 시범 도입한 뒤, 휴대폰, 가전, 섬유, 자동차 부품에 이르기까지 폭넓게 확대해 가겠다는 전략적 로드맵을 통해 구체화되고 있다. 궁극적으로 소비자와 기업은 제품이 가진 환경적 및 사회적 특성을 투명하게 파악할 수 있으며, 이는 친환경적인 제품을 구매하거나 유통하는 데 있어 중요한 판단 근거로 작용할 것이다.

에코디자인 규정과 함께 추진되는 에너지 라벨링 제도 또한 중요하다. 에너지 라벨은 1990년대부터 가전제품에 적용이 되어왔는데, 냉장고, 세탁기, TV 등에 부착된 A~G 등급 표시가 대표적인 사례이다.[26] 그러나 최근 EU가 제시

---

23 Nemko, "EU Revised Eco-design & Energy Labelling Plan 2022-2024: What You Need to Know", https://www.nemko.com/blog/ec-announces-revised-ecodesign-and-energy-labelling-working-plan-2022. (2025년 2월 13일 검색)

24 Mended, "The EU Ecodesign Regulation (ESPR) is on its way", https://www.mended.eu/blogs/stories/ecodesign-regulation. (2025년 2월 13일 검색)

25 Protokol, "Digital Product Passport (DPP): The Complete Guide", https://www.protokol.com/insights/digital-product-passport-complete-guide/. (2024년 12월 15일 검색)

26 European Commission, "New energy efficiency labels explained", https://ec.europa.eu/commission/presscorner/detail/en/memo_19_1596. (2025년 2월 16일 검색)

하는 개정된 에너지 라벨링 체계에서는 전력 소비량만 표시하던 것을 넘어, 제품의 배터리 내구성이나 낙하, 방수, 방진 등 물리적 견고성, 수리 용이성 지표, 그리고 재활용 소재 비율 같은 항목까지도 라벨에 포함할 수 있도록 범위를 확장하는 움직임을 보이고 있다. 특히 2025년 6월 20일부터 스마트폰 · 태블릿 등 휴대형 ICT 기기에 대한 에너지 라벨 부착이 의무화될 가능성이 높다.[27] 이에 대응하기 위해 각 기업은 제품 설계부터 공급망 및 사후 지원 전략을 전면 재점검해야 할 필요가 있다.

스마트폰을 예로 들면, 에너지 라벨에는 배터리 재질과 충 · 방전 횟수 대비 잔존 용량, 해당 모델의 평균 수명 추정치, 소프트웨어 업데이트 지원 가능 기간 등이 기재될 수 있다. 소비자가 매장에서 스마트폰을 구매할 때, 단순히 화면 크기나 디자인, 프로세서 성능만을 보는 것이 아니라 에너지 등급이 높고, 충전 사이클 800회 후에도 80% 이상 성능을 유지하는지, 배터리를 직접 교체하거나 수리할 수 있는지 등을 고려하게 된다는 것이다.[28] 이는 제품 출시 후 몇 년이 지나면 소프트웨어 업데이트가 지원되지 않아 사용이 어렵게 되는, 이른바 '조기 노후화'를 방지하는 효과도 기대된다. 나아가 해당 제품이 생산 · 유통되는 과정에서 탄소가 얼마나 배출되었는지, 혹은 어떤 재활용 소재가 사용되었는지를 소비자가 확인할 수 있다면, 이는 시장이 더 친환경적이고

---

27 Canalys, "Ecodesign laws set to transform smartphones in 2025", https://www.canalys.com/insights/ecodesign-laws-transform-smartphones-2025. (2024년 11월 28일 검색)

28 Smartviser, "EU Energy labelling From the 20th of June 2025, any smartphone device or tablet sold in Europe will require an energy label", https://www.smartviser.com/solutions/eu-battery-energy-labelling. (2025년 1월 2일 검색)

지속 가능한 제품에 집중되도록 유도하는 결과를 낳게 될 것이다.[29]

이와 같은 규제 변화의 배경에는 EU가 과거의 선형경제 시스템에서 순환경제로의 전환을 핵심 정책 기조로 삼고 있다는 점이 자리하고 있다. 생산자와 소비자가 제품을 사용 후 버리는 방식이 아닌, 가급적 오랫동안 사용하고, 재사용과 재활용이 가능한 요소는 최대한 회수해 순환시키는 체제를 확립하겠다는 것이다.[30] 이를 위해 오랫동안 유럽 각국은 제조 단계에서의 환경 영향 최소화, 제품 수명 연장, 폐기물 발생량 감축을 목표로 한 정책과 산업 지원책을 병행해 왔다. 다만 과거에 이는 주로 가전, 자동차 그리고 가구 등 특정 산업에 국한된 측면이 강했으나, 이제는 모든 물리적 제품을 대상으로 포괄적이고 일관된 규범을 마련하려 한다는 점이 차별화된 점이다. 이와 같은 포괄성은 공정부터 부품 그리고 유통 전반에 이르기까지 구조적으로 재설계하도록 기업에 압박하는 동시에, 궁극적으로는 혁신을 통한 새로운 시장 창출 기회로 이어질 수 있다.

규제 이행 일정 및 구체적 내용은 아직 세부 위임법이나 시행법을 통해 추가 발표될 부분이 남아 있지만, 대략적인 로드맵은 이미 공표되었다. 예를 들어 2025년 3-4분기 중에 섬유와 철강 분야부터 우선 적용되는 위임법이 나올 가능성이 크며, 그로부터 약 18개월간의 전환 기간을 거쳐 실질적인 규제 적

---

29 Right to Repair, "New EU Rules: Smartphones and Tablets will follow new ecodesign requirements by June 2025!", https://repair.eu/news/new-eu-rules-smartphones-and-tablets-will-follow-new-ecodesign-requirements-by-june-2025/. (2025년 1월 9일 검색)

30 European Commission, "Circular economy action plan", https://environment.ec.europa.eu/strategy/circular-economy-action-plan_en. (2024년 12월 28일 검색)

용이 시작될 것으로 전망된다.[31] 이후 2027년 전후에는 스마트폰과 가전 등 다른 제품군으로 확대될 수 있다는 관측도 있다. 미판매 재고 폐기 금지 조항의 경우에는 기업 규모별로 시차를 두어 단계적으로 적용하는 한편, 예외로 인정되는 특정 사유나 안전상의 문제 등을 어떻게 구체화할지 논의가 이루어지고 있다. 따라서 현재도 유럽의 로펌이나 컨설팅 기업들은 국내외 제조사들을 상대로 규제가 미칠 비용 부담 및 경영 영향에 대해 세부 분석 보고서를 발간하며 선제 대응을 강조하고 있다.

EU가 강력한 제도를 시행하려는 이유 중 하나는, 단순히 유럽 시장에서의 환경 성과를 개선하는 것을 넘어 전 세계적 규범 수립에 영향력을 행사하려는 전략적 의도에도 있다. EU는 온실가스 감축, 친환경 에너지 전환, 자원 재활용 등에서 자국 규범이 글로벌 표준이 되도록 적극적인 행보를 펼쳐왔다. 예컨대 대형 IT 기업들이 유럽 규제를 기점으로 제품 전반을 개선하기 시작하면, 동일한 설비와 설계를 세계 시장 전체에 적용하는 흐름이 발생해 궁극적으로 EU 규제가 글로벌 표준으로 작동하게 된다. 이를 일컬어 브뤼셀 효과라고 한다. 이는 미국 컬럼비아대학교 로스쿨의 아누 브래드포드가 제시한 개념으로, 거대한 시장 규모와 엄격한 규제를 동시에 갖춘 EU의 법과 제도가 결국에는 세계 여러 지역으로 확산되는 현상을 가리킨다.[32] 즉, 글로벌 기업들이 유럽 시장에 진출하기 위해 EU 규정에 맞춰 제품과 서비스를 재설계하거나

31 Carbonfact, "Full overview of the EU textile strategy and regulations", https://www.carbonfact.com/blog/policy/eu-regulations-for-textile-brands. (2025년 1월 2일 검색)

32 이하얀, "DSA와 브뤼셀 효과: 데이터 분석기반 X 플랫폼 규제 영향 평가", 『한국과 국제사회』, 제8권, 제6호 (2024년), pp. 1011-1013.

생산 공정을 개선하기 시작하면, 동일한 생산라인에서 전 세계 시장으로 공급되는 제품 역시 유럽 기준을 따르게 된다. 그 결과 실제로는 특정 지역(브뤼셀, 즉 EU)에서만 시행되는 규범이지만, 다국적 기업이 이를 전 지구적 차원에 적용함으로써 결과적으로 EU 규제가 글로벌 표준으로 작동하게 된다.[33] 예를 들어, 정보보호 분야의 GDPR이나 화학물질의 등록, 평가 및 승인에 관한 소위 REACH 규정이 대표적 사례다. 기업 입장에서는 생산 및 유통 과정을 규제 지역(유럽)과 비규제 지역(그 외 세계)으로 이원화하기보다, 중복 투자 및 관리 비용을 줄이기 위해 통합된 기준을 택하는 것이 유리하다. 따라서 EU가 에코디자인 및 에너지 라벨링 같은 친환경 규범을 엄격하게 마련하면, 결국 그 기준이 세계 기업들의 제품 설계부터 유통 그리고 마케팅에까지 파급력을 미치는 것이다. 이는 단순히 환경 성과의 개선을 넘어, 유럽이 규제 수출을 통해 지구적 차원의 생산 및 소비 패턴까지 변화시키는 전략적 지렛대를 확보하는 과정이라 할 수 있다.[34] 이는 경쟁 국가나 기업 입장에서 초기에는 큰 부담으로 작용할 수 있지만, 장기적으로는 지속가능성을 중심으로 한 혁신을 가속화하고, 글로벌 시장 질서의 재편을 촉진하는 동력이 될 수 있다.

이와 동시에 에코디자인과 에너지 라벨링 규제는 특정 국가에서 기존에 운영 중인 제도와 충돌할 가능성이 있어, EU 차원에서도 정책의 일관성을 유지하기 위한 노력이 진행되고 있다. 예를 들어, 미국의 경우 연방 차원보다는 주

---

33 이하얀, "브뤼셀 효과와 플라스틱 규제의 글로벌 확산: 네트워크 분석을 통한 규제 전파 경로 분석", 『한국과 세계』, 제6권, 제6호 (2024년), pp. 988-1000.

34 Anu Bradford, *The Brussels Effect: How the European Union Rules the World* (New York: Oxford University Press, 2020), p. 232.

(州) 단위별로 재활용 및 환경 규제가 다소 분산되어 있으며, 중국과 일본 또한 각각 자국 내 표준 체계를 운영하고 있어 규제 간 정합성 및 중복 문제가 제기될 수 있다. 이에 따라 EU는 국제 표준화 기구(ISO, IEC 등) 및 주요 무역 파트너 국가들과 협력하여 규제의 조화를 모색하고 있으며, 기업들은 이러한 변화에 대응하기 위해 다국적 생산 및 유통 전략을 조정해야 하는 과제에 직면해 있다.[35]

결국, 새로운 에코디자인 규정은 제품의 성능을 유지하면서도 자원 투입과 환경 부하를 최소화하는 성능 요건(performance requirement)과 제품 정보를 보다 투명하게 공개하도록 요구하는 정보 요건(information requirement)을 핵심으로 한다. 성능 요건은 예를 들어 배터리는 800회 이상 충·방전 후에도 초기 용량의 80% 이상을 유지해야 한다는 식으로 구체화될 수 있으며, 이는 제품 설계 단계에서부터 부품 선택과 공정 개선, 그리고 장기 수명 테스트가 필수적으로 뒤따름을 의미한다[36]. 정보 요건은 제조 공정에서 발생하는 탄소발자국, 특정 유해 물질 사용 여부, 재활용 원료 사용 비율 등을 투명하게 공시함으로써 소비자나 이해관계자가 제품의 지속가능성을 평가할 수 있도록 하는 내용이 될 것이다. 나아가 에너지 라벨링 제도는 이 환경 정보를 시각적으로 쉽

---

35 Cenelec, "European standards addressing material efficiency aspects", https://www.cencenelec.eu/media/CEN-CENELEC/AreasOfWork/CEN-CENELEC_Topics/Ecodesign,%20energy%20labelling%20and%20material%20efficiency/Quicklinks%20General/Documentation%20and%20Materials/2020-12-01_webinar_material_efficiency.pdf. (2025년 1월 14일 검색)

36 Euractiv, "LEAK: EU's new circular economy plan aims to halve waste by 2030", https://www.euractiv.com/section/circular-economy/news/leak-eus-new-circular-economy-plan-aims-to-halve-waste-by-2030/. (2025년 2월 25일 검색)

게 표시하는 수단으로 작용한다.[37]

또한 2024년 7월 18일부로 에코디자인 규정이 발효되어, 과거에는 개별 국가가 자국 내 일부 산업에 한하여 도입했던 내구성 표시나 수리할 권리(right to repair) 같은 제도가 EU 전역에서 일괄 시행되었다.[38] 이 경우 기업들로서는 국가 간 차등 대응이 어려워지고, 곧바로 모든 회원국에서 동일한 기준을 충족해야 한다는 점이 부담으로 작용할 수 있다. 특히 수리권과 부품 공급 의무의 경우, 제품 단종 이후에도 5~7년 이상 부품 재고를 보유하거나 소프트웨어 업데이트를 지원해야 하는지에 대한 논의가 구체화되고 있으며, 이는 생산 및 재고 비용을 상당히 높일 요인이 될 수 있다.[39] 그럼에도, 이를 계기로 오래 쓰는 제품에 대한 시장 수요가 늘어나고 중고 및 리퍼비시 시장이 활성화되어, 중장기적으로는 기업 경영에 긍정적 반응이 일어날 것이라는 시각도 있다.[40]

마지막으로, 에코디자인과 에너지 라벨링 규제가 가져올 경제 및 사회적 영향도 주목할 필요가 있다. 유럽위원회 발표 자료에 따르면, 강화된 에코디자인 규정과 에너지 라벨링 제도가 전면 시행될 경우, 2030년까지 유럽 내 에너지 소비 절감을 통해 수십만 톤의 탄소 배출 절감 효과와 함께 재활용 시장

---

37 ECOS, "Ecodesign for intermediate products", https://ecostandard.org/wp-content/uploads/2022/07/ECOS-Position-Paper-ESPR-for-intermediate-products-July-2022.pdf. (2024년 12월 15일 검색)

38 Ecochain, "Ecodesign for Sustainable Products Regulation (ESPR) – 2024 Overview", https://ecochain.com/blog/espr-2024-overview/. (2025년 2월 15일 검색)

39 Right to Repair, "New EU Rules: Smartphones and Tablets will follow new ecodesign requirements by June 2025!", https://repair.eu/news/new-eu-rules-smartphones-and-tablets-will-follow-new-ecodesign-requirements-by-june-2025/. (2025년 1월 9일 검색)

40 Mended, "The EU Ecodesign Regulation (ESPR) is on its way". https://www.mended.eu/blogs/stories/ecodesign-regulation. (2025년 2월 13일 검색)

가치가 크게 증가할 것으로 예측된다.[41] 이는 기후변화 대응과 자원 안보 확보 측면에서 상당한 의미를 지니며, 더 나아가 글로벌 공급망 재편과 기업의 ESG 투자가 한층 가속화될 가능성을 시사한다. 예컨대 제조업체가 제품 원료의 재활용 비율을 높이기 위해 폐플라스틱이나 폐금속을 안정적으로 공급받는 방안을 모색하고, 이 과정에서 새로운 자원순환 생태계가 생성될 수 있다. 동시에 강도 높은 규제로 인해 중소기업은 대응 비용 부담이 커질 것이므로, 금융, 기술 지원이나 협력 모델이 함께 마련되지 않으면 큰 어려움을 겪을 것으로 보인다.[42]

결국, 에코디자인 규정과 에너지 라벨링 제도의 확대 및 강화는 제품 하나의 성능 또는 한 국가의 환경 기준을 넘어, 지구적 차원의 자원순환 모델 정착과 기업 운영 방식의 혁신을 모두 아우르는 변곡점으로 평가된다. 생산단계에서의 설계 혁신, 유통단계의 투명성 확보, 소비 단계의 인식 전환, 폐기 단계의 재활용과 재자원화까지 연계되어야 하며, 이를 위해서는 정부, 기업 그리고 소비자가 함께 협력해야 한다.

---

41 European Commission, "2021 Ecodesign Impact Accounting report", https://energy.ec.europa.eu/news/2021-ecodesign-impact-accounting-report-2022-12-20_en. (2024년 12월 28일 검색)

42 European covenant of companies for climate and energy, "Best practices for SMEs in the energy transition", https://www.smeunited.eu/admin/storage/smeunited/ccce-best-practices-for-smes-in-the-energy-transition-final.pdf. (2024년 10월 6일 검색)

3. 국내외 기업의 대응 사례 및 전략

EU의 에코디자인 및 에너지 라벨링 규제가 본격화됨에 따라 기업들은 제품 기획 단계부터 판매, 그리고 사후관리 전반에 걸쳐 새로운 부담과 기회를 동시에 맞이하고 있다. 특히 최근 발표된 디지털 제품 여권, 미판매 제품 폐기 제한, 수리 용이성 강화 같은 조항들은 기존의 단순 에너지 효율 개선 수준을 넘어서, 기업의 비즈니스 모델 자체를 변화시키는 요인으로 작용하고 있다.

앞에서 언급한 바와 같이, EU가 요구하는 에코디자인 규정의 핵심은 전 생애주기에 걸친 환경 성과 개선이다. 이는 제조사가 단순히 소비 단계의 에너지 효율만을 높이는 것이 아니라, 제품 생산과정에서 탄소 배출량을 줄이고, 자재를 재활용하기 쉬운 구조로 설계하며, 사용 후 회수 및 재자원화까지 고려하도록 강제한다. 가령 섬유, 패션 기업은 앞으로 의류를 대량 생산한 뒤, 재고가 남으면 폐기하는 관행을 더 이상 유지하기 어렵다. 스마트폰 제조사들은 배터리 성능을 일정 수준 이상 유지하도록 설계하고, 특정 부품만 교체해도 제품을 오래 쓸 수 있도록 해야 하며, 이를 소비자에게 투명하게 알리는 디지털 제품 여권 시스템까지 구축해야 한다. 이러한 변화에 대응하지 못하면 단순히 유럽 시장에서의 판매 차질을 넘어, 기업 이미지와 글로벌 신뢰도에도 심각한 타격을 입을 가능성이 크다.

이와 같은 변화에 대응하지 못하면 단순히 유럽 시장에서의 판매 차질을 넘어, 기업 이미지와 글로벌 신뢰도에도 심각한 타격을 입을 가능성이 크다. 이에 따라 많은 기업들은 에코디자인 규제의 요구 사항을 반영하여 제품 개발과 운영 전략을 재정비하고 있으며, 특히 대기업과 중소 및 중견기업 간의 대응 방식에는 차이가 나타나고 있다.

대기업들은 비교적 조기에 ESG 및 환경 분야 전담 조직을 운영하고, 대관 업무를 강화하는 형태로 대응 역량을 구축해 나가고 있다. 반면 중소 및 중견기업은 전담 인력을 두기 어렵거나, 연구개발 투자 여력이 제한적이라 대응 속도가 다소 뒤처질 수 있는 모습을 보인다.

삼성전자는 비교적 일찍부터 지속 가능 경영을 회사의 핵심 가치 중 하나로 선언하고, 2030년까지 공정 가스 저감, 폐전자제품 재활용, 수자원 보존 등에 7조 원 이상을 투자하겠다는 계획을 밝혔다. 특히 스마트폰, TV, 냉장고, 세탁기, 반도체 등 다양한 제품군에서 에너지 효율을 극대화하고, 재생 플라스틱 등 친환경 소재 사용을 높이는 중이다. 예를 들어 스마트폰에서는 갤럭시 시리즈에 폐어망 플라스틱을 활용한 부품을 적용하고, 향후 디지털 제품 여권이 도입되면 해당 정보를 소비자가 쉽게 확인할 수 있도록 할 방침이다.[43] 에코디자인 측면에서도 배터리 용량과 교체 편의성을 높이고, OS 업데이트 지원 기간을 늘리는 방안을 내부 검토 중이다. 이는 에너지 라벨에도 긍정적으로 반영되어, 향후 유럽 판매 시 고등급 라벨을 받을 가능성이 크다.

LG전자도 2030 탄소중립과 자원순환 극대화를 주요 목표로 삼아, 글로벌 사업장에서 발생하는 폐기물의 재활용률을 95%까지 올리는 한편, 소비자 사용 단계에서 전력 소모를 줄이기 위한 에너지 효율 기술에 박차를 가하고 있

---

43 Samsungnewsroom U.K., "Samsung Welcomes New European Union Energy Efficiency Standards and Reaffirms its Commitment to Innovation of Responsibly Designed Products", https://news.samsung.com/uk/samsung-welcomes-new-european-union-energy-efficiency-standards-and-reaffirms-its-commitment-to-innovation-of-responsibly-designed-products. (2024년 11월 28일 검색)

다. 특히, 자체 개발한 인공지능 기반 제어 알고리즘으로 세탁 효율을 높이고 모니터나 TV 등 주요 제품에 저전력 반도체와 압축기와 열교환기를 채택함으로써 소비전력 감축에 기여한다. 또한 'UP 가전' 콘셉트를 도입해 출고 후에도 소프트웨어를 업데이트하거나 새로운 기능을 추가해 제품을 오래 쓸 수 있도록 한 점이 주목할 만하다. 이 같은 수명 연장 정책은 에코디자인 규정에서 강조하는 '오래 쓰는 제품' 개념과 부합하며, 장기적으로는 미판매 재고나 폐가전 처리 비용을 낮춰 유럽 규제를 충족하는 기반이 될 것으로 기대된다.

물론 대기업들의 전략이 모든 산업 분야와 기업 규모에 동일하게 적용되는 것은 아니다. 철강, 화학 같은 중간재 기업들은 제조 공정에서 발생하는 탄소를 대폭 감축해야 하며, 유해물질 사용을 최소화해 재활용성 높은 소재로 전환해야 한다. 예를 들어 포스코는 이미 브뤼셀 사무소를 재개설하여 EU 대관 업무를 전담할 팀을 구성하고, 저탄소 제품 인증과 관련된 준비에 착수했다.[44] 이는 철강 제품이 향후 에코디자인 규정하에서 생산단계부터 탄소발자국을 관리해야 하고, 나아가 탄소국경조정제도와 연동될 경우 추가 비용 부담이 우려되기 때문이다. 그 대신 재활용 철강이나 전기로, 수소환원제철 등의 혁신 기술을 선점하면 향후 유럽 시장에서 친환경 철강으로 프리미엄 가격 경쟁력을 확보할 수도 있다.

한편, 섬유 및 패션 업계는 미판매 재고 폐기 금지 조항의 영향을 크게 받을 것으로 보인다. 전 세계적으로 매년 막대한 양의 의류가 판매되지 않고 폐기되는데, EU는 이를 강력히 규제함으로써 섬유 산업 전반에 재고를 최소화하

44 Posco Holdings, "ESG Strategy", http://www.posco-inc.com/poscoinc/v3/eng/esg/s91e4000100c.jsp. (2024년 12월 15일 검색)

고, 불가피한 재고도 리퍼비시나 리세일 방식으로 처리하라'는 압력을 가하고 있다.[45] 일부 글로벌 패션 브랜드는 이미 지속 가능 컬렉션을 출시하거나 중고품 매입 및 수선 서비스를 강화해, 재고가 발생하더라도 폐기하지 않고 이윤을 남기는 방안을 시도하고 있다. 이 비즈니스 모델 전환은 초기 투자와 물류 시스템 개편이 필요하지만, 장기적으로 소비자에게 친환경 브랜드 이미지를 각인시키고, 환경을 중시하는 MZ 세대의 지지를 받으면서 경쟁 우위를 확보할 수 있다.

대기업, 중견기업, 중소기업 각각이 에코디자인 및 에너지 라벨링 규제를 어떻게 받아들이고 있을까? 대기업은 사내에 ESG 위원회나 전담 연구소를 설치하고 장기적 로드맵을 수립하는 방식이 일반적이다. 반면, 자본력이 제한된 중견·중소기업은 정부나 업계 협회를 통해 최신 규제 정보를 습득하고, 대기업과 협력해 부품을 공동 개발하거나 시험 인증 비용을 분담받는 전략을 주로 사용한다. 또한 이들은 유럽 수출보다는 국내 시장이나 제3국 시장을 우선 타깃으로 하는 방식으로 위험을 분산하기도 한다.

새로운 규제하에서 기업들은 자사 공급망을 정교하게 재편해야 하는데, 특히 디지털 제품 여권제도가 도입되면 원자재 조달부터 생산, 유통, 폐기까지 모든 프로세스가 데이터로 추적 가능해진다.[46] 이는 종전에는 하청 업체와 2, 3차 공급사를 통해 대략적인 정보만 파악하던 부품 소재의 정확한 출처와 재

---

45 Renoon, "The Latest Agenda on EU Regulations for Textile & Fashion", https://www.renoon.com/blog/the-latest-agenda-on-eu-regulations-for-textile-fashion. (2024년 12월 11일 검색)

46 European Union, "EU's Digital Product Passport: Advancing transparency and *sustainability*", https://data.europa.eu/en/news-events/news/eus-digital-product-passport-advancing-transparency-and-sustainability. (2025년 2월 20일 검색)

활용 가능 여부, 유해물질 함유 여부 등을 투명하게 공개하도록 요구함을 의미한다. 만약 어떤 부품에 환경적으로 유해한 화학물질이 포함되어 있고, 이를 대체할 수 있는 소재가 있음에도 불구하고 계속 사용한다면, 라벨 표시나 제품 여권 정보에 그 사실이 드러나 시장 경쟁력에 부정적인 영향을 줄 수 있다. 따라서 기업들은 부품 선정부터 포장·물류 방식까지 전 과정에서 친환경 개선 여지를 모색하게 될 것이다.

원자재 수급, 생산 공정 에너지 효율화, 물류 최적화, 재고 및 폐기물 처리 정책 등 각 단계에서 달성해야 할 목표와 적용 사례를 종합하면, 규제 준수만이 아니라 비용 절감과 친환경 브랜드 가치를 동시에 추구하는 경향이 확산되고 있음을 확인할 수 있다. 석유 및 화학 분야에서는 합성수지나 합성섬유에 대한 규제가 강화되면서, 기존 석유 기반 원료를 바이오 기반 소재나 재활용 원료로 전환하는 연구개발 투자가 활발히 이뤄지고 있다. 어떤 기업들은 EU가 제시하는 탄소중립 목표를 충족하기 위해 배출권 거래에에 대한 대비책을 세우거나, 제품 수명 종료 시 재활용이 용이한 고분자 소재를 개발하기도 한다[47]. 이는 탄소국경조정제도와도 연동되어, 만약 제품의 제조 과정에서 다량의 탄소를 배출할 경우 수출 시 관세 형태의 추가 비용을 부담해야 하기 때문이다. 따라서 '친환경 소재 개발+생산 공정 최적화+에코디자인 규정 준수'라는 세 가지 축을 동시 추진하는 것이 점점 보편적인 전략으로 자리 잡고 있다.

해외 기업의 사례를 보면, 유럽 기업들은 규제 제정 과정에서 상당 부분 의견을 내고 스스로 국내 규제와 발맞춘 운영체계를 구축해 왔다. 예컨대 볼보

---

47 Carbonfact, "[Guide] Life cycle assessments for textile and fashion products", https://www.carbonfact.com/blog/knowledge/lca-fashion-textile. (2025년 1월 2일 검색)

는 전기차 배터리에 대해 디지털 배터리 여권을 최초로 도입함으로써, 각 배터리가 어느 정도 충전 사이클을 거쳤고, 어떤 재료로 구성되어 있는지 확인하도록 했다[48].

이는 향후 에코디자인 규정이 시행되었을 때 배터리 내구성, 소재, 탄소발자국 등을 라벨링에 쉽게 반영할 수 있도록 준비하는 선제적 대응이다. 또한 독일의 일부 가전 제조사들은 이미 스마트 가전에 대해 점진적 OS 업데이트를 제공하고, 부품 교체가 가능하도록 설계함으로써 제품 수명을 늘리는 시도를 하고 있다. 에너지 라벨 역시 기존 A~G 등급 체계를 넘어, 수리성이나 낙하, 방수 등급 등을 소비자가 쉽게 파악할 수 있도록 제품 전면이나 포장 등에 명시하는 추세다.[49]

반면 미국, 일본, 중국 등에서는 국가별 특수성이 존재한다. 미국은 연방 차원에서 에너지스타 프로그램을 운영하고 있으나, 최근처럼 제품 전 생애주기와 순환성을 전면 도입하는 규제는 아직 완전하게 제도화되지 않았다.[50] 다만 애플, 구글 등 대형 기업들은 자발적으로 탄소중립 목표 연도를 선언하고, 재생에너지 사용 확대나 재활용 소재 비중 증대 등을 실시하고 있어, 장기적으

---

48 Reuters(Nick Carey), "Volvo to issue world's first EV battery passport ahead of EU rules", https://www.reuters.com/business/autos-transportation/volvo-issue-worlds-first-ev-battery-passport-ahead-eu-rules-2024-06-04/. (2025년 1월 9일 검색)

49 EMTERIA, "New EU and law forces manufacturers to provide security updates for Android IoT devices", https://emteria.com/blog/eu-digital-contract-law-forces-updates. (2025년 1월 4일 검색)

50 Energy Star, "ENERGY STAR Impacts", https://www.energystar.gov/about/impacts. (2025년 2월 6일 검색)

로 EU 규제에 맞춰갈 가능성이 높다.[51] 중국의 경우에도 대형 기업은 내부적으로 ESG 요구를 충족시키려 하지만, 중소 제조사들이나 내수 중심 업체는 상대적으로 규제 대응 능력이 떨어진다.[52] 이런 점을 감안하면, EU 규제가 글로벌 표준으로 확산할 때 생겨나는 지역별 규제 격차와 대응 역량 불균형이 상당 기간 지속될 것으로 보인다.

유럽은 이미 선도적 규범을 마련해 시행 단계에 접어든 반면, 다른 지역은 다양한 수준으로 정책을 준비하거나 도입 중이다. 이는 우리 기업들이 해외 생산 공장을 어디에 둘지, 어떤 시장을 우선 공략할지 결정할 때 중요한 변수가 된다. 예컨대 탄소 배출이 많은 제품을 중국 공장에서 저비용으로 생산해도, 유럽 수출 시 높은 관세나 까다로운 인증 절차를 거쳐야 하므로 결과적으로 수익성에 악영향을 미칠 수 있다. 반대로 기업이 초기 단계부터 에코디자인 규정에 부합하는 기술과 설계를 도입하면, 유럽은 물론 전 세계 시장에서 친환경 및 고효율 이미지를 구축할 수 있어 중장기 경쟁력을 강화할 수 있다.

궁극적으로 에코디자인 및 에너지 라벨링 규제는 단순히 규정 준수를 위해 비용이 늘어난다는 문제로만 접근해서는 안 된다. 많은 전문가는 이를 계기로 새롭게 떠오르는 순환경제 시장과 지속가능성 서비스 분야가 각광을 받을 것으로 예측한다.[53] 예를 들어 제품 리퍼비시, 재활용 소재 공급, 디지털 제품 여

51 Apple, "Apple commits to be 100 percent carbon neutral for its supply chain and products by 2030", https://www.apple.com/newsroom/2020/07/apple-commits-to-be-100-percent-carbon-neutral-for-its-supply-chain-and-products-by-2030/. (2024년 12월 28일 검색)

52 BSR, "How Companies Can Navigate China's ESG Reporting Guidelines", https://www.bsr.org/en/blog/how-companies-can-navigate-chinas-esg-reporting-guidelines. (2025년 2월 28일 검색)

53 World Economic Forum, "Why businesses must embrace the circular economy to build

권 관리 소프트웨어, 폐기물 처리 기술 등이 신규 비즈니스 기회가 될 수 있다. 또한 ESG 가치가 높아진 글로벌 투자시장에서, 에코디자인을 충실히 이행하는 기업은 투자 유치나 해외 시장 진출에서 유리한 고지를 점할 가능성이 높다.

결론적으로, 국내외 기업들이 에코디자인 및 에너지 라벨링 규제에 대응하는 과정은 생산부터 유통, 소비에 이르기까지 전반에 걸친 근본적 변화를 수반하며, 그 파급효과가 적잖을 것이다. 대기업들은 이미 상당한 준비를 진행 중이지만, 중소 및 중견기업은 정보 부족과 자금, 인력 한계로 대응이 제한적인 실정이다.[54] 이에 대해 정부나 업계 단체는 컨설팅, 시험 인증 지원, 자금 조달 등 다각적인 정책 수단을 마련해줄 필요가 있다. 기업 내부적으로도 연구개발 조직과 대관 조직 간의 협업, 글로벌 파트너십을 통한 공급망 혁신, 친환경 마케팅과 연계된 브랜드 이미지 개선 등의 전략을 종합적으로 수립해야 한다.

---

sustainable success", https://www.weforum.org/stories/2024/02/why-businesses-must-embrace-the-circular-economy-for-a-more-sustainable-future/. (2025년 2월 13일 검색)

54 Small Business Standards, "SBS Newsletter – Issue 2 – 2024 – SMEs getting ready for the new Ecodesign and Digital Product Passport", https://sbs-sme.eu/publications/newsletter/sbs-newsletter-issue-2-2024-smes-getting-ready-for-the-new-ecodesign-and-digital-product-passport-era/. (2024년 11월 1일 검색)

4. 나오며

EU의 에코디자인 및 에너지 라벨링 규제는 궁극적으로 산업 생태계 전반에 걸쳐 보다 높은 수준의 지속 가능한 환경을 달성하도록 요구한다는 점에서, 우리 기업과 정책 당국 모두에게 중요한 과제가 될 것이다. 앞서 살펴본 바와 같이, 규제의 초점이 에너지 효율을 넘어서 제품 전 생애주기를 통합적으로 고려하는 방향으로 확장되면서 기업들은 제품 기획부터 설계, 생산, 유통, 판매, 폐기에 이르는 모든 단계에서 근본적인 변화를 도모해야 한다. 이는 단순히 더 효율적인 부품을 적용하는 것을 넘어, 어떻게 하면 제품을 오래 쓸 수 있도록 만들고, 불필요한 폐기를 줄이며, 회수된 자재를 재활용해 새로운 부가가치를 창출할 수 있는지를 동시에 고민하는 차원을 의미한다. 결과적으로 이와 같은 변화는 제도 준수에 따른 비용 부담 이상으로, 기업의 장기적 경쟁력과 사회적 신뢰를 결정짓는 요인으로 작용할 가능성이 크다.

먼저 정책적 측면에서 보면, 에코디자인 및 에너지 라벨링 규제는 기술개발 능력과 자본력을 갖춘 대기업을 비롯해 중소 및 중견기업에게도 일정 수준 이상의 환경 성과를 요구하기 때문에, 이들에 대한 지원책이 절실하다. 정부 차원에서는 규제 정보를 신속히 제공하고, 기업들이 필요한 협력을 보다 용이하게 이용할 수 있도록 체계적인 인프라를 갖출 필요가 있다. 예를 들어 디지털 제품 여권의 구축과 운영에 필요한 표준화 작업이나 플랫폼 기술을 개발, 공유하는 데 공공부문이 일차적으로 나설 수 있다. 또한, 중소기업이 부품 재고나 소프트웨어 업데이트 지원에 필요한 비용을 감당하기 어렵다면, 정책금융이나 연구개발 지원, 대기업과의 상생 협약 등을 통해 대응 능력을 보완해야 한다. 특히 미판매 제품 폐기 금지 조항이나 재고관리 의무가 강화되는 섬유 및 패션 산업, 배터리, 철강 등 자본 기술 집약적인 산업 분야에서는 정부가 중장기적 관점에서 세제 혜택이나 보조금, 투자 유치 연계 등을 지원함으로써 기업들이 초기 투자 리스크를 줄이고 스스로 혁신을 가속화하도록 유도하는 방안을 검토할 수 있을 것이다.

기업 전략의 측면에서는 우선 규제 대응을 비용 항목이나 의무 사항으로만 여기지 않고, 오히려 이를 통해 신시장 기회를 창출하려는 적극적 인식 전환이 필요하다. 예를 들어, 스마트폰 제조사는 배터리 내구성을 강화하고 OS 업데이트 지원 기간을 늘리는 동시에, 이 기능을 제품 마케팅 포인트로 내세워 소비자에게 오래 쓰는 스마트폰이라는 가치 제안을 할 수 있다. 섬유 및 패션 기업은 재고 관리 시스템을 디지털화하고, 리퍼비시나 중고 판매 전용 플랫폼을 구축해 소비자에게 지속 가능한 쇼핑 경험을 제공할 수 있다. 이를 통해 폐기 비용을 줄이는 것은 물론, 친환경 브랜드로서의 이미지를 높여 매출 증대를 기대할 수 있다. 무엇보다 에코디자인 규정과 에너지 라벨링 제도를 충족하는 데 필요한 각종 데이터를 축적하고 분석하는 과정에서, 기업은 제품 설계와 공급망 운영을 효율화할 수 있는 다양한 아이디어를 발견하게 될 것이다. 이는 장기적으로 생산성 제고와 품질 향상의 선순환 구조를 만들 수 있는 계기가 된다.

공급망 측면에서도, EU 에코디자인 규정은 원자재 조달부터 재활용, 폐기까지 전체 프로세스의 투명성을 한층 강화한다는 점이 핵심이다. 디지털 제품 여권이 본격 도입되면, 한 중소 부품사에서 생산한 특정 부품에 대한 재활용 가능 여부나 환경 유해물질 함유 비율 같은 정보가 최종 소비자에게도 노출될 수 있다. 이는 단순히 규제 준수가 불가피해졌다는 부담을 넘어, 공급망 내 모든 참여자가 동시에 품질 및 환경 기준을 향상시켜야 함을 의미한다. 그러므로 대기업 본사는 협력사들을 지원하고, 협력사들은 기술력을 높여나가면서, 전체 공급망에서 발생하는 환경 비용을 줄이고 효율성을 높이는 전략으로 발전할 수 있을 것이다. 만약 협력사가 환경 기준을 충족하지 못하면 최종 제품의 에너지 라벨이나 제품 여권 등급이 떨어져 시장에서 경쟁력이 약화할 위험이 크므로, 대기업과 협력사가 협력해 이를 개선하는 모델이 확대될 것으로 보인다.

소비자의 인식 변화 역시 무시할 수 없다. EU는 에너지 라벨에 단순히 전력 소비량뿐 아니라 내구성, 수리 용이성, 재활용 소재 함유량 등의 정보를 포함시키려 하고 있는데, 이는 단지 저렴한 가격보다 지속가능성과 장기적 편익을 중요시하도록 소비자를 유도한다.[55] 예컨대, 휴대폰 구입 시 배터리를 몇 년간 교체 없이 사용 가능한가, OS 업데이트를 얼마나 오래 받을 수 있는가와 같은 요소가 구매 결정에 큰 영향을 미치게 되고, 이는 기업이 오래가는 제품을 만들도록 유도하는 원리와 직결된다. 또한 최근 MZ 세대를 중심으로 가치소비 트렌드가 확산하면서, 친환경 및 윤리적 요소가 담긴 제품을 선호하고, SNS나 커뮤니티를 통해 해당 정보를 적극적으로 교류하는 경향이 강해지고 있다. 에코디자인이나 에너지 라벨 등급에서 우수 평가를 받는 기업은 자연스럽게 젊은 소비자의 지지를 확보할 수 있으므로, 중장기 매출 및 브랜드의 가치를 제고할 수 있는 점에서도 유리하다.

---

55 BEUC, "Ecodesign and Energy Labelling", https://www.beuc.eu/ecodesign-and-energy-labelling. (2024년 11월 28일 검색)

에코디자인 및 에너지 라벨링 규제는 기회인 동시에 상당한 도전 과제로 남아 있다. 우선 기업마다 대응 전략을 마련하는 데 필요한 초기 투자가 적지 않고, 각 기업의 산업 특성이나 생산 구조, 시장지위가 달라서 획일적 대응이 불가능하다는 점이 문제다. 가령 전자, 가전 분야는 이미 에너지 효율이나 탄소 저감 기술이 상당 부분 축적되어 있어 비교적 빠르게 대처할 수 있지만, 섬유, 패션처럼 재고와 트렌드 변동 폭이 큰 업종은 재고 폐기에 대한 제약이 매우 엄격해지므로 사업 모델 전환이 절실하다.[56] 철강이나 화학산업과 같이 자본 집약적 업종은 생산단계에서 대량의 온실가스를 배출하고, 특정 유해물질을 사용할 수밖에 없는 경우가 많아, 이 부문에서 기술 혁신과 정책 지원이 제대로 결합하지 않으면 단기간 내에 규제 수준을 만족하기 어렵다. 게다가 중소 및 중견기업은 자금이나 인력, 전문 지식 면에서 상대적으로 취약해, 추가 비용을 분담하기가 쉽지 않다. 이 복합적 난제를 풀기 위해서는 산관학 상호 협력하는 다층적 체계가 필요하다.

우선 정부와 업계 협회 차원에서는 정보 공유 플랫폼을 활성화해 산업별 적용 사례와 노하우를 광범위하게 전파할 수 있다. 에코디자인 요구사항이 구체적으로 어떤 기술적 사양을 필요로 하고, 에너지 라벨 등에 어떤 정보를 표기해야 하는지, 그리고 이에 따른 시험, 검증 과정은 어떻게 진행되는지 쉽게 찾아볼 수 있는 통합 포털과 가이드라인을 구축하는 것이다. 또한 표준화된 인증 절차와 평가 기준을 마련해, 기업들이 중복된 인증을 받거나 과도한 행

56 CENELEC, "Ecodesign, energy labelling and material efficiency", https://www.cencenelec.eu/areas-of-work/cen-cenelec-topics/ecodesign-energy-labelling-and-material-efficiency/ecodesign-and-energy-labelling/. (2024년 11월 8일 검색)

정 부담을 지지 않도록 조율할 필요가 있다. 기업들은 이를 통해 비용을 절감하면서 규제 적합성을 확보하고, 동시에 선제적으로 정보를 수집함으로써 연구개발과 제품 기획 방향을 명확히 잡을 수 있다.

다음으로 산업계 내부적으로는, 대기업이 축적한 기술과 자원을 기반으로 중소 협력사를 지원하는 상생 모델이 확립될 수 있다. 대기업이 자사의 디지털 제품 여권을 구축하면서 협력사 데이터를 함께 통합 관리하고, 유해물질 저감이나 재활용 소재 개발을 위한 연구비를 보조하는 형태로 파트너십을 맺을 수 있다. 이를 통해 공급망 전체가 공동의 환경 목표를 달성함으로써 최종 제품의 에너지 라벨 등급을 높이고, 시장에서는 친환경 프리미엄 이미지를 공유할 수 있게 된다. 이 같은 협업은 일방적 비용 전가가 아니라 공동 투자, 공동 이익을 추구한다는 점에서 기업 생태계의 안정성과 혁신성을 동시에 강화할 것이다.

결국, 에코디자인 및 에너지 라벨링 규제의 성공적 정착 여부는, 단기적 비용 문제를 넘어 얼마나 폭넓은 이해관계자가 동참하고 상생 구조를 형성하느냐에 달려 있다고 볼 수 있다. 제도 시행 초기에는 기업들이 규제가 지나치게 엄격하다거나 즉시 대응이 어렵다는 반발을 보일 수도 있지만, 중장기적으로 이는 혁신을 촉진하고 시장에서의 차별화 요인을 제공한다는 점이 분명하다.[57] 이미 글로벌 기업들은 EU 규제가 시행되기 훨씬 전부터 ESG 경영과 순환경제 전략을 적극 도입해 미래 경쟁력을 확보해 왔다. 우리 기업과 정부도

---

57 Tao Wei, Qinlin Zhu and Wenlan Liu, "The Effect of Market-Based Environmental Regulations on Green Technology Innovation—The Regulatory Effect Based on Corporate Social Responsibility", Sustainability, Vol. 16, No. 11, (June 2024), pp. 18-20.

에코디자인과 에너지 라벨링을 새로운 기회로 인식하고, 필요한 투자와 제도 개선을 선제적으로 추진해야만 글로벌 시장에서 지속가능성을 기준으로 경쟁 우위를 확보할 수 있을 것이다.

이와 같은 논의는 결국 환경 보전과 경제 발전을 함께 추구해야 한다는 시대적 과제를 재차 확인해 준다. EU 에코디자인 및 에너지 라벨링 규제를 통해 보여주려는 비전은, 환경규제가 경영에 대한 부정적 부담이 아니라, 혁신을 일으키는 촉매가 될 수 있다는 확신에 기반한다. 따라서 기업, 정부, 소비자가 각자의 역할을 분명히 하면서 협력하고, 연구개발 및 산업정책을 체계적으로 수립해 나간다면, 에코디자인이 가져올 미래는 지금까지보다 훨씬 넓은 가능성을 열어줄 것이다. 이 장에서는 이러한 시사점을 바탕으로, 기업과 정부가 중장기 전략을 세우는 과정에서 에코디자인 및 에너지 라벨링 규제의 잠재적 효과를 면밀하게 검토하고, 규제를 넘어 지속 가능한 경쟁력이라는 새로운 패러다임을 구축할 수 있도록 지속적인 연구와 실무적 노력이 이어지기를 기대한다.

참고문헌

상민경·한성애·박선효. "재생에너지 탄소인증제도의 개발 방향성에 관한 연구 : 국제무역 규범 및 환경라벨링 관련 무역 분쟁사례분석을 중심으로". 『한국태양에너지학회』. 제39권 6호 (2019), pp. 1-13.

이하얀. "DSA와 브뤼셀 효과 : 데이터 분석기반 X 플랫폼 규제 영향 평가". 『한국과 국제사회』. 제8권 6호 (2024), pp. 1009-1034.

이하얀. "브뤼셀 효과와 플라스틱 규제의 글로벌 확산 : 네트워크 분석을 통한 규제 전파 경로 분석". 『한국과 세계』. 제6권 6호 (2024), pp. 987-1012

CTIS. "에코디자인을 통해 제품 환경규제 대비해야...". https://ctis.re.kr/en/selectBbsNttView.do?key=1574&bbsNo=312&nttNo=623091&searchCnd=all&pageIndex=1743. (2024년 12월 28일 검색)

LG전자. "ESG 보고서 2023". https://www.lg.com/content/dam/lge/global/sustainability/pdf/2023-2024_Sustainability_Report_%28KOR%29_.pdf. (2024년 12월 28일 검색)

Samsung. "지속가능경영보고서 2023". https://www.samsung.com/sec/sustainability/media/pdf/Samsung_Electronics_Sustainability_Report_2023_KOR.pdf. (2024년 12월 28일 검색)

Shin&Kim. "EU 에코디자인 규정 유럽의회 통과 - 에코디자인 요구조건 강화". https://www.shinkim.com/kor/media/newsletter/2458. (2024년 12월 28일 검색)

Bradford, Anu. *The Brussels Effect: How the European Union Rules the World.* New York: Oxford University Press, 2020.

Armstrong, Kenneth A. "Legal Integration: Theorizing the Legal Dimension of European Integration". *Journal of Common Market Studies*. Vol. 36. No. 2 (November 1998), pp.

155-174.

Wei, Tao, Zhu, Qinlin, and Liu, Wenlan. "The Effect of Market-Based Environmental Regulations on Green Technology Innovation—The Regulatory Effect Based on Corporate Social Responsibility". *Sustainability*, Vol. 16, No. 11, (June 2024), pp. 1-22.

Apple. "Apple commits to be 100 percent carbon neutral for its supply chain and products by 2030". https://www.apple.com/newsroom/2020/07/apple-commits-to-be-100-percent-carbon-neutral-for-its-supply-chain-and-products-by-2030/. (2024년 12월 28일 검색)

BEUC. "Ecodesign and Energy Labelling". https://www.beuc.eu/ecodesign-and-energy-labelling. (2024년 11월 28일 검색)

Bird&Bird. "New Ecodesign Regulation 2024/1781 published:". https://www.twobirds.com/en/insights/2024/germany/neue-oekodesign-verordnung-veroeffentlicht-worauf-sich-wirtschaftsakteure-einstellen-muessen. (2025년 1월 4일 검색)

BSR. "How Companies Can Navigate China's ESG Reporting Guidelines". https://www.bsr.org/en/blog/how-companies-can-navigate-chinas-esg-reporting-guidelines. (2025년 2월 18일 검색)

Canalys. "Ecodesign laws set to transform smartphones in 2025". https://www.canalys.com/insights/ecodesign-laws-transform-smartphones-2025. (2024년 11월 28일 검색)

Carbonfact. "[Guide] Life cycle assessments for textile and fashion products". https://www.carbonfact.com/blog/knowledge/lca-fashion-textile. (2025년 1월 2일 검색)

Carbonfact. "Full overview of the EU textile strategy and regulations". https://www.carbonfact.com/blog/policy/eu-regulations-for-textile-brands. (2025년 1월 2일 검색)

CENELEC. "Ecodesign, energy labelling and material efficiency". https://www.cencenelec.eu/areas-of-work/cen-cenelec-topics/ecodesign-energy-labelling-and-material-efficiency/ecodesign-and-energy-labelling/. (2024년 11월 8일 검색)

Cenelec. "European standards addressing material efficiency aspects". https://www.cencenelec.eu/media/CEN-CENELEC/AreasOfWork/CEN-CENELEC_Topics/Ecodesign,%20energy%20labelling%20and%20material%20efficiency/

Quicklinks%20General/Documentation%20and%20Materials/2020-12-01_webinar_material_efficiency.pdf. (2025년 1월 14일 검색)
Circularise. "A guide to the Ecodesign for Sustainable Products Regulation (ESPR)". https://www.circularise.com/blogs/a-guide-to-the-ecodesign-for-sustainable-products-regulation-espr. (2025년 2월 23일 검색)
Concerted Action. "Official EED Documentation". https://www.ca-eed.eu/energy-efficiency-directive/. (2024년 12월 11일 검색)
Crowell. "Companies Selling Consumer Products in the EU (Particularly Clothing, Apparel, and Footwear Companies) Beware: The New ESPR Rules on Unsold Consumer Products Have Now Entered into Force". https://www.crowell.com/en/insights/client-alerts/companies-selling-consumer-products-in-the-eu-particularly-clothing-apparel-and-footwear-companies-beware-the-new-espr-rules-on-unsold-consumer-products-have-now-entered-into-force. (2024년 12월 12일 검색)
Ecochain. "Ecodesign for Sustainable Products Regulation (ESPR) - 2024 Overview". https://ecochain.com/blog/espr-2024-overview/. (2025년 2월 15일 검색)
ECOS. "Ecodesign for intermediate products". https://ecostandard.org/wp-content/uploads/2022/07/ECOS-Position-Paper-ESPR-for-intermediate-products-July-2022.pdf. (2024년 12월 15일 검색)
EFS. "Digital Product Passport: Some things get clearer thanks to a new FAQ document of the European Commission". https://efs.consulting/en/insight/digital-product-passport/. (2025년 1월 5일 검색)
EMTERIA. "New EU and law forces manufacturers to provide security updates for Android IoT devices". https://emteria.com/blog/eu-digital-contract-law-forces-updates. (2025년 1월 4일 검색)
Energy Star. "ENERGY STAR Impacts". https://www.energystar.gov/about/impacts. (2025년 2월 6일 검색)
EUR-Lex. "Regulation (EU) 2024/1781 of the European Parliament and of the Council of 13 June 2024 establishing a framework for the setting of ecodesign requirements for sustainable products, amending Directive (EU) 2020/1828 and Regulation (EU) 2023/1542 and repealing Directive 2009/125/EC (Text with EEA relevance)". https://eur-lex.europa.eu/eli/reg/2024/1781/oj/eng. (2025년 2월 25일 검색)
Euractiv. "LEAK: EU's new circular economy plan aims to halve waste by 2030".

https://www.euractiv.com/section/circular-economy/news/leak-eus-new-circular-economy-plan-aims-to-halve-waste-by-2030/. (2025년 2월 14일 검색)

European Commission. "2021 Ecodesign Impact Accounting report". https://energy.ec.europa.eu/news/2021-ecodesign-impact-accounting-report-2022-12-20_en. (2024년 12월 28일 검색)

European Commission. "Circular economy action plan". https://environment.ec.europa.eu/strategy/circular-economy-action-plan_en. (2024년 12월 28일 검색)

European Commission. "Designing more sustainable products: 18 categories with high potential". https://joint-research-centre.ec.europa.eu/jrc-news-and-updates/designing-more-sustainable-products-18-categories-high-potential-2024-11-22_en. (2024년 11월 19일 검색)

European Commission. "Eco-design Directive - Directive 2009/125/EC". https://circular-cities-and-regions.ec.europa.eu/support-materials/eu-regulations-legislation/eco-design-directive-directive-2009125ec. (2025년 2월 13일 검색)

European Commission. "Ecodesign for Sustainable Products Regulation". https://commission.europa.eu/energy-climate-change-environment/standards-tools-and-labels/products-labelling-rules-and-requirements/ecodesign-sustainable-products-regulation_en. (2025년 12월 25일 검색)

European Commission. "New energy efficiency labels explained". https://ec.europa.eu/commission/presscorner/detail/en/memo_19_1596. (2025년 2월 16일 검색)

European Commission. "The Legislative Framework". https://energy-efficient-products.ec.europa.eu/ecodesign-and-energy-label/legislative-framework_en. (2025년 2월 22일 검색)

European covenant of companies for climate and energy. "Best practices for SMEs in the energy transition". https://www.smeunited.eu/admin/storage/smeunited/ccce-best-practices-for-smes-in-the-energy-transition-final.pdf. (2024년 10월 6일 검색)

European Union. "EU's Digital Product Passport: Advancing transparency and sustainability". https://data.europa.eu/en/news-events/news/eus-digital-product-passport-advancing-transparency-and-sustainability. (2025년 2월 20일 검색)

InCompliance. "Latest EU Ecodesign and Energy Labeling Developments". https://incompliancemag.com/latest-eu-ecodesign-and-energy-labeling-developments/. (2024년 11월 28일 검색)

Intertek. “EU - Ecodesign for Sustainable Products Regulation (ESPR) Overview 2024”. https://www.intertek.com/products-retail/insight-bulletins/2024/espr-overview-2024/. (2024년 12월 28일 검색)

Mended. “The EU Ecodesign Regulation (ESPR) is on its way”. https://www.mended.eu/blogs/stories/ecodesign-regulation. (2025년 2월 13일 검색)

Nemko. “EU Revised Eco-design & Energy Labelling Plan 2022-2024: What You Need to Know”. https://www.nemko.com/blog/ec-announces-revised-ecodesign-and-energy-labelling-working-plan-2022. (2025년 2월 13일 검색)

Posco Holdings. “ESG Strategy”. http://www.posco-inc.com/poscoinc/v3/eng/esg/s91e4000100c.jsp. (2024년 12월 15일 검색)

Protokol. “Digital Product Passport (DPP): The Complete Guide”. https://www.protokol.com/insights/digital-product-passport-complete-guide/. (2024년 12월 15일 검색)

Renoon. “The Latest Agenda on EU Regulations for Textile & Fashion”. https://www.renoon.com/blog/the-latest-agenda-on-eu-regulations-for-textile-fashion. (2024년 12월 11일 검색)

Reuters(Nick Carey). “Volvo to issue world’s first EV battery passport ahead of EU rules”. https://www.reuters.com/business/autos-transportation/volvo-issue-worlds-first-ev-battery-passport-ahead-eu-rules-2024-06-04/. (2025년 1월 9일 검색)

Right to Repair. “New EU Rules: Smartphones and Tablets will follow new ecodesign requirements by June 2025!”. https://repair.eu/news/new-eu-rules-smartphones-and-tablets-will-follow-new-ecodesign-requirements-by-june-2025/. (2025년 1월 9일 검색)

Samsungnewsroom U.K.. “Samsung Welcomes New European Union Energy Efficiency Standards and Reaffirms its Commitment to Innovation of Responsibly Designed Products”. https://news.samsung.com/uk/samsung-welcomes-new-european-union-energy-efficiency-standards-and-reaffirms-its-commitment-to-innovation-of-responsibly-designed-products. (2024년 11월 28일 검색)

Sidley. “With Ecodesign for Sustainable Products Regulation, EU Will Impose Ecodesign Requirements on Virtually All Products Sold in EU”. https://www.sidley.com/en/insights/newsupdates/2024/07/with-ecodesign-for-sustainable-products-regulation. (2024년 11월 28일 검색)

Small Business Standards. "SBS Newsletter – Issue 2 – 2024 – SMEs getting ready for the new Ecodesign and Digital Product Passport". https://sbs-sme.eu/publications/newsletter/sbs-newsletter-issue-2-2024-smes-getting-ready-for-the-new-ecodesign-and-digital-product-passport-era/. (2024년 11월 1일 검색)

Smartviser. "EU Energy labelling From the 20th of June 2025, any smartphone device or tablet sold in Europe will require an energy label". https://www.smartviser.com/solutions/eu-battery-energy-labelling. (2025년 1월 2일 검색)

World Economic Forum. "Why businesses must embrace the circular economy to build sustainable success". https://www.weforum.org/stories/2024/02/why-businesses-must-embrace-the-circular-economy-for-a-more-sustainable-future/. (2025년 2월 13일 검색)

제4장

EU의 통상 규제와 정책

강유덕

1. 들어가며

2000년대 통상정책의 가장 큰 특징이 자유무역협정(FTA)의 확산이었다면, 2010년대에는 통상 이슈의 다원화, 이른바 신통상 이슈들이 큰 주목을 받았다. 과거 통상정책은 관세 등 무역장벽의 완화에 초점이 맞추어졌지만, 오늘날의 통상정책은 서비스와 투자, 지식재산권은 물론, 노동, 환경, 인권 등 사회적 이슈까지 대폭 확장되어 있다.

통상정책에 규범적 가치를 추가하여 사회적 이슈를 연계하는 것은 선진국 통상정책의 특징이다. 무역을 매개로 국가 간의 서로 다른 노동 조건이 영향을 받을 수 있다는 인식은 이미 20세기 초부터 등장한 바 있고, 1995년 세계무역기구(WTO) 출범 당시에도 이른바 '블루 라운드'라는 이름으로 무역과 노동의 연계에 관한 논의가 진행된 바 있다.[1] 또한 저소득국가의 열악한 노동 조건을 개선하기 위해 공정무역의 하나로 무역 조건에 인권 보호를 연계시키려는 노력이 진행되었다. 무역과 환경 이슈를 연계하려는 노력도 활발하게 이루어졌는데, 환경이 갖는 국경 간 확산효과와 범지구적 중요성이 커질수록 통상정책에 환경 이슈를 포함하려는 논의는 더욱 커졌다.[2]

유럽연합(EU)은 통상정책에 사회적 규제를 포함하는 움직임을 주도해 왔다. 2000년대 후반에 EU는 통상정책을 개편하는 과정에서 '무역과 지속 가능한 발전(Trade and Sustainable Development, TSD)'이라는 독특한 개념을 정립했고, 이를 EU가 체결하는 모든 무역협정에 반영시키기 시작했다. TSD는 노동, 환경, 인권, 기업의 사회적 책임 등 사회적 규범을 무역과 연계한 것으로 2000년대를 걸쳐 EU 내부의 경험과 논쟁을 거쳐 서서히 등장했다. 이후 EU는 한국과 체결한 FTA에서 처음으로 완결성을 갖춘 독자적인 TSD 장을 포함시켰고, 이후 체결된 EU의 모든 무역협정에서는 유사한 내용이 포함되었다. 따라서 이 장에서는 EU의 통상 규제와 정책을 무역협정에 포함된 TSD 장의 내용을 바탕으로 살펴보고, 더 나아가 EU가 추진해 온 그린 딜과 이에 따른 환경 규제가 어떻게 EU의 통상정책으로 전환되는지를 살펴본다.

---

1 전현중, "블루 라운드 (Blue Round)와 국제통상", 『계간 지역사회』, 제27권 (1997), pp. 126-131; 임대성, "WTO 블루라운드에 관한 연구: 무역과 노동기준의 연계를 중심으로: 무역과 노동기준의 연계를 중심으로", 『국제경제법연구』, 제4권 (2006년 12월), pp. 159-161.

2 김영생·이종원, "EU의 무역 및 환경연계정책과 우리나라의 대 EU 무역에 미치는 영향", 『유럽연구』, 제17권 (2003 여름), pp. 67-93; 이은섭·이양기, "WTO 체제하의 무역과 환경의 연계", 『무역학회지』, 제30권 3호 (2005년 6월), pp. 75-99.

2. 무역협정에 사회적 규제가 포함되는 이유

노동과 환경과 같은 사회적 규제가 통상정책에 포함되는 이유는 무엇일까? 오랜 기간 무역과 노동·환경 기준의 연계 문제는 국제적으로 논쟁의 대상이 되어 왔다. 특히 노동기준과 관련하여, 1995년 WTO 체제가 출범한 이후 2000년대 초반까지 선진국과 개발도상국 간의 입장이 첨예하게 대립해 왔다. 미국, EU, 캐나다 등 선진국들은 무역 협상에 노동 이슈를 포함해야 한다고 주장한 반면, 개발도상국이 주축이 된 '77그룹'은 이에 강하게 반대했다. 결국 2001년 출범한 도하개발어젠다 협상에서는 무역과 노동기준의 연계가 정식 의제로 채택되지 못했고, 원칙에 관한 선언적인 내용만 포함했다.[3] 환경 관련 이슈 역시 무역 협상과는 별도로 논의되어 왔으며, 이러한 배경 속에서 노동과 환경 규제를 무역협정에 포함시키려는 시도는 오랫동안 논란의 대상이 되었다.

선진국이 무역 협상에 노동과 환경 이슈를 포함시켜야 한다고 주장하는 이유는 경제적 논리와 규범적 접근이라는 두 가지 차원에서 설명될 수 있다. 이에 대한 논의는 공정 경쟁, 노동권 보호, 환경 규제의 필요성 등을 중심으로 이루어지며, 이러한 이슈를 둘러싼 선진국과 개발도상국 간의 견해 차이가 뚜렷하게 나타난다.

첫째, 선진국들은 공정한 경쟁을 위해 일정 수준의 노동 조건 보장과 환경 규제 준수가 필수적이라고 본다. 노동권이 보장되지 않고 환경 보호 규제가

3 WTO, "Singapore Ministerial Declaration, Adopted on 13 December 1996," https://www.wto.org/english/thewto_e/minist_e/min96_e/wtodec_e.htm. (2025년 1월 5일 검색)

느슨한 국가는 제품 생산에 있어 상대적으로 낮은 비용 구조를 가질 수 있다. 이는 국제 시장에서 불공정한 가격 경쟁력을 형성하는 요인이 될 수 있다. 이러한 가격 경쟁력은 노동권 또는 환경 보호에 대한 사회적 비용을 반영하지 않은 결과이므로, 선진국 기업에 불리한 경쟁 환경을 조성할 수 있다는 것이다. 이 같은 이유로, 선진국들은 국제 노동기준과 환경 규제를 무역협정에 포함하여 경쟁 조건을 균일화하고, 노동 조건 악화와 환경 파괴의 부작용을 방지하고자 한다.

둘째, 국제무역이 규제의 하향 평준화를 유도할 가능성이 있다는 점에서 규제를 강화해야 한다는 논리가 등장한다. 노동 및 환경 규제에 대해 국제적 협력이 이루어지지 않는 경우, 각국은 비용 절감을 위해 규제 기준을 낮출 가능성이 있다. 특히 개발도상국의 경우, 경쟁력을 유지하기 위해 낮은 임금과 열악한 노동 여건과 환경 문제를 방치할 가능성이 크며, 이는 장기적으로 심각한 문제를 초래할 수 있다. 따라서 선진국들은 무역을 매개로 노동기준 강화를 촉진하는 것이 필요하다고 주장해 왔다. 또한 환경이 갖는 글로벌 공공재로서의 특성을 감안하여 선진국-개발도상국이 모두 동참하는 국제적 공조를 강조해 왔다. 이는 단순한 경제적 고려를 넘어 지속 가능한 발전이라는 국제사회의 보편적 가치 실현과도 맞닿아 있다. 특히 환경 규제의 경우, 국경을 초월하는 특성이 있다는 점에서 국제적인 협력이 필수적이라는 주장이 제기된다. 기후변화와 같은 문제는 일부 국가의 노력만으로 해결할 수 없으며, 전 세계적으로 규제 기준이 조화를 이루어야 효과적인 대응이 가능하다. 선진국들은 환경 보호 정책의 실효성을 확보하기 위해 개발도상국의 환경 기준을 상향 조정해야 한다고 주장하며, 무역협정을 활용하여 이러한 목표를 달성하고자 한다.

그러나 이러한 접근법에 대해 개발도상국들은 여러 비판을 제기하고 있다. 국제적 노동기준과 환경 규제가 선진국의 '감춰진 보호무역주의'에 불과하다는 지적이 대표적이다. 노동기준 강화가 선진국 기업에게 유리하게 작용하고, 개발도상국 기업에게 불리한 진입 장벽으로 작용할 가능성이 크다는 점에서 이러한 우려는 설득력이 있다. 또한, 환경 보호 조치의 경우, 개발도상국들은 높은 규제 기준을 충족하기 위해 과도한 비용을 부담해야 하는 문제에 직면한다. 이에 따라 개발도상국들은 환경 규제의 강화가 역사적으로 선진국들이 누려온 경제적 이점을 유지하기 위한 '사다리 걷어차기' 전략의 일환이라고 주장하기도 한다. 즉, 과거 산업화 과정에서 환경을 크게 훼손한 선진국들이 이제 와서 개발도상국에게 엄격한 환경 규제를 요구하는 것은 부당하다는 것이다. 이러한 주장에서 등장한 것이 '공동의 그러나 차별화된 책임(Common But Differentiated Responsibilities, CBDR)' 원칙으로 이는 1990년대 초부터 국제 환경 협력에 있어 기본 원칙이 되었다.

이러한 논쟁으로 인해 WTO 다자무역체제에서는 노동과 환경 규제는 구체적인 의제로 발전되지 못했다. 반면에 2000년대 중반 이후 무역 협상은 다자에서 양자 방식으로 점차 변화되는데, 그 이유는 양자 형식으로 구성된 FTA에 관심이 커졌기 때문이다. FTA의 확산은 무역협정에 사회적 규범이 본격적으로 포함되는 결정적인 계기가 된다. 양자 형식으로 협상이 이루어지는 특징상 협상국 간의 합의를 통해 무역 외 다른 이슈를 협상에 포함하기가 더 수월해졌기 때문이다. 특히 선진국과 개발도상국 간에 체결되는, 이른바 '북-남 협정(North-South Agreement)'에서는 무역 개방에 관한 조건 외에 제도와

[표-1] 무역협정에 포함되는 무역 외 규제 이슈

영역	주요 내용
반부패	무역과 투자에 영향을 끼치는 위반행위에 대한 처벌 규정
경쟁정책	반경쟁적 행위를 방지하기 위한 조치, 경쟁법의 조화, 독립적인 공정거래감시 기구의 설립
소비자 보호	소비자 보호법의 조화, 소비자 보호 관련 기관 간의 정보, 전문가 교류 및 상호 훈련지원
정보보호	관련 정보 및 전문가 교환, 협력사업 추진
자본이동	자본이동 자유화, 새로운 제한의 금지
환경 관련 규제	환경 기준 개발, 국가별 환경 규정의 집행, 환경 규정 위반 시 제재를 위한 제도 수립
노동시장 규제	국내 노동시장 규제, 국제노동기구(ILO)의 노동권 헌장에 대한 채택 또는 이를 위한 노력
지적재산권	지적재산권 보호를 위한 국제협약에 가입
규제 및 법규의 조율	상호 간의 규제 및 법규의 조율
시청각	해당 산업에대한 지원, 공동제작 지원
시민보호	상호 간에 조율된 법규의 이행
혁신정책	상호 간의 혁신정책에 참여, 기술이전 촉진
문화협력	공동이니셔티브 발의 및 지역문화 홍보
경제정책대화	아이디어와 견해 교환, 공동연구 추진
교육과 훈련	교육의 일반수준을 개선하기 위한 조치
에너지	정보교환, 기술이전, 공동연구
금융지원	금융지원의 부여와 행정에 관한 규정 제정
보건	질병 모니터링, 보건정보시스템 개발, 정보교환
불법이민	불법이민 방지 및 통제
산업협력	산업현대화 프로젝트 지원, 금융접근성개선
정보사회	정보교류, 신기술 확산, 훈련

출처: Henrik Horn, Petros C. Mavroidis, and André Sapir "Beyond the WTO? An anatomy of EU and US Preferential Trade Agreements", The World Economy, Vol. 33, No. 11 (November 2010), pp. 1565-1588.

규범에 영향을 미칠 수 있는 다양한 규제들이 포함되었다.[4] 특히 EU와 미국이 체결한 FTA가 그러한데, <표 1>에 나타난 바와 같이 WTO 차원에서는 논의되지 않는 노동과 환경은 물론, 부패, 시민보호, 이민, 교육, 문화 등 다양한 무역 외 이슈가 포함되었다. 다자협상에서는 다수의 개발도상국이 77 그룹과 같은 연합체를 통해 연대할 수 있었고, 선진국의 요구에 실효적인 반대를 할 수 있었다. 반면에 양자 협상에서는 선진국이 개발도상국에게 다양한 이슈를 무역협정에 포함하도록 요구하는 것이 더 수월해진 것이다. 이러한 측면에서 양자 FTA에서는 선진국의 규제 요구를 개발도상국이 선진국 시장에 대한 접근성을 대가로 교환하는 절충적 현상을 보인다. 이러한 상황에서 노동과 환경 기준을 포함한 무역협정은 점차 증가해 갔다.[5]

---

4 Wilfred J. Ethier, "The New Regionalism", *The Economic Journal*, Vol. 108, No. 449 (July 1998) pp. 1149-1161; 강유덕, "EU의 대(對)아프리카 경제동반자협정(EPA) 추진 목적에 대한 비판적 고찰", 『EU연구』, 제47호 (2017년 1월), p. 30.

5 Damian Raess, and Dora Sari, "Labor Provisions in Trade Agreements (LABPTA): Introducing a New Dataset," *Global Policy*, Vol. 9, No. 4 (August 2018), p. 455; Clara Brandi, Jakob Schwab, Axel Berger, and Jean-Frédéric Morin, "Do Environmental Provisions in Trade Agreements Make Exports from Developing Countries Greener?" *The World Economy*, Vol. 129, (May 2020) 104899, p. 3.

3. 무역협정에 포함된 EU의 노동과 환경 규제

EU는 2000년대 초반까지 WTO의 다자무역 협상에 가장 우선순위를 두는 통상정책을 유지해 왔다.[6] 이러한 통상정책의 기조에 큰 변화가 생긴 시점은 2000년대 중반으로 2006년 10월에 발표된 EU의 '글로벌 유럽' 전략을 계기로 양자 FTA를 적극적으로 활용하는 방안으로 바뀌게 된다.[7] 당시 EU는 FTA의 상대국을 선정하는 데 있어 시장 규모와 경제성장률, 보호무역 수준, EU 경쟁자와의 FTA 협상 여부 등 경제적 조건을 기준으로 삼았지만, 광범위한 영역에 걸친 포괄적 FTA를 지향했다. 또한 무역이 환경에 미칠 수 있는 영향을 참작하여 무역과 환경의 연계를 고려할 것임을 명시했다. 글로벌 유럽 전략에서는 오늘날과 같은 명확한 TSD 개념이 규정되어 있지 않았지만, 이 전략하에 추진된 첫 번째 FTA인 한-EU FTA에서는 EU의 무역협정에서 최초로 규정화된 TSD 장(chapter)이 포함되었다. TSD 장의 발전은 노동, 환경, 기업의 사회적 책임 분야로 구분하여 살펴볼 수 있다.

1) 노동 규제

EU는 1990년대 중반부터 FTA에 노동 조항을 포함하기 시작했으나, 초기에는 인권 보호를 강조하는 사회조항(Social Chapter) 수준에서 협정문에 언급

---

6 Pascal Lamy, "Stepping Stones or Stumbling Blocks? The EU's Approach towards the Problem of Multilateralism vs Regionalism in Trade Policy", *The World Economy*, Vol. 25, Issue 10 (November 2002), p. 1400; Stephen Woolcock, "European Union Policy towards Free Trade Agreements", *ECIPE Working Paper*, No. 03/2007 (2007), p. 2.

7 European Commission. *Global Europe: Competing in the World* (2006).

되는 정도에 그쳤다. 예를 들어, 2000년 이전에 체결된 모로코, 요르단, 레바논, 이집트, 알제리 등과의 FTA에서는 상대국의 노동 조건이나 국제협약 준수에 대한 구체적인 언급이 없었다.[8] EU가 FTA에서 노동 관련 조항을 본격적으로 언급한 사례는 2000년 발효된 이스라엘과의 제휴 협정에서 처음 등장했으며, 같은 해 발효된 남아공과의 FTA에서는 서문에서 다양한 노동 이슈에 대해 국제노동기구(ILO)의 기본 협약 준수를 명시했다. 이후, 2003년 체결된 EU-칠레 FTA에서는 처음으로 협정문 본문에서 ILO 핵심 협약을 언급했다. 협정 제44조에서 고용 창출과 기본 사회권의 존중을 위해 ILO 핵심 협약 준수를 규정했고, 제43조에서는 양측 시민사회 간 정기적인 대화를 촉진하고, 노동 관련 논의에 시민사회의 참여를 보장하는 조항이 포함되었다. 하지만 2000년대 중반 이전까지 체결된 FTA에서는 노동 관련 규정을 포함하더라도 실질적인 구속력이 부족한, 상징적인 선언에 그쳤다고 볼 수 있다.

EU의 노동 조항이 더 포괄적인 형태로 발전한 계기는 2008년 EU-카리브 공동체(Cariforum) FTA부터였다. 이 협정에서는 ILO 핵심 협약에 대한 언급뿐만 아니라, 노동권과 인권 보호를 명확히 규정하는 사회적 이슈에 대한 독립적인 장을 두었다. 협정 제5장은 ILO 핵심 협약 준수뿐만 아니라, 직장에서의 기본 원칙 및 권리에 관한 ILO 선언을 준수해야 한다는 내용을 포함하고 있으며, 제191조에서는 노동기준의 강화를 명시했다. 또한, 제193조에서는 무역 및 투자를 촉진하는 과정에서 국내 노동 및 사회 규범을 후퇴시키는 조

---

8 이하의 EU의 무역협정에 포함된 노동 규제에 관한 내용은 다음의 글 중 저자가 작성한 내용을 참고하였다. 강유덕·고보민, "미국과 EU의 FTA에 나타난 무역-노동기준 연계에 관한 비교 분석", 『무역학회지』, Vol 41, No. 3 (2016년 6월), pp. 1-25.

치를 금지하는 규정을 도입했고, 제192조에서는 각국이 자국의 사회 발전에 적합한 노동기준을 수립할 권리를 보장하는 조항을 포함했다. 또한 협정의 노동 관련 조항의 준수 과정에서 분쟁이 발생할 경우 3인의 전문가로 구성된 위원회가 보고서를 작성할 수 있도록 했다. 이 보고서는 일종의 판결 역할을 하지만 법적 구속력은 없으며, 노동 관련 갈등에 대해 권고적 형식을 취하는 것은 EU 무역협정의 특징이 되었다.

이후 한국과 체결한 FTA부터는 노동 관련 규정이 더 체계적으로 정리되어 노동, 환경, 인권, 기업의 사회적 책임 등 다양한 사회 규범이 하나의 장으로 통합되었다. 한-EU FTA의 제13장 '무역과 지속 가능한 발전(TSD)'은 이후에 체결된 EU의 모든 FTA에서 지속적으로 반영되었으며, 노동과 환경 기준을 무역과 연계하는 EU 통상정책의 핵심 요소로 자리 잡았다.

한-EU FTA 제13장 '무역과 지속 가능한 발전'의 노동기준 관련 주요 내용

- 다자간 노동기준과 협정 언급(제13.4조): ILO 협약에 대한 준수 의무
- FTA의 지속가능성 평가(제13.10조): 협정의 지속 가능한 발전에 대한 영향을 분석하고 평가하는 절차를 마련
- 무역과 지속가능발전위원회 개설(제13.12조): 양국의 고위 공무원으로 구성되며, 노동 및 환경 관련 협정의 이행을 점검
- 시민사회 대화 메커니즘(제13.13조): NGO, 노동조합, 산업계 대표 등이 참여하여 노동 및 환경 기준에 관한 논의를 진행
- 전문가 패널을 통한 분쟁 해결(제13.15조): 본 장의 이행과 관련한 분쟁 발생 시 전문가 패널을 구성하여 권고안을 제시

한-EU FTA 이후, EU가 체결한 FTA에 포함된 노동 조항은 점차 정형화된 모습을 갖추었으며, 이러한 구조는 콜롬비아 및 페루, 중앙아메리카, 싱가포르, 캐나다, 몰도바 등과 체결된 FTA에서도 거의 같게 유지되었다. 특히 TSD장은 EU의 FTA에서 핵심적인 요소로 자리 잡았으며, 노동 및 환경 기준을 국제무역 체제에 결합하는 방식으로 발전하였다.

다만 EU의 무역협정에 포함된 노동기준은 미국과 차별적인 특징을 보인다. 미국의 FTA는 무역과 노동기준 간의 연계를 강화하여 노동권 보호에 관한 강행규정을 포함하고 있으며, 협정 위반 시 무역 제재를 부과할 수 있는 조항을 포함하는 경우가 많다. 반면, EU의 FTA는 국제협약 준수를 의무화하는 방식으로 노동기준을 포함하지만, 위반 시 직접적인 제재를 부과하기보다는 대화와 협력을 강조하는 형태를 취한다. 이러한 접근 방식은 여러 요인에서 기인한다. 우선, EU가 체결하는 다수의 FTA는 개발정책과 밀접한 관련이 있어, 강력한 구속력을 부여하기보다는 협력적 규정을 포함하는 경우가 많다. 특히, 지중해 연안국 및 동유럽 국가들과의 제휴 협정에서는 상대국에 대한 경제적·기술적 지원이 주요 협력 수단으로 활용되었으며, 노동기준 역시 법적 구속력을 강조하기보다는 협력적 관점에서 다루어졌다. 또한, EU의 협상 방식은 기본 원칙을 나열하거나 규범적 가이드라인을 제시하는 것에 초점을 맞추며, 국제 관계에서 대화를 강조하고 다자 규범 형성을 지향하는 전통적인 접근을 반영하고 있다. 이러한 이유로, EU의 노동 조항은 무역협정 상대국과 협의를 통해 노동권 증진을 도모하는 데 초점이 맞추어져 있으며, 강제적인 제재보다는 점진적인 변화를 유도하는 방향으로 설계되었다.

[표-2] EU의 FTA에 포함된 노동기준의 구성요소

	ILO 협약에 대한 비준 및 이행 의무	무역-노동 기준에 대한 거버넌스	국내 자문기구	시민사회 대화	정부 간 협의절차	전문가 패널
한국	있음 (비준을 위해 지속적인 노력)	TSD 위원회 (committee)	신설	있음 포럼(Forum) 개최	있음	있음
페루 /콜롬비아	있음 (진전 상황에 대해 상호 간 정보를 교환)	TSD 하부위원회 (subcommittee)	신설 또는 기존 제도 활용	있음 분과회의(session) 개최	있음 (개발도상국 배려를 명시)	있음 (전문가 그룹)
중앙아메리카	있음 (진전 상황에 대해 상호 간 정보를 교환)	TSD 이사회 (board)	신설 또는 기존 제도 활용	있음 분과회의(session) 개최	있음	있음
조지아 /몰도바 /우크라이나	있음 (비준을 고려할 것임)	TSD 하부위원회 (subcommittee)	신설 또는 기존 제도 활용	있음 포럼(Forum) 개최	있음	있음
싱가포르	있음 (국내 상황을 고려하면서 비준을 위해 지속적으로 노력)	TSD 이사회 (board)	신설 또는 기존 제도 활용	있음 분과회의(session) 개최	있음	있음
캐나다	있음 (비준을 위해 지속적인 노력)	TSD 위원회 (committee)	기존 제도 활용	있음 포럼(Forum) 개최	있음	있음
베트남	있음 (국내상황을 고려하면서 비준을 위해 지속적으로 노력)	TSD 위원회 (committee)	신설 또는 기존 제도 활용	없음	있음	있음 (추후 논의)
일본	있음 (스스로의 계획에 있어 비준을 위해 지속적인 노력)	TSD 위원회 (committee)	신설 또는 기존 제도 활용	있음 포럼(Forum) 개최	있음	있음

주: 조지아/몰도바/우크라이나와 체결된 제휴 협정은 각각의 국가와 체결된 개별 협정임.

출처: 개별 협정문 참조; 강유덕, "무역과 노동기준의 연계를 통한 통상정책 설계: 유럽연합(EU)의 기체결 자유무역협정에 대한 비교 연구", 『통합유럽연구』, 제11권 1집(통권 제20호, 2020년 3월), p. 215.

2) 환경 규제

EU는 환경 보호와 기후변화 대응을 국제무역 및 통상정책과 긴밀히 연계하는 방향으로 정책을 발전시켜 왔다.[9] 환경 분야는 EU의 정책 영역 중에서도 가장 발달된 분야 중 하나로, EU는 국제 환경 보호 협상에서 리더십을 발휘해 왔고, 2015년 파리기후변화협약의 체결을 주도했다. 이러한 환경 보호 정책이 EU 통상정책의 핵심 요소로 자리 잡게 된 배경에는 유럽 국가들의 발전 경로와 EU 체제의 제도적 특성이 큰 영향을 미쳤다.

산업혁명 이후 유럽 국가들은 자본주의 경제의 장단점을 모두 경험하였으며, 이에 따라 환경을 단순한 경제적 요소가 아닌 공공재로 인식하는 경향이 강했다. 특히 환경 문제는 국경을 초월하는 파급 효과를 가지므로 개별 국가 차원의 대응만으로는 효과적인 해결이 어렵고, 이러한 특성으로 인해 유럽 내에서는 공동체 차원의 대응이 더 필요하게 되었다. EU의 환경정책은 법적·제도적으로도 확고한 기반을 갖추고 있다. 1958년 유럽경제공동체(EEC) 조약은 환경 보호에 관한 다양한 조항을 포함하였다. EU의 가장 최신 조약인 '유럽연합기능조약(TFEU)'을 기준으로 보면, 환경 보호에 대한 명시적 규정을 확인할 수 있다. 유럽연합기능조약 제2조에서는 EU가 고도의 환경 보호와 환경의 질적 개선을 목표로 노력할 것을 선언하고 있으며, 제6조에서는 환경 보호를 모든 EU 정책과 행동에 적용할 것을 규정하고 있다. 또한, 제174조에서는 환경정책의 목표를 환경의 보존 및 보호, 자연 자원의 신중한 사용, 그리고 기후변화 대응을 위한 국제적 조치 시행으로 설정하며, 이를 달성하기 위해 사

---

9 김영생·이종원 (2003), *op. cit.*, p. 89.

전주의 원칙, 사전오염방지 원칙, 원천에서의 시정 원칙, 오염자 부담 원칙 등을 핵심 원칙으로 채택하였다. 이러한 차원에서 환경 보호는 지속 가능한 성장과 경제 안정성의 핵심 요소로 자리 잡았으며, 이는 EU가 무역정책에서도 환경 기준을 적극 반영하는 계기가 되었다.

이러한 배경 속에서 EU는 2000년대 초반부터 무역협정에 환경 관련 조항을 포함하기 시작했다. 초기에는 노동기준의 경우와 마찬가지로 '지속 가능한

[표-3] EU 환경정책의 원칙

원칙	개념	예시
사전주의 원칙 (Precautionary Principle)	• 과학적 증거가 불확실하더라도 환경 또는 건강에 심각한 피해가 발생할 가능성이 있다면, 선제적으로 예방 조치를 취해야 함 • 위험이 완전히 입증되지 않았더라도 사전적인 규제나 조치를 통해 잠재적 피해를 방지	• 유해성이 확실하지 않은 화학물질이라도 환경 및 건강 위험성이 존재할 경우, 이를 사전적으로 규제하거나 금지하는 정책 • 사례: GMO 식품, 특정 화학물질 규제
사전오염방지 원칙 (Principle of Preventive Action)	• 오염이 발생한 후 해결하는 것보다, 오염이 발생하기 전에 방지하는 것이 더 효과적이고 경제적이라는 원칙	• 대기오염이 발생한 후 정화하는 것보다, 화석연료 사용을 줄이고 친환경 에너지를 활용하는 정책을 우선적으로 추진 • 사례: 자동차 배출가스 제한, 내연기관 신차 판매 금지
원천에서의 시정 원칙 (Principle of Rectification at Source)	• 환경오염이 발생하면 가능한 한 오염이 발생한 원천에서 직접 해결하도록 함 • 오염을 다른 지역으로 전가하거나 피해를 확산시키는 것이 아니라, 오염이 발생한 곳에서 바로 정화 또는 개선 조치를 취해야 함	• 산업 공장에서 폐수가 발생하면 이를 다른 지역에서 처리하는 것이 아니라, 공장 내부에서 정화하여 배출하도록 하는 규정 • 사례: 공장 내 폐수처리시설 의무화
오염자 부담 원칙 (Polluter Pays Principle)	• 오염을 초래한 주체가 환경 피해를 복구할 책임을 져야 한다는 원칙 • 환경오염으로 인해 발생한 사회적 비용을 정부나 일반 국민이 부담하는 것이 아니라, 오염을 유발한 기업이나 개인이 부담해야 함	• 탄소를 배출하는 기업이 탄소세를 부담하거나, 폐기물을 발생시킨 기업이 폐기물 처리 비용을 부담하는 방식 • 사례: EU의 탄소국경조정제도 (CBAM), 배출권 거래제

출처: 유럽연합기능조약 제174조를 참조한 저자의 구성

발전’ 원칙을 강조하며 환경 보호를 언급하는 선언적인 수준에 그쳤다. 반면에 점차 보다 구체적인 환경 보호 조항을 포함하기 시작했는데 최근에는 단순한 권고 수준을 넘어 법적 구속력을 갖춘 강력한 조항으로 발전해 왔다.

EU가 무역협정에 환경 조항을 본격적으로 포함하게 된 계기는 2006년 ‘글로벌 유럽’ 전략의 발표였다. 이 전략에서 EU는 무역과 지속 가능한 발전을 결합하는 것이 필수적이라고 강조했으며, 이를 계기로 이후 체결된 무역협정에는 TSD 장이 포함되기 시작했다. 이러한 변화는 선언적 수준의 환경 보호를 넘어 실질적인 국제 기준을 형성하려는 EU의 정책적 목표를 반영한 것이며, 통상정책에서 영향력을 점차 확대해 온 유럽의회의 주장도 상당 부분 반영되었다. 유럽의회 내에서 녹색당 계열 정당들의 의석수는 2004년 42석(전체 의석수의 5.7%)에서 2009년 55석(7.5%)으로 증가했고, 2019년에는 69석(9.2%)까지 증가했다.

노동기준의 사례와 마찬가지로 2011년에 발효된 한-EU FTA는 무역과 환경의 연계에 있어 중요한 전환점이 되었다. 한-EU FTA의 TSD 장에는 기후변화 대응, 생물다양성 보호, 환경 기준 준수, 분쟁 해결 절차 등이 포함되었는데, 이후 EU는 콜롬비아 · 페루(2013년), 중앙아메리카(2012년) 등과의 FTA에서도 유사한 조항을 도입했다. 2015년 이후 EU는 환경 보호 조항을 더욱 강화하는 방향으로 정책을 발전시켰다. 특히 2017년 EU-캐나다의 포괄적 경제무역협정(CETA)에서는 지속 가능한 임업 및 어업 협력뿐만 아니라, 파리기후변화협약의 준수를 명시하며 기후변화 대응을 강조했다. 또한, 2019년 발효된 EU-일본 경제동반자협정(EPA)은 파리기후변화협약의 이행을 명시했을 뿐만 아니라, 환경 및 기후변화 기준의 후퇴를 금지하는 조항과 불법 벌목 방지 및 지속 가능한 산림 관리를 촉진하는 규정을 포함했다. 같은 해 타결된 EU-메르코수르(Mercosur) FTA는 지속 가능한 산림 관리와 산림 복원의 중요성을 강조하며, 무역과 지속 가능한 산림 관리를 연계했다. 또한, 토착민과 지역 공동체의 지속 가능한 목재 및 비목재 제품 공급망 참여를 권장하여 EU의 다른 협정보다 사회적 측면을 더욱 강조했다.

한편, EU는 환경 조항의 실효성을 높이기 위한 집행 메커니즘을 강화해 나가고 있다. 2021년 EU 무역정책 검토서에서는 환경 보호 조항이 단순한 선언적 의미를 넘어, 이행 여부에 대한 모니터링과 불이행에 대한 제재 가능성을 논의할 것임을 밝혔다.[10] 이러한 방향성은 2023년 체결된 EU-뉴질랜드 FTA에서 구체화되었다. 이 협정의 제26장 '분쟁 해결' 제16조 2항은 TSD 장(제19장)의 특정 조항을 위반하면 일반 분쟁 해결 절차를 적용하며, 그 결과에 따라 무역 제재가 가능함을 규정하고 있다. 해당 위반 사례로는 ILO 핵심 노동기준 및 다자간 노동 협약의 위반, 그리고 파리기후변화협약의 목표를 근본적으로 훼손하는 행위가 포함된다. 이처럼 노동 및 환경 기준 위반 시 무역 제재를 허용한 것은 EU 무역협정에서 처음으로 도입된 조치이다. 이는 EU와 뉴질랜드가 모두 선진국으로서 공통된 가치와 규범을 공유하고 있어서 가능했던 합의로 볼 수 있다. 반면, EU의 무역협정 상대국이 개발도상국이었다면 이러한 합의를 도출하는 것이 훨씬 어려웠을 가능성이 크다.

10 European Commission, "An Open, Sustainable and Assertive Trade Policy," COM(2021) 66 final February 18 (2021).

3) 기업의 사회적 책임

EU의 무역협정에 포함된 기업의 사회적 책임(CSR) 관련 조항은 노동 및 환경 조항과 마찬가지로 TSD 장의 발전을 통해 형성되었다. 다만, CSR 조항의 가장 큰 특징은 그 규범적 성격이 점진적으로 변화해 왔다는 점이다. 초기에는 권고 또는 연성 규범(soft law)의 형태로 도입되었던 해당 관련 규정이 점차 실효성을 갖춘 경성 규범(hard law)으로 전환되었으며, 이에 따라 EU는 무역협정에서도 점차 실질적인 CSR 규정을 포함하도록 변화를 도모했다. 즉, 해당 관련 규정은 EU 역내 단일시장에서 형성된 규범이 무역협정을 통해 해외로 확산되는 경로를 보여준다.[11]

2000년대 초반까지 EU가 체결한 무역협정에서 CSR과 관련된 조항이 포함된 사례는 찾아보기 어려웠다. 예를 들어, 2000년 전후로 모로코, 요르단, 레바논, 이집트, 알제리 등 지중해 연안 국가들과 맺은 FTA에는 CSR뿐만 아니라 노동과 환경에 관한 내용도 포함되지 않았다. 이후 체결된 이스라엘, 남아프리카공화국, 멕시코와의 FTA에서도 해당 관련 조항을 찾아보기 어렵다. 그러나 2003년 발효된 EU-칠레 FTA에서는 CSR을 고려한 조치가 처음으로 반영되었다. 협정과 함께 '투자자 가이드라인에 대한 공동 선언'을 채택하여 CSR 요소를 일정 부분 반영하고자 했던 것이다. 협정 본문에 CSR 촉진을 명시한 최초의 사례는 2008년 발효된 EU-카리브공동체 FTA이다. 이 협정은 제5장 사회 분야에서 노동 및 CSR 관련 규정 준수를 명확히 했으며, 협력 강

---

11 EU의 CSR 관련 내용은 다음의 글을 참조하였다. 강유덕, "자유무역협정(FTA)에 포함된 기업의 사회적 책임(CSR) 조항과 그 배경에 관한 연구: 유럽연합(EU)의 사례," 『유럽연구』, 제39권 3호 (2021 가을), pp. 1-35.

[표-4] EU의 무역협정에 포함된 CSR 관련 조항

무역협정	CSR 관련 기준의 위치 (서문 또는 본문)	CSR에 관한 규범(의무사항)	특별 기제 (상술)	이행 체제(위임)
Cariforum (2008)	제5장 사회적 영역 (Social Aspects)	- 제196조(d) 양측은 국내 규정의 집행과 정보교류 및 보고를 통해 CSR을 촉진하는 데 있어 협력할 것	- 일반적인 협력 내용 기술	- 개발 협력 및 기술지원 - 무역발전위원회를 통한 모니터링 - 시민사회 참여
한국 (2013)	제13장 무역과 지속가능 발전 (TSD)	- 양측은 무역과 투자를 촉진하는 데 있어 CSR을 포함한 지속가능발전에 기여할 수 있도록 함 - 양측은 CSR이 성실한 이행과 후속조치가 이루어질 수 있도록 협력 활동 개시	- 공정·윤리적 무역, 민간, 공공 인증 제도 - 일반적인 CSR 계획 - 국제적 가이드라인 - 민간, 공공 인증 및 인증마크 부착 제도	- 무역과 지속가능발전 위원회를 통한 모니터링 - 국내자문그룹 및 시민사회포럼 운영 - TSD 관련 문제에 관한 정부 간 협의절차 - 정부 간 협의로 합의도출 실패 시 전문가 패널 소환
중앙 아메리카 (2013)	제6부 경제·무역 발전	- 양측은 합법적이고 지속가능 무역과 성실한 CSR 이행을 통해 양질의 노동 조건을 촉진할 것	- 공정·윤리적 무역, 민간, 공공 인증 제도 - 일반적인 CSR 계획 - 라벨링과 마케팅 관련 이니셔티브	- 개발 협력 및 기술지원
	제8부 무역과 지속가능 발전	- 양측은 CSR과 관련하여 지속가능성에 부합하는 상품의 교역을 촉진하기 위해 노력	- 공정·윤리적 무역, 민간, 공공 인증 제도 - 일반적인 CSR 계획	- 무역에 관한 지속가능 발전을 이행하기 위한 연락처 구축 - 무역과 지속가능발전 이사회를 통한 모니터링 - 국내자문그룹 및 시민사회포럼 운영 - TSD 관련 문제에 관한 정부 간 협의절차 - 정부 간 협의로 합의도출 실패 시 전문가 패널 소환 - 개발 협력 및 기술지원
조지아 (2014)	제13장 무역과 지속가능발전	- 양측은 특정한 제도 또는 CSR과 관련하여 개선된 사회적 제도에 기여할 수 있는 상품의 무역을 촉진하는 데 합의	- 공정·윤리적 무역과 같은 자발적 지속가능성 보장제도 - 국제적으로 공인된 적절한 원칙 및 가이드라인: 다국적기업에 대한 OECD 가이드라인 - 민간 또는 공공 인증, 추적제, 라벨 부착 제도 등 활용	- 정보 및 인식 개선, CSR 사례 확산 등에 있어 협력 - 연락선 개설 - 무역과 지속가능발전 하부위원회를 통한 모니터링 - 국내자문그룹 및 합동 시민사회포럼 운영 - 정부 간 협의절차 - 전문가 패널

무역협정	CSR 관련 기준의 위치 (서문 또는 본문)	CSR에 관한 규범(의무사항)	특별 기제 (상술)	이행 체제(위임)
	제14장 고용, 사회정책과 균등 기회	- 양측은 다양한 노동 및 CSR 관련 이슈에 있어 대화와 협력을 강화해야 함 - 협력하는 데 합의 - 양측은 CSR과 책무를 촉진하고, 책임있는 경영관행을 독려하는 데 합의	- 국제적 CSR 가이이드라인 준용 - 다국적기업에 대한 OECD 가이드라인 인용	- 정보 교환, 모범 사례, 인식 개선, 대화 등의 협력 - 하부위원회 등을 통한 모니터링 - 시민사회 플랫폼을 통한 모니터링 - 정부 간 협의절차 - 전문가 패널
몰도바 (2014)	제3장 회사법, 기업거버넌스및 회계, 감사, 기업거버넌스	- 기업거버넌스에 있어 실효적인 규범과 관행의 중요성을 인지함 - 몰도바는 자국의 법제를 EU의 규범과 국제적 기업거버넌스 규범에 일치시키도록 함	- 기업거버넌스에 관한 OECD 원칙	- 제휴위원회 산하 하부위원회들을 통한 모니터링 - 시민사회 플랫폼에 따른 모니터링 - 정부 간 협의절차 - 전문가 패널
	제4장 고용 및 사회정책, 균등 기회	- 양측은 CSR과 책무를 촉진하고, 책임 있는 경영관행을 독려하는 데 합의	- 2000년 UN 글로벌콤팩트 - 1977년 ILO 다국적기업과 사회정책에 관한 원칙에 대한 3자간 선언	
	제13장 무역과 지속가능발전	- 양측은 특정한 제도 또는 CSR 원칙을 포함하여 지속가능발전에 기여하는 상품의 무역을 촉진하기 위해 노력 - 양측은 CSR을 촉진하기 위해 노력	- 공정·윤리적 무역 - 민간 또는 공공 인증, 추적제, 라벨 부착 제도 등 활용 - 국제적으로 공인된 원칙 및 가이드라인에 대한 언급 - 다국적기업에 대한 OECD 가이드라인 - UN 글로벌콤팩트 - ILO 다국적기업과 사회정책에 관한 원칙에 대한 3자간 선언	- 정보 및 모범 사례 교환 등의 협력 - 인식 개선, 이행 및 후속작업 등의 행동 - 자문그룹을 통한 모니터링, 시민사회포럼 - 무역과 지속가능발전 하부위원회를 통한 모니터링(제휴위원회에 보고) 산하 하부위원회들을 통한 모니터링 - 정부 간 협의 - 전문가 패널
베트남 (2020)	제13장 무역과 지속가능 발전	- 양측은 자발적인 조치들이 높은 수준의 환경과 노동기준을 달성하고 유지하는데 기여하고, 국내규제조치를 보완할 수 있을 것임을 인식 - 양측은 특정 제도에 참여를 발전시키는 것을 독려 - 양측은 CSR을 비차별적 방식으로 촉진 - 적절한 CSR 기제를 고려 - CSR과 성실성의 책무에 있어 협력	- 공정·윤리적 무역과 같은 자발적 지속가능성 보장제도 - 국제적으로 공인된 적절한 규범을 언급(양측에 의한 인준 및 지지) - 다국적기업에 대한 OECD 가이드라인 - UN 글로벌콤팩트 - ILO 다국적기업과 사회정책에 관한 원칙에 대한 3자간 선언	- 협력, 기술지원: 정보 및 CSR, 라벨링, 제도, 모범 사례, 훈련, 교육 등 교환) - 자문그룹을 통한 모니터링, 시민사회포럼 - 무역과 지속가능발전 하부위원회를 통한 모니터링 - 정부 간 협의 - 전문가 패널

출처: Rafael Peels, Elizabeth Echeverria, M. Jonas Aissi, and Anselm Schneider, "Corporate Social Responsibility (CSR) in International Trade and Investment Agreements: Implications for States, Businesses and Workers", International Labour Office (April 2016), pp. 28-33; 저자의 구성.

화를 촉진하는 조항이 포함되었다.

이후 2011년 체결된 한-EU FTA부터 TSD에 관한 장이 포함되면서, 이를 통해 노동 및 환경 조항뿐만 아니라 CSR에 대한 언급도 추가되었다. 다만, 협정문에 포함된 CSR 조항은 개별 국가에 관련된 법 제정을 의무화하거나, 기업의 공시 의무를 강제하는 것은 아니며, 그것이 지속 가능한 발전의 중요한 요소임을 명확히 하고, 국제 가이드라인의 채택을 권장하는 내용 정도에 그치고 있다. 반면에 TSD 장의 이행을 감시하는 체제에 노동 및 환경 이슈와 함께 CSR이 포함되었다는 점에 주목할 필요가 있다. 이는 CSR에 대한 EU의 규제를 무역상대국이 채택하도록 설득 또는 압력을 가할 수 있는 장치의 확보를 뜻하기 때문이다.

이와 같은 TSD 장 및 이행 체제의 도입은 이후 체결된 모든 EU FTA에 공통적으로 적용되었다. 다만, EU의 무역협정 형태에 따라 CSR이 반영되는 방식에는 차이가 존재한다. EU가 한국, 싱가포르, 베트남과 체결한 협정은 FTA 형태인 반면, 조지아, 우크라이나, 몰도바와의 협정은 제휴 협정의 성격을 가진다. 제휴 협정은 단순한 무역 자유화를 넘어 정치 · 사회 분야까지 협력을 포함하며, 향후 EU 가입을 고려하는 국가들과 체결되는 경우가 많다. 이에 따라, EU-한국 · 싱가포르 · 베트남 FTA에서는 CSR을 통상정책의 일부로 촉진하는 형태를 띠지만, 제휴 협정에서는 더 포괄적인 사회정책의 일환으로 CSR을 반영하고, 상대국이 EU의 CSR 기준을 수용하도록 권장하는 방식이 사용된다.

4. 통상정책을 통한 규제 확산의 배경과 메커니즘

EU의 통상정책은 규범적 요소를 포함하며, 무역협정을 통해 이러한 규범이 확산되는 특징을 보여왔다. 이러한 현상의 배경으로는 첫째, '브뤼셀 효과'로 알려진 EU 규제의 확산, 둘째, 유럽의회의 권한 강화로 인한 통상정책의 정치화, 셋째, EU 통상정책의 법적 기반 변화와 이에 따른 규범화 등을 들 수 있다. 하나씩 살펴보면 다음과 같다.

우선, 통상정책은 '브뤼셀 효과'에 따른 규제 확산의 주요 경로로 작용한다. 브뤼셀 효과란 EU가 엄격한 규제를 도입하면, EU 시장에 접근하려는 외국 기업들이 EU 기준을 준수하게 되고, 결과적으로 글로벌 차원에서 EU의 규제가 확산되는 현상을 의미한다. 브뤼셀 효과는 두 가지 방식으로 작동한다. 하나는 기업들이 EU 시장에서 경쟁력을 유지하기 위해 EU의 엄격한 기준을 자발적으로 수용하는 방식으로, 이는 비공식적 곧 사실상의(de Facto) 브뤼셀 효과로 볼 수 있다. 다른 하나는 EU가 무역협정이나 외교적 협상을 통해 상대국의 법적 규범을 변화시키는 방식으로, 이는 공식적 곧 법적(de Jure) 브뤼셀 효과에 해당한다. 특히 후자의 경우, EU는 무역협정 체결 과정에서 노동, 환경, 인권 등과 관련된 규범을 포함시켜 상대국이 EU 기준에 맞춰 법률과 정책을 조정하도록 압력을 가한다. 이러한 압력은 EU의 명시적 의도에 따른 것일 수도 있지만, 무역협정이 갖는 구조적 영향력 속에서 자연스럽게 발생하는 경우도 있다. 이러한 조치는 2000년대 초부터 EU의 글로벌 영향력을 상징하는 규범적 권력(normative power)과 깊이 연관되며, '규제의 수출'을 핵심 특징으로 하는 EU의 대외정책 기조와도 맞닿아 있다.

다음으로 유럽의회의 권한 강화는 EU 통상정책의 방향을 보다 규제 위주로 변화하게 하는 배경이 된다. 2009년 12월 발효된 리스본 조약은 무역협정의 체결에 있어 유럽의회의 승인 절차를 명문화했다. 이로써 유럽의회는 일반 국가 의회의 비준권에 준하는 권한을 갖게 되었다. 또한 통상정책과 관련된 EU의 입법 과정에는 '일반입법절차'가 적용됨에 따라 EU의 입법 과정에서 유럽의회의 영향력이 대폭 확대되었다.[12] 한편, 유럽연합기능조약 제218조 제10항은 무역협정을 포함한 모든 국제협정과 관련된 절차에서 유럽의회가 즉각적이고 완전한 정보를 제공받아야 한다고 규정하고 있다. 이러한 변화로 인해 유럽의회는 단순한 검토기관에서 벗어나, 무역 협상의 준비, 진행, 체결, 이행에 걸쳐 강한 영향력을 행사하는 주체로 부상했다. 직접 선거에 의해 구성되는 유일한 EU 기관으로서 유럽의회는 민주적 정당성을 갖추고 있는데. 유럽의회는 EU의 통상정책이 단순히 기업의 이익을 보호하는 것이 아니라, 노동권, 환경 보호, 인권과 같은 사회적 가치까지 반영해야 한다는 요구를 지속적으로 제기했다. 그 결과 EU의 통상정책은 유럽의회가 선호하는 노동, 환경, 인권, 소비자 보호 등 사회적 이슈를 대폭 반영하게 되었다.

리스본 조약이 EU의 통상정책 범위를 확대한 점 역시 무역 외적인 다양한 이슈가 통상정책에 반영될 수 있는 중요한 배경이 되었다. 유럽연합기능조약

---

12 EU의 입법 과정은 일반입법절차(Ordinary Legislative Procedure)와 특별입법절차(Special Legislative Procedures)로 구분된다. 일반입법절차는 유럽위원회가 제출한 법안에 대해 유럽의회와 EU 이사회가 공동으로 심의하고 결정하는 방식으로, 유럽의회가 입법 과정에서 강한 영향력을 행사할 수 있다. 반면, 특별입법절차는 EU의 특정 기관이 입법 과정을 주도하고, 다른 기관은 제한된 역할만 수행하는 방식이다. 일반적으로 EU 이사회가 최종 결정을 내리며, 유럽의회의 영향력은 제한적이다. 리스본 조약의 발효 이후 반입법절차의 적용 범위는 크게 확대되었다.

제207조는 EU의 공동통상정책의 범위를 기존의 관세율 변경과 무역 자유화 조치뿐만 아니라 서비스, 투자, 지식재산권으로 확대했다. 이러한 변화는 지속 가능한 발전과 관련된 이슈들을 통상정책에 포함하기 위한 법적 기반을 강화하며, 무역협정을 통해 환경, 노동, 인권 등 다양한 규범적 요소가 반영될 수 있도록 하는 토대를 제공했다. 가령, 무역협정에 CSR 관련 규정이 포함되기 시작한 것은 투자 분야가 EU 통상정책의 범위에 포함되면서 EU가 다국적 기업의 활동에 보다 직접적인 영향력을 행사할 수 있게 되었기 때문이다. 이러한 변화는 단순한 관세 철폐나 시장 개방을 넘어, 상대국의 경제 · 사회 구조에까지 영향을 미치는 규범적 통상정책의 등장을 촉진하는 계기가 되었다.

한편, 리스본 조약은 통상정책을 EU의 대외 활동의 일부로 규정하며, 대외정책과 통상정책 간의 연계를 강화하는 제도적 정당성을 부여했다. 유럽연합 기능조약 제205조는 "무역정책을 포함한 모든 EU의 대외 활동은 EU의 외교 정책 원칙과 목표에 따라 수행되어야 한다"고 명시했다. 따라서, 이를 바탕으로 EU는 무역협정에 노동, 환경, 인권, 양성평등 등 가치 중심적 목표를 반영하는 방향으로 통상정책을 발전시켜 왔다. 실제로, 유럽위원회 통상총국은 2020~2024년 업무 목표에서 통상정책을 통해 그린 딜, 노동, 환경, 젠더, 지속 가능한 공급망 등 광범위한 EU 정책 목표에 기여할 것을 명확히 했다.[13] 이러한 변화는 EU가 무역협정을 단순한 경제적 이익을 위한 도구를 넘어, 국제 규범 형성을 위한 전략적 수단으로 활용하고 있음을 시사한다.

마지막으로, EU의 경제적 영향력이 상대적으로 감소하고 있음에도 불구

---

13 European Commission. "Strategic Plan 2020-2024". Directorate-General for Trade (2020).

하고, 규제와 관련된 영향력은 여전히 강력하다는 점이 중요한 요인으로 작용한다. EU의 전체 GDP 규모는 여전히 세계적인 수준을 유지하고 있지만, 1990년대와 비교했을 때 상대적인 경제적 지위는 약화되었다. 특히, 중국을 비롯한 신흥국들이 세계 경제에서 차지하는 비중이 커진 반면, 미국은 여전히 경쟁력을 유지하고 있어 EU의 상대적 위상이 더욱 하락하는 추세를 보이고 있다.[14] 그러나 EU의 규제 영향력은 여전히 강력하며, 특히 노동과 환경 분야에서 국제적 표준을 형성하는 데 있어 강한 주도권을 유지하고 있다. 이는 EU가 단순한 시장 규모만으로 영향력을 행사하는 것이 아니라, 규범과 제도를 통해 글로벌 시장을 형성하는 방식으로 힘을 발휘하고 있음을 보여준다. 무역협정을 통해 노동과 환경 기준을 강화하는 전략은 단순한 경제적 이해관계를 넘어, EU가 국제 무대에서 지속 가능한 발전을 위한 규범적 권력을 유지하려는 전략적 선택으로 해석될 수 있다.

5. 그린 딜을 통한 환경 규제의 통상 규범화

앞서 설명한 무역협정을 통한 무역과 환경의 연계 노력은 2000년대 중반부터 진행되어 왔지만, FTA를 포함한 양자 간 국제법의 성격상 이러한 접근 방식에는 여전히 한계가 존재한다. 즉, 무역협정을 통해 환경 기준을 직접적

---

14 EU의 경쟁력 약화에 대한 인식과 이에 대한 대응 방안에 대해서는 다음의 문헌을 참고할 것. Mario Draghi, "The Future of European Competitiveness Part A: A Competitiveness Strategy for Europe", (September 2024).

으로 강제하는 것은 현실적으로 쉽지 않다. 반면, 최근 수년간 EU는 독자적으로 기후변화 대응 전략을 강화해 왔으며, 이러한 정책이 무역을 매개로 상대국에 영향을 미치는 방식으로 전환되고 있다. 이에 따라, 무역협정의 틀을 넘어 EU와 다른 국가 간 주요 통상 이슈로 부각되고 있다.

특히, 2019년 발표된 유럽 그린 딜(European Green Deal)은 2050년 탄소 중립이라는 장기 목표를 제시하며, 이를 실현하기 위해 산업, 무역, 에너지, 금융 등 다양한 정책을 기후변화 대응과 연계했다.[15] EU는 기후변화 문제를 개별 국가의 노력만으로 해결할 수 없다는 점을 강조하며, 국제 협력을 강화하는 동시에 규범적 압력을 통해 타국의 정책 변화를 유도하는 전략을 채택하고 있다. 즉, 과거보다 브뤼셀 효과를 통한 규제 확산에 더욱 적극적인 모습을 보이고 있으며, 환경 규제를 포함한 EU의 정책과 기준을 글로벌 표준으로 제시하고 있다. 이에 따라, EU의 기후 규범을 준수하지 않는 국가들은 EU 시장 접근이 더욱 어려워질 가능성이 커졌다. 이러한 과정에서 환경 규제는 무역정책과 더욱 긴밀하게 결합하는 패턴을 보인다.

대표적인 사례는 2021년 유럽위원회가 발표한 탄소 감축 입법안(Fit for 55)을 들 수 있다.[16] 특히, 탄소국경조정제도(Carbon Border Adjustment Mechanism, CBAM)는 철강, 시멘트, 비료, 알루미늄 등 탄소 배출이 많은 제품의 수입품에 대해 추가적인 탄소 비용을 부과하는 제도이다. 이는 EU 내부에서 시행 중인

---

15 European Commission (2019), "The European Green Deal", COM(2019) 640 final.

16 European Commission (2021), "'Fit for 55': Delivering the EU's 2030 Climate Target on the Way to Climate Neutrality", COM(2021) 550 final. 법안의 상세한 내용에 대해서는 다음의 문헌을 참조할 것. 장영욱·오태현, "EU 탄소감축 입법안('Fit for 55')의 주요 내용과 시사점", 『KIEP 세계경제 포커스』, Vol. 4, No. 44 (2021년 7월).

탄소배출권 거래제와 유사한 부담, 즉 추가 비용을 수입 제품에 부과하는 방식이다. 그런데 CBAM은 WTO 체제하의 '관세와 무역에 관한 일반협정'의 최혜국 대우 및 내국민 대우, 추가 관세 금지 등의 원칙에 위배될 가능성이 있어 논란의 대상이 되고 있다.[17] 또한 개발도상국과 저개발국에 대해 특별 대우를 인정해 온 WTO 규범에도 저촉될 소지가 높다. 그럼에도, CBAM은 2023년 10월부터 전환 기간을 시작했고, 2026년 1월에 본격적으로 시행된다.

탄소배출권 거래제(Emission Trading System, ETS) 역시 기후 목표 달성을 위한 중요한 정책 도구이다. ETS는 기업들에게 탄소 배출 허용량을 할당하거나 경매를 통해 판매하는 방식으로 운영되며, 초과 배출 시 추가 배출권을 구매해야 하는 시장 기반의 탄소 감축 제도이다. EU는 2005년 세계 최초로 ETS를 도입했고, 이후 여러 국가가 EU의 제도를 벤치마킹한 ETS를 도입했다. EU의 ETS는 현재 2021~2030년의 기간으로 4단계가 진행 중인데, 현행 ETS는 2030년까지 탄소 배출량을 2005년 대비 61% 감축하는 것이 목표이다. 또한 대상 범위를 항공 및 해운 부문까지 확대하였다. ETS와 CBAM이 연계되면서 EU는 역내 기업의 탈탄소화 비용 부담을 완화하는 동시에, 무역 파트너 국가들에게 기후변화 대응을 요구하는 수단으로 활용하고 있다. 이는 단순한 환경정책을 넘어, 글로벌 무역 질서를 기후 목표에 맞춰 재편하려는 의도로 해

---

17 관세 및 무역에 관한 일반협정(General Agreement on Tariffs and Trade, GATT) 제1조는 최혜국 대우 원칙(Most Favored Nation Principle)을 규정하며, 이에 따라 WTO 회원국은 특정 국가에 유리한 무역 조치를 부여할 수 없으며, 모든 회원국에 동등한 조건을 적용해야 한다. 또한, 제3조는 내국민 대우 원칙(National Treatment Principle)을 규정하며, 이에 따라 수입품은 동종의 국내 제품과 동등한 대우를 받아야 한다. 그러나 CBAM은 이러한 두 가지 원칙을 위배할 가능성이 있다. 특히, CBAM이 사실상 수입품에 대한 추가적인 관세(tariff-like measure)로 작용하게 된다면, 양허 관세(bound tariff) 외에 추가적인 무역장벽을 부과하는 것을 금지하는 GATT 제2조와 충돌할 가능성이 있다.

[표-5] 유럽 그린 딜과 EU 탄소배출 감축안(Fit for Package)의 주요 법안

법안	주요 내용
탄소국경조정제도 (Carbon Border Adjustment Mechanism)	탄소 배출이 많은 산업(철강, 시멘트, 비료, 알루미늄, 전기 등)의 수입품에 탄소 가격을 부과하여 EU 내 산업과의 경쟁력을 맞추고, 탄소 누출(carbon leakage)을 방지
탄소배출권 거래제도 (Emissions Trading System, ETS)	ETS를 개편하여 더 많은 산업을 포함하고, 점진적으로 무료 배출권 할당을 축소하며, 해운과 도로 교통 부문까지 확대. 2030년까지 배출량을 2005년 대비 61% 감축 목표 설정
자동차 CO2 배출 규정 (Car CO2 Emission Standards)	승용차와 경상용차의 CO2 배출 기준을 강화하여, 2035년부터 내연기관 차량(휘발유·디젤)의 판매를 전면 금지하고 전기차·수소차 전환을 촉진
재생에너지 지침 (Renewable Energy Directive)	2030년까지 재생에너지 비중을 40%로 증가시키는 목표를 설정하고, 각국이 이를 달성하기 위한 이행 계획을 수립하도록 규정
에너지효율지침 (Energy Efficiency Directive)	2030년까지 에너지 효율을 36% 향상시키는 것을 목표로 하며, 건물, 산업, 교통 등 다양한 부문에서 에너지 소비 감축을 의무화
Effort Sharing Regulation	ETS에 포함되지 않는 건물, 농업, 폐기물 관리 등 부문에서 배출 감축 목표를 각 회원국에 할당하고, 이행 여부를 평가
LULUCF 규정 (Land Use, Land Use Change and Forestry Regulation)	토지 이용, 토지 이용 변화, 산림 부문에서의 탄소 흡수 목표를 설정하고, 산림 관리와 탄소 저장 능력 강화를 위한 기준을 마련
에너지세 지침 (Energy Taxation Directive)	에너지 제품(연료 등)에 대한 최소 과세율을 설정하여 화석연료 소비를 줄이고, 재생에너지 사용을 촉진하도록 개편
대체 연료 인프라 규정 (Alternative Fuels Infrastructure Regulation)	전기차 충전소, 수소 충전소, LNG 충전소 등 대체 연료 인프라의 확충을 위한 규정으로, EU 전역의 교통망에 일정 간격으로 충전소 설치 의무화
ReFuelEU Aviation	항공 부문의 탈탄소화를 촉진하기 위해 지속 가능한 항공 연료(SAF) 사용을 확대하고, 최소 사용 기준을 설정
FuelEU Maritime	해운 부문의 탈탄소화를 촉진하기 위한 법안으로, 선박의 탄소 배출 감축 목표를 설정하고, 친환경 해운 연료 사용 확대를 요구
건물의 에너지 성능 지침 (Energy Performance of Buildings Directive)	건물의 에너지 성능을 향상시키기 위한 기준을 설정하고, 신규 건물의 제로에너지빌딩(ZEB) 의무화 및 기존 건물의 친환경 리모델링 촉진
사회기후기금 (Social Climate Fund)	탄소 감축 정책(EU ETS 확대 등)으로 인한 저소득층의 에너지 비용 부담을 완화하기 위해 지원금 지급

법안	주요 내용
배출 감축 목표 55% (Fit for 55 Target)	2030년까지 EU 전체 탄소 배출량을 1990년 대비 55% 감축하는 목표 설정
순환경제 실행계획 (Circular Economy Action Plan)	지속 가능한 생산과 소비를 촉진하고, 폐기물 감소 및 재활용 확대를 위한 EU 차원의 규정을 강화
배터리 규정 (Battery Regulation)	EU 시장에서 판매되는 배터리의 지속가능성 및 순환성을 높이기 위해 리튬·니켈·코발트 등의 원자재 조달 및 재활용 기준 강화

출처: EU의 관련 법안 참조; 국회사무처, 글로벌 통상환경 변화에 대응하기 위한 의회외교 전략 연구 (2024년 7월), pp. 120-121.

석할 수 있다. 또한, 탈탄소 분야에서의 선제적 적응을 산업 경쟁력과 연결시키며, 탈탄소 산업의 경쟁력을 강화하려는 움직임으로도 볼 수 있다.

이와 함께 EU는 내연기관차 퇴출을 포함한 자동차 산업 전환 정책을 적극 추진하고 있다. 2023년 EU는 2035년까지 내연기관 신차 판매를 전면 금지하는 법안을 통과시켰다. 승용차 및 소형 상용차의 CO2 배출량을 2030년까지 2021년 대비 55% 감축하고, 2035년까지 완전한 탈탄소화를 목표로 하고 있다. 대형 상용차의 경우에는 2030년까지 CO2 배출량을 2021년 대비 45% 감축하고, 2040년까지는 90% 감축해야 한다. 이러한 변화는 결국 전기차 및 수소차 보급의 확대를 통해서 이루어질 수밖에 없다. 이와 관련하여 흥미로운 점은 중국산 전기차의 유럽 시장 점유율이 크게 증가한 점이다. 이에 EU는 2024년 10월, 중국의 전기차 산업 보조금을 이유로 중국산 전기차에 7.8~35.3%의 추가 상계관세를 부과하는 결정을 내렸다. 이는 중국의 산업 보조금이 EU 시장에서 공정 경쟁을 저해하고, 유럽 전기차 산업에 불리한 영향을 미친다는 판단에 따른 조치였다.[18] 전기차 산업 보호를 위한 이 조치는 단기적으로 그린 딜 목표와 상충할 수 있지만, 장기적으로는 친환경 산업의 경쟁력을 확보하고 역내 산업 생태계를 구축하려는 전략으로 해석된다.

6. 나오며

EU의 통상정책은 단순한 시장 개방을 넘어 글로벌 규범 형성의 핵심 도구로 발전해 왔다. 특히, 브뤼셀 효과를 통한 규제 확산, 유럽의회의 권한 강화, 가치 기반 통상정책의 도입이 이러한 흐름을 가속화했다. 리스본 조약 이후, 환경, 노동, 인권 등 규범적 요소가 통상정책과 밀접하게 연계되면서, EU의 통상정책은 단순한 경제적 협력을 넘어 외교·정치·환경과 긴밀히 연결되는 방향으로 진화하고 있다.

이 과정에서 EU의 경제적 위상이 상대적으로 약화되었음에도 불구하고, 규제 영향력은 여전히 강력하며, 특히 노동과 환경 분야에서 국제적 표준을 형성하는 역할을 지속하고 있다. 탄소국경조정제도(CBAM)와 같은 새로운 무역 규제는 EU 내부의 환경 기준을 역외 국가에도 적용함으로써, 기후변화 대응과 무역을 더욱 긴밀히 결합하는 방식으로 작동하고 있다. 그러나, 이러한

18 독일을 비롯한 일부 EU 회원국은 중국산 전기차에 대한 상계관세 부과에 반대했으며, 이는 대중국 수출과 중국으로부터의 투자 유치에 부정적인 영향을 미칠 가능성 때문이었다. 특히 독일의 자동차 산업은 중국 시장에 대한 높은 의존도를 보이고 있으며, 중국의 보복 조치 가능성을 우려하는 기업들의 입장이 반영된 것으로 볼 수 있다.

규범 중심의 통상정책이 보호무역주의와 자유무역 원칙 사이에서 모호한 경계를 형성할 가능성이 있으며, 비관세장벽으로 작용해 주요 교역국과의 통상 갈등을 유발할 수 있다. 실제로, EU가 중국산 전기차에 상계관세를 부과한 사례는 환경 보호와 산업 보호 간 균형 문제를 부각시키며, 회원국 내부에서도 이견을 초래했다.

이와 관련하여, 유럽위원회(특히 통상총국)는 통상정책을 통해 EU의 광범위한 정책 목표를 실현할 것임을 표명한 바 있다. 이는 무역을 단순한 경제적 수단이 아니라, 정치적 영향력을 확대하는 전략적 도구로 활용하는 방향으로 EU 통상정책이 변화하고 있음을 시사한다. FTA에 포함된 TSD 장은 EU 통상정책의 핵심 요소로 자리 잡았으며, 상대국의 기준 준수를 더욱 강조하는 방향으로 발전하고 있다. 특히, 2024년 12월 출범한 폰데어라이엔 2기 유럽위원회는 유럽 그린 딜의 후퇴 없는 추진을 공식적으로 천명했으며, 이에 따라 EU의 환경 규제는 더욱 강화될 것으로 예상된다. 따라서, EU는 기존의 무역협정을 활용하거나 독자적인 통상정책을 통해 이러한 규제를 지속적으로 확대하고 정착시키려 할 것이다.

미국 트럼프 2기 행정부가 관세를 통한 강력한 보호무역 정책을 표방하고 있으며, 이에 대응하여 중국 등 주요 교역국들도 자국 산업 보호와 시장 개방 전략을 조정하면서 무역 갈등이 심화할 가능성이 크다. 또한, 미·중 패권 경쟁이 지속되는 가운데, 세계화의 균열 현상이 더욱 뚜렷해지고 있으며, 국제 무역 질서는 불확실성이 커지고 있다. 이러한 상황에서, EU의 기후 및 노동 정책이 국제 무역 체제 내에서 어떻게 조화를 이루고, 주요 교역국들과 어떠한 국제적 합의를 형성할 것인지가 EU 앞에 놓인 중요한 도전 과제일 것이다.

참고문헌

강유덕. "EU의 대(對)아프리카 경제동반자협정(EPA) 추진 목적에 대한 비판적 고찰". 『EU연구』. 제47호 (2017년 1월), pp. 3-40.

강유덕. "무역과 노동기준의 연계를 통한 통상정책 설계: 유럽연합(EU)의 기체결 자유무역협정에 대한 비교 연구". 『통합유럽연구』. 제11권 1집(통권 제20호, 2020년 3월), pp. 187-229.

강유덕. "자유무역협정(FTA)에 포함된 기업의 사회적 책임(CSR) 조항과 그 배경에 관한 연구: 유럽연합(EU)의 사례". 『유럽연구』. 제39권 3호 (2021년 가을), pp. 1-35.

강유덕·고보민. "미국과 EU의 FTA에 나타난 무역-노동기준 연계에 관한 비교 분석". 『무역학회지』. Vol 41. No. 3 (2016년 6월), pp. 1-25.

김영생·이종원. "EU의 무역 및 환경연계정책과 우리나라의 대 EU 무역에 미치는 영향". 『유럽연구』. 제17권 (2003년 여름), pp. 67-93.

국회사무처. 글로벌 통상환경 변화에 대응하기 위한 의회외교 전략 연구 (2024년 7월).

장영욱·오태현. "EU 탄소감축 입법안('Fit for 55')의 주요 내용과 시사점". 『KIEP 세계경제 포커스』. Vol. 4, No. 44 (2021년 7월).

이은섭·이양기. "WTO 체제하의 무역과 환경의 연계". 『무역학회지』. 제30권 3호 (2005년 6월), pp. 75-99.

임대성. "WTO 블루라운드에 관한 연구: 무역과 노동기준의 연계를 중심으로". 『국제경제법연구』. 제4권 (2006년 12월), pp. 159-161.

전현중. "블루 라운드 (Blue Round)와 국제통상". 『계간 지역사회』. 제27권 (1997), pp. 126-131.

Brandi, Clara, Schwab, Jakob, Berger, Axel, and Morin, Jean-Frederic. "Do Environmental Provisions in Trade Agreements Make Exports from Developing Countries Greener?" *World Development.* Vol. 129 (May 2020), 104899.

Draghi, Mario. "The Future of European Competitiveness Part A: A Competitiveness Strategy for Europe". (September 2024).

European Commission. Global Europe: Competing in the World (2006).

European Commission. "The European Green Deal", COM(2019) 640 final.

European Commission. "Strategic Plan 2020-2024". Directorate-General for Trade (2020).

European Commission, "An Open, Sustainable and Assertive Trade Policy," COM(2021) 66 final.

European Commission. "'Fit for 55': Delivering the EU's 2030 Climate Target on the Way to Climate Neutrality", COM(2021) 550 final.

Horn, Henrik, Mavroidis, Petros and Sapir, André. "Beyond the WTO? An anatomy of EU and US Preferential Trade Agreements". *The World Economy.* Vol. 33, No. 11 (November 2010), pp. 1565-1588.

J. Ethier, Wilfred. "The New Regionalism". *The Economic Journal.* Vol. 108. No. 449 (July 1998), pp. 1149-1161.

Lamy, Pascal. "Stepping Stones or Stumbling Blocks? The EU's Approach towards the Problem of Multilateralism vs Regionalism in Trade Policy". *The World Economy.* Vol. 25, Issue 10 (November 2002), pp. 1399-1413.

Peels, Rafael, Echeverria, Elizabeth, Aissi, M. Jonas and Schneider, Anselm. "Corporate Social Responsibility (CSR) in International Trade and Investment Agreements: Implications for States, Businesses and Workers". International Labour Office (April 2016).

Raess, Damian, and Sari, Dora. "Labor Provisions in Trade Agreements (LABPTA): Introducing a New Dataset". *Global Policy.* Vol. 9. No. 4 (August 2018), pp. 451-466.

Woolcock, Stephen. "European Union Policy towards Free Trade Agreements". *ECIPE Working Paper.* No. 03/2007 (2007).

WTO. "Singapore Ministerial Declaration, Adopted on 13 December 1996". https://www.wto.org/english/thewto_e/minist_e/min96_e/wtodec_e.htm. (2025년 1월 5일 검색)

제5장

유럽의 북극 거버넌스와 청색경제

김봉철

1. 들어가며

지구 환경의 변화로 북극 해빙이 변화하면서 이는 다시 지구 환경에 영향을 주고 있다. 이러한 상황으로 북극항로 및 자원 개발 등 경제적인 측면이 주목을 받으면서 북극은 기후변화와 대응이라는 국제적 이슈에서 새롭고 중요한 영역으로 부상하고 있다. 따라서 북극 환경에 대한 고려와 그 활용을 둘러싼 기술의 개발도 아울러 국제적 관심 사항이 되고 있다. 그 과정에서 북극 지역(Arctic Region) 또는 북극권(Arctic Circle)[1]에 위치하는 국가들만이 아니라, 많

1 여러 목적에 따라 다르게 정의되기도 하지만, 일반적으로 북극 지역 또는 북극권의 범위는 북위 약 66도 이상의 지역을 의미한다. 김봉철, "북극항로 협력 등 한-러 무역 활성화 구축을 위한 연구", 『무역학회지』, 제44권, 제4호 (2019년 8월), p. 116.

은 국가들이 이 지역의 개발과 관련해 자국의 입장을 확대하려고 한다.[2]

유럽 국가들도 여기서 예외는 아니다. 유럽 국가들은 오래전부터 북극 지역에 접근하여 활발한 탐험과 활용을 해왔으며, 현재도 그러하다. 그 과정에서 이들의 주된 관심과 논의는 북극해의 경제적 활용을 둘러싸고 전개되었다. 즉, 2019년 북극해를 통과하는 선박 중 약 15%가 유럽연합(EU) 회원국의 선박이라는 점에서,[3] 안전한 항로 이용, 북극 인근 해양에서의 어업, 자원 개발 등이 유럽 국가들의 논의에서 핵심을 차지했다. 그러나 최근 들어서는 환경, 안보, 인권 등의 의제가 북극 지역을 둘러싸고 유럽 국가들 사이에서 주요 관심사로 부상하고 있다.

현대사회에서 유럽은 여러 차례 조약을 체결하면서 법제를 통하여 북극 지역의 분쟁과 갈등을 조정해 왔다. 최근에는 유럽이 자신들의 공동가치를 반영하여 환경 및 생태계 보호를 위한 조약의 제안이나 체결에 적극적이다. 이는 특히 기후변화가 가파르게 지속되면서 북극의 생태계와 사람들의 일상생활도 위협받고 있다는 우려의 반영이다. 다시 말해 이는, 동토(凍土)가 녹아 흐르면서 사람들의 거주지가 불안정해지고 생태계 변화로 인해 수렵이 기본 식생활이던 원주민들의 식량안보에도 이상이 따르기 시작하는 등, 인간안보의 문

---

2 환경보호와 경제개발을 동시에 진행하기 위해 많은 국가가 기술 개발에 집중하고 있으며, 이를 위한 협력도 활발하다.

3 북극해를 이용하는 북극항로는 최근 지구의 기후변화 현상으로 그 활용 가능성이 높아지고 있으며, 기존의 항로에 비하여 운송 시간을 30%까지 줄이면서 해운 산업 비용을 획기적으로 절감할 수 있는 항로로 각광받고 있다. European Commission, 2021a, "Overview of EU actions in the Arctic and their impact", https://eprd.pl/wp-content/uploads/2021/06/EU-Policy-Arctic-Impact-Overview-Final-Report.pdf. (2024년 11월 24일 검색)

제가 그만큼 심각해졌다는 방증에 해당한다.[4]

이렇듯 북극 지역의 중요성이 부상하면서, 관련 국제기구인 북극이사회(Arctic Council)의 활동도 날로 주목을 받고 있다. 현재 북극 지역에 인접한 유럽의 5개국이 북극이사회의 정회원이며, 영국, 독일, 프랑스 등을 포함하여 8개국이 북극이사회의 옵서버로 활동하고 있다. 이들은 자국의 환경과 기술 현황에 따라서 북극 논제에 관한 독자적인 정책을 수립 및 적용하고 있으며, 관련 거버넌스에 적극 참여하고 있다. 게다가 EU 또한 공통의 논제를 위한 정책을 수립하여 현실에 반영하고 있다. 특히 EU는 환경보호와 생태계 보전이라는 명제를 고려하여 북극 개발과 기술에 주목하고, 이를 확대하기 위해서 지속가능성 개념을 적용하고 있다. 물론 이와 관련하여 유럽 국가별로 이해관계의 상충으로 인해 갈등의 소지가 있는 것도 사실이다.

북극 지역에 대한 이러한 관심에서 한국도 멀리 있지 않다. 한국은 2013년 북극이사회의 옵서버 지위를 획득하여 2017년까지의 5개년 계획인 '북극 정책 기본계획'을 발표한 바 있다. 이어 2018년에는 '북극 활동 진흥 기본계획'을 발표하면서, 적극적인 활동을 위해서 국제적 협력을 확대하고 있다. 그러나 이러한 계획들이 법률에 직접 근거하지 않았다는 지적에 따라 2021년 '극지 활동 진흥법'을 제정했다. 그 결과 법률에 근거해 북극에서의 과학 연구, 경제활동, 국제협력 등이 안정적인 지원을 받을 수 있게 되었다.[5]

---

4 Hugh Turral, Jacob Burke and Jean-Marc Faurès, "Climate change, water and food security", *FAO Water Reports* 36 (2011), https://www.fao.org/4/i2096e/i2096e.pdf. (2024년 11월 25일 검색)

5 김봉철·심민섭, "북극해 및 북극 지역 관련 국제법과 국내법의 조화", 『한국해법학회지』, 제44권, 2호 (2022년 8월), p. 160.

하지만 북극 지역 외부에 있는 국가이자 비교적 늦게 북극 지역의 국제 거버넌스에 참여한 한국의 입장을 고려할 때, 북극에 관한 국제사회의 논의에 적극 참여하고 협력을 강화할 필요가 있다. 그런 점에서 최근 국제사회의 주요 이슈인 '청색경제(blue economy)' 개념과 같이 북극의 경제적 활용에 있어서 지속가능성을 추구하며 새로운 기술을 적용하려는 사례에 한국이 더욱 관심을 할애해야 한다. 한국 역시 신기술을 기반으로 하는 북극항로와 에너지 개발 등 주로 경제적 활용이라는 부분에 집중하여 북극에 접근해 왔다. 그러므로 국제사회의 구성원으로서 당연히 지구의 환경을 보호하고 지속가능성을 존중하는 방법을 고려하면서, 새로운 기술과 개념을 융합하여 활용하는 노력을 해야 한다. 그러나 현재 북극과 관련하여 인접 국가들의 조약이나 각국 국내법이 복잡하게 공존하면서 포괄적인 법체계가 존재하지 않는 상황이다.[6] 따라서 한국이 북극 관련 문제 또는 경제적 활용에 있어서 국제사회가 공유할 첨단의 규율 기준을 제시하고 국제협력을 주도할 방안을 모색하는 것도 필요해 보인다.

그에 따라 이 장에서는 북극을 둘러싼 갈등 해결을 위해 유럽이 체결한 조약 사례를 조망하면서, 유럽의 최근 북극 정책과 새로운 논제들을 살펴본다. 특히 북극이사회에서 정회원과 옵서버 자격으로 활동하는 유럽 국가들의 북극 관련 정책을 들여다보면서 최근 유럽이 주목하고 있는 '청색경제' 개념을 통해 한국과 유럽이 북극과 관련하여 협력할 수 있는 대상과 방안 또한 모색해 본다.

---

6 김봉철·심민섭·최지원, "극 지역에 관한 한국과 중국의 활동과 법제 비교", 『동북아법연구』, 제17권, 제2호 (2023년 7월), p. 162.

2. 유럽의 북극 지역 관련 국제법 참여

1) 스발바르 조약의 체결

스발바르(Svalbard) 제도는 노르웨이와 북극점 사이에 있는 군도(群島)이며, 여기에는 정착지, 탄광촌, 과학기지 등이 존재한다. 스발바르 제도는 18세기까지 주로 고래잡이 기지로 활용되었는데, 20세기 초부터는 석탄 및 채광이 시작되면서 사람들이 정착하게 되었다. '스발바르 조약'은 1920년 제1차 세계대전이 끝나고 베르사유 협상이 진행되는 과정에서 체결되었다. 이 조약의 공식 명칭은 '스피츠베르겐의 지위를 규정하고 노르웨이에 주권을 부여하는 조약(Treaty regulating the status of Spitsbergen and conferring the Sovereignty on Norway)으로, 10개의 조항과 부속서로 구성된 비교적 짧은 국제법이다. 이 조약은 국제법상 스발바르 제도에 대한 노르웨이의 주권과 이에 관련된 여러 가지 원칙을 설정하고 있다. 이 조약에 근거하여 노르웨이는 스발바르 제도에 대한 통치권을 획득했다. 그러나 이 조약은 노르웨이의 스발바르 제도 통치에 일정한 제한을 설정하고 있으므로, 노르웨이 국내법 전체가 이곳에 적용되지는 않는다. 이와 같은 내용은 스발바르 조약에 자세하게 명시되어 있다.

스발바르 조약의 주요 내용은, 스발바르 제도에 대한 조약상 제한을 제외하고는 노르웨이의 통치권을 인정한다는 것에서 시작한다. 노르웨이 정부는 세금을 징수할 수 있으나, 이 세금은 모두 스발바르 제도에만 사용된다는 것과, 스발바르 환경의 존중에 관한 내용도 이 조약에 포함된다. 이 조약에 따르면, 모든 국가의 시민과 기업은 자유롭게 거주자가 되고 경제활동을 할 수 있으나, 노르웨이 법을 준수해야 한다. 마지막으로 스발바르 제도는 전쟁과 같은

목적으로 사용될 수 없다는 내용도 조약에 규정되어 있다.[7]

스발바르 조약이 체결되었던 1920년 당시 이 조약에 서명한 국가는 미국과 덴마크, 프랑스, 이탈리아, 일본, 네덜란드, 노르웨이, 스웨덴, 영국, 캐나다의 영국 해외 자치령, 오스트레일리아, 인도, 남아프리카, 뉴질랜드 등 14개국이었다. 이후 1924년에 소비에트 연방이 스발바르 조약을 체결했고, 1925년에는 독일과 중국이 서명했다. 처음 노르웨이를 포함한 일부 국가의 이해관계를 조율하기 위해 체결된 이 스발바르 조약에 오늘날 40개국 이상의 국가들이 서명했다.

100년 이상의 역사를 가진 스발바르 조약은 이제 북극 지역에서 대표적인 다자조약으로 확대되었으며, 현대 국제법 역사에서 영토분쟁 해결을 위한 조약 체결의 대표적인 사례로 평가받고 있다.[8] 노르웨이를 포함한 유럽 국가들은 초기부터 참여하면서 이 조약의 체결을 주도했고, 그 결과 현재 스발바르 제도는 스발바르 조약과 노르웨이 국내법이 적용되어 경제특구와 비무장 지대가 되었다. 2012년 노르웨이와 러시아가 이 권리를 이용하여 현재 채굴 활동을 하고 있으나, 현재는 연구와 관광이 스발바르 제도의 추가적인 산업이 되었다.

---

7 이용희, "북극 스발바르 조약에 관한 연구", 『해사법연구』, 제25권, 제2호 (2013년 7월), pp. 113-115.

8 라미경, "스발바르 조약 100주년의 함의와 북극권 안보협력의 과제", 『한국시베리아연구』, 24권, 4호 (2020년 12월), pp. 16-18.

2) 북극곰 보존 조약과 북동 대서양 해양 환경보호 협약의 체결

'북극곰 보존 조약(Agreement on the Conservation of Polar Bears)'은 1960년대 증가한 북극곰 사냥으로 북극곰 개체가 멸종위기에 놓이자 1973년 11월 오슬로에서 캐나다, 덴마크, 노르웨이, 미국, 소련 등 북극곰 개체수가 많은 5개국이 체결한 조약이다. 이 조약은 일반적인 북극곰 사냥을 금지하며, 북극곰의 생태계를 보호하는 조치의 책임에 따라서 조약의 체결국들이 최선의 과학적 자료에 기초해 적절한 북극곰 개체군 관리를 실시해야 한다고 명시하고 있다.[9]

이 조약에 따르면, 북극곰에 대해 규제되지 않은 스포츠 사냥, 북극곰 개체수에 해로운 항공기와 쇄빙선에서의 사냥이 금지된다. 그러나 과학적 목적이나 다른 생물자원의 심각한 혼란을 방지하려는 목적의 사냥, 그리고 전통적 권리의 영역에서 전통적 방법을 사용하는 사람들(토착 소수민족)의 사냥은 허용된다. 조약 체결국에서는 북극곰 수출과 수입 및 밀매가 엄격히 금지된다. 또한 조약의 체결국들은 북극곰 연구 결과를 공유하고 연구 작업을 조정할 수 있다.

1992년 9월 22일 파리에서 열린 오슬로 및 파리 위원회 장관 회의에서 '북동 대서양 해양 환경보호 협약(Convention for the Protection of the Marine Environment of the North-East Atlantic)' 이른바 'OSPAR 협약'이 서명되었다. 이 협약에는 기존 대서양 환경에 관한 유럽의 협약이었던 오슬로 협약과 파리 협

9 Pål Prestrud and Ian Sterling, "The International Polar Bear Agreement and the current status of polar bear conservation", *Aquatic Mammals*, Vol. 20, No. 3 (January 1994), p. 113.

약의 모든 당사국[10], 그리고 룩셈부르크가 서명했다. OSPAR는 기존 협약들을 대체하며 1998년 발효되었다.

1998년 포르투갈 신트라에서 열린 OSPAR 위원회 제1차 각료회의는 '북동 대서양 해양환경에 악영향을 미칠 수 있는 모든 인간 활동'을 다루기 위해 서명국들의 협력을 확대하면서, 협약에 부속 문서까지 채택했다. OSPAR 협약은 현재 해양 생물다양성, 영농화, 해양으로의 위험 및 방사능물질 방출, 연안의 석유와 가스 관련 산업, 환경 조건의 기본 모니터링에 대한 유럽식 표준을 규제하고 있다.

3) 북극이사회의 설립과 유럽의 관련 국제법 발전 주도

1989년 북극 지역 국가들은 환경보존을 위한 논의를 시작하여, 1991년 6월 '북극환경보호전략(Arctic Environmental Protection Strategy)'이라는 기구를 설립했다. 이 기구는 북극 지역의 보존 · 보호 · 감시 · 비상사태 대응 등의 역할을 수행했다. 그러나 북극 지역의 천연자원 개발이 주목받고 북극해를 통한 해상운송과 급격한 기후변화 등의 문제들이 발생하면서 새로운 협의체가 필요하게 되었다. 이에 핀란드를 비롯한 북극 지역의 8개국은 1996년 9월 캐나다에서 오타와 선언을 통하여 북극의 환경보존 및 지속 가능한 개발을 위한 북극 관련 정책을 논의하는 정부 간 협의체로 '북극이사회'를 발족했다.[11]

---

10 벨기에, 덴마크, 유럽공동체, 핀란드, 프랑스, 독일, 아이슬란드, 아일랜드, 네덜란드, 노르웨이, 포르투갈, 스페인, 스웨덴 및 영국 및 북아일랜드.

11 윤영미, "러시아의 북극 지역에 대한 해양 안보 전략: 북극해 개발과 한-러 해양 협력을 중심으로", 『동서연구』, 제21권, 제2호 (2009년 12월), p. 52.

이 기구의 회원국은 북극 지역 8개국이며,[12] 이누이트족 등 6개의 북극 원주민 단체[13]에게 상시참여자 지위가 부여되었다. 이는 북극 원주민 공동체의 참여를 제도적으로 보장함으로써, 그 전통을 존중하고 보존하고자 함이다. 또한 북극이사회에는 12개의 비-북극 지역 국가[14]와 국제적십자사연맹과 국제자연보존연맹 등 9개의 정부 간 기구 및 해양보호자문위원회와 국제북극과학위원회 등 11개의 비정부기구가 옵서버로 참여하고 있다. 옵서버는 회의에 참석하여 정보를 교환하고 제한적으로 의견을 개진할 자격을 가진다.[15]

북극이사회 회원국들은 북극 지역의 보호와 관련 분야의 협력을 위하여 조약들을 체결했다. 2011년 북극이사회 각료회의에서 회원국들은 북극 지역의 조난자 수색과 구조를 위한 항공과 해양 수색 및 구조에 관한 협력 협정을 체결했다.[16] 2013년 스웨덴에서 개최된 북극이사회에서는 북극해의 유류오염 대응에 관한 협정이 체결되었다. 이 조약은 유류오염 대비와 해양환경 보호를 위한 대응에 있어서 북극 지역 국가들의 협력을 강화했다.[17] 이밖에 2017년 알래스카에서 개최된 북극이사회에서는 북극 과학 협력 강화에 관한 협정이

---

12 캐나다, 덴마크, 핀란드, 아이슬란드, 노르웨이, 러시아, 스웨덴, 미국.

13 AIA(Aleut International Association), AAC(Arctic Athabaskan Council), GCI(Gwich'in Council International), ICC(Inuit Circumpolar Council), RAIPON(Russian Association of Indigenous Peoples of the North), Saami Council.

14 프랑스, 독일, 네덜란드, 폴란드, 스페인, 영국, 중국, 이탈리아, 일본, 한국, 싱가포르, 인도.

15 임유진·이연호, "북극의 정치학과 북극 정책의 새로운 길", 『동서연구』, 제26권, 제4호 (2014년 12월), pp. 176-178.

16 이 협정은 당사국들이 조난자에게 적절한 지원을 하고 구조작전 수행에 서로 협력할 것을 약속하여 북극지역의 수색 및 구조 대응을 향상시키는 역할을 한다.

17 이 협정은 석유 유출에 대한 북극 지역 국가들이 생명을 위협하고 취약한 생태계를 위협하기 전에 신속하고 협력적으로 대응할 수 있도록 돕는다.

체결되었다.[18]

북극이사회의 정회원 중에는 덴마크, 핀란드, 아이슬란드, 노르웨이, 스웨덴을 비롯하여 유럽 국가가 다수를 이루며, 현재 이들이 북극이사회의 논의를 주도하고 있다.[19] 그러나 북극이사회는 북극 지역 국가들에게만 정식 회원국의 지위를 부여하며 다른 국가들은 옵서버 이상의 자격은 부여받지 못하여 그 폐쇄성이 비판을 받기도 한다.[20] 또한 북극이사회 자체는 국제법상 법인격을 가지는 국제기구가 되지 못하고 정부 간 협의체에 불과하다. 따라서 북극이사회 스스로는 UN이나 WTO처럼 조약을 체결할 수 없다. 그 때문에 북극이사회는 국제사회의 공식적인 국제법 주체로 인정받지 못하고 있다.

3. 유럽의 최근 북극 관련 정책의 추세

1) 북극에 대한 유럽의 관심과 EU 정책의 동향

북극에 대한 경제적 관심이 북극에서 과학기술과 자본주의 적용 등으로 진화하면서, 이 지역 개발은 기후 환경, 생활양식, 경제구조 등의 변화로 이어졌다. 이러한 상황은 이 지역에 거주하는 원주민들에게도 충격을 주어 사회 변

18 이 협정은 사람, 장비, 재료의 출입, 연구 시설 접근, 연구 영역 접근 등 각국 과학자들의 북극 지역 접근과 교육 및 훈련을 촉진하도록 한다.

19 특히 북극해와 마주하는 노르웨이는 북극이사회의 중심적 역할을 자처한다.

20 북극이사회가 유럽의 국가들을 포함하고 있는 것은 사실이지만, 현재 체제로서는 EU와 같은 다른 국제법 주체가 당사자가 되어 이 국제협의체에서 공식적인 활동을 하는 것은 불가능하다.

화로도 연결되면서,[21] 유럽의 북극 관련 관심 분야도 확장되고 있다. 북극의 경제적 개발에서 환경보호를 중심으로 하는 지속가능성 존중이 기본 틀이지만, 그 과정에서 필연적으로 발생하는 원주민의 생활환경 변화까지는 막지 못했다. 그 때문에 유럽 내에서도 이로 인한 원주민의 실업, 우울증 등이 심각한 사회문제가 되고 있다.

안보 측면에서도 이 지역을 둘러싸고 유럽과 러시아와의 갈등이 날로 격화되고 있다. 러시아가 자국 국내법을 제정하여 북극에 인접한 영토와 영해에 대한 관할권을 주장하면서 인근에서 군사 훈련을 확대했기 때문이다.[22] 이러한 갈등은 다른 유럽 지역에서 발생하는 러시아와의 갈등과 연결될 뿐만 아니라, 여기에 미국과 중국 등 국제사회의 다른 구성원들도 개입하게 되면서 상황을 더욱 복잡하게 만들고 있다.[23]

초국가 차원에서 EU도 2008년부터 북극 정책을 발표하며 이 지역에 대한 대응 방안을 제시해 왔다. 초기 EU의 정책안은 북극의 지정학적, 경제적 타당성이 높아짐에 따라 북극의 경제적 영향력에 주목했다. 하지만 2016년에 EU는 원주민의 거주 환경, 북극의 지속 가능한 개발, 국제협력이라는 세 가지 목표로 북극 정책을 개정했다. 특히 EU는 2021년 10월에 '평화롭고 지속 가능하며 번영한 북극을 위한 더 강력한 EU의 참여'라는 정책을 발표했

---

21 김봉철·고승화, "유럽의 북극 지역 관련 갈등 해결을 위한 법과 정책", 『EU연구』, 제57호 (2021년 2월), p. 39.

22 노영돈·박원, "북극해 항로 관련 러시아 법제의 최근 동향", 『서울국제법연구』, 제18권, 제2호 (2011), pp. 100-101.

23 이 지역을 다룬 유럽의 관심사는 경제, 사회, 안보의 영역에 다양하게 걸쳐있으면서 그 무게감은 더욱 커질 것으로 보인다.

다. 이는 2016년 정책의 세 가지 목표를 기반으로 지정학적 상황 변화를 반영한 것이었다.[24] 구체적으로, EU의 이 북극 정책은 EU가 강조하는 유럽 그린딜(European Green Deal)과 같은 경제 정책과 연계하여 환경을 고려한 북극 개발을 기조로 제시하고 있다. 그러나 이 정책은 북극에서의 인프라 건설 및 운영, 해상 케이블 건설, 사이버 공간으로의 연결성 등 새롭게 발생할 수 있는 문제들에 대한 EU의 관심뿐만 아니라 러시아가 북극 전역에서 군사력을 증강하고 있는 상황을 정책에서 지적하면서, 중국과 같은 다른 행위자들의 활동에 따른 논제들도 언급하고 있다.

안전한 해상 무역 경로는 EU 경제에 중요한 요소가 되는데, EU는 향상된 위성 관측으로 북극항로의 안전을 보장하고자 한다. 한편으로는 EU가 러시아와 우크라이나 사이의 갈등을 두고 북극에서 러시아와의 협력을 중단했다. 따라서 러시아가 참여했던 바렌츠 유럽-북극이사회(Barents Euro-Arctic Council), 발트해 국가이사회(Council of the Baltic Sea States)에서도 유럽과 러시아의 협력은 단절되었다.[25] 러시아를 제외한 북극 지역 7개국이 북극의 현안을 논의하는 주도적인 역할을 하는 북극이사회[26] 활동에서 러시아가 배제되면

---

24 European Commission, 2021b, "Joint Communication to the European Parliament, the Council, the European Economic and Social Committee and the Committee of the Regions: A stronger EU engagement for a peaceful, sustainable and prosperous Artic", JOIN(2021) 27 final, https://www.eeas.europa.eu/sites/default/files/documents/ Joint%20Communication%20on%20a%20stronger%20EU%20engagement%20for%20a%20peaceful%2C%20sustainable%20and%20prosperous%20Arctic.pdf.pdf. (2025년 1월 5일 검색)

25 반면에 EU는 자신들과 유사한 입장을 가진 국가들과 협력을 진행할 것임을 강조했다.

26 북극이사회(Arctic Council)는 북극을 둘러싼 다양한 이슈들을 해결하기 위해 1996년 창설된 정부간 협의체로, 원주민 단체와 산학연 전문가 등 다양한 비국가 행위자들까지 포함하는 글로벌 거버넌스로 성장했다. 8개의 회원국이 참여하고 있으며, 6개의 상시참여단체(Permanent Participant), 고위급 정

서, 지정학적 문제에서 북극을 예외로 하려는 노력은 실패한 셈이었다.

이는 북극이 더 이상 지정학적 논의에 있어 예외 지역이 아님을 보여주는 대표적인 사례라고 할 수 있다. 북극이사회에서 각종 현안과 정책을 논의하면서 회원국 사이의 국제법 형성에도 상당한 영향을 주기 때문이다.[27] 하지만 이러한 모습은 오히려 북극에서 국제사회와의 협력이 갖는 중요성이 더욱 확대될 것임을 보여준다. 한편, 2023년 노르웨이가 북극이사회와 북극경제이사회[28]의 의장국을 모두 담당하게 되면서, 유럽이 북극 이슈에서 주도적인 역할을 할 수 있는 기반이 마련되었다.[29] 유럽은 환경을 강조한 논제들을 제기하면서, 북극에 관한 거버넌스에서 더욱 깊게 관여할 것이라고 예상된다.

2) 유럽의 북극이사회 회원국들의 정책

북극 지역에 속하는 유럽 국가들은 그린란드를 포함한 덴마크, 스웨덴, 노르웨이, 핀란드, 아이슬란드 등이 있다. 북극 지역에 직접적으로 위치하는 이 국가들은 북극 정책을 발표하며 자국의 북극 내 입지 확대를 달성하고자 한

부 간 포럼과 북극 모니터링 관련 6개의 실무 그룹(Working Group), 그리고 옵서버(Observers)로 구성되어 있다. 서찬교·이숙연, "북극이사회(Arctic Council)의 한계와 효과성 분석: 레짐이론(Regime Theory)을 중심으로", 『국제정치연구』, 제26집, 2호 (2023년 6월), pp. 191-193.

27 김봉철·양하은·심민섭, "극지 활동에 관한 한국과 일본의 법제 비교", 『한국사회과학연구』, 제42권, 1호 (2023년 4월), pp. 219-221.

28 북극경제이사회(Arctic Economic Council)는 북극이사회의 논의 이후, 독립적으로 출범한 경제 포럼이다. B2B 협력을 위한 장을 제공하고, 극지 비즈니스 전망을 제시하여 북극이사회의 활동을 홍보하는 역할을 한다. 북극에 경제적 이해관계가 있는 기업과 원주민 단체로 구성되어 있으며 영향력이 확대되는 추세이다. 제성훈, "북극이사회 창설 25주년의 의미와 향후 과제-북극이사회의 장기적 과제와 한국의 북극 협력 과제를 중심으로", 『한국 시베리아연구』, 제25권, 3호 (2021년 9월), p. 50.

29 서현교, "북극 정책 모형 기반 한국의 최근 북극 정책 특성 분석: 유럽과 협력 확대를 중심으로", 『EU연구』, 제67호 (2023년 8월), p. 219.

다. 덴마크는 2011년 '덴마크 왕국의 2011-2020 북극 전략'을 발표하며 그린란드에 중점을 둔 북극 정책을 발표했다.[30] 10년간의 장기간 정책으로서 덴마크는 지속가능성을 강조하고 있다. 북극 지역 국가로서 기후변화로 인한 북극 환경의 파괴는 곧 덴마크 환경의 파괴와 직결되기 때문에, 기후변화를 늦추고 북극 환경을 보호하기 위한 활용은 필수적인 사항이며, 같은 맥락에서 북극 지역 현지 주민의 생활권 보장도 중요하게 다뤄지고 있다. 이 정책이 2020년까지의 내용을 담고 있는 만큼, 덴마크는 2020년 말에 새로운 정책을 발표할 예정이었다. 그러나 그린란드의 총선 등 국내외적 이유로 논의가 지연되었고, 2022년 겨울이 되어서야 북극에 관한 정책을 다시 논의할 수 있었다.[31] 아직 새로운 북극 정책이 발표되지는 않았으나, 북극 지역을 주요 안보 정책 분야로서 언급하면서 덴마크의 새로운 북극 정책이 어떠한 내용을 담을 것인지 주목해야 할 필요성이 높아지고 있다.

핀란드와 아이슬란드는 북극에서의 협력을 강조한다. 핀란드는 북극 자문위원회를 두어 핀란드의 북극 관련 활동을 총괄하고 정책 이행 상황을 점검하고 있다. 아이슬란드는 북극의 변화가 곧 자국 사회의 변화와 직결된다는 점을 인식하여 북극 문제를 외교 정책의 주요 우선순위로 설정했다. 두 국가

---

30 덴마크는 이 정책에서 안보, 지속 가능한 경제 발전, 기후 변화 대응, 국제협력을 주요 내용으로 제시하고 있다. 그중에서도 국가 간 협력을 통한 북극의 지속 가능한 활용을 강조했다. Kingdom of Denmark, *Denmark, Greenland and the Faroe Islands: Kingdom of Denmark Strategy for the Arctic 2011-2020* (Copenhagen: Danish Ministry of Foreign Affairs, 2011). https://www.uniset.ca/microstates/mss-denmark_en.pdf. (2024년 12월 15일 검색)

31 Marc Jacobsen, "Arctic Aspects in Denmark's New Foreign and Security Policy Strategy", https://www.thearcticinstitute.org//arctic-aspects-denmark-new-foreign-security-policy-strategy/. (2025년 1월 10일 검색)

는 2021년에 각각 '북극 정책을 위한 핀란드 전략'과 아이슬란드 의회 결의안을 통해서 북극 활동을 위한 정책적 기반을 마련했다.[32] 북극 지역 국가인 덴마크, 핀란드, 아이슬란드의 북극 정책에서는 현지 거주민의 생활환경 보호를 주요 내용에 포함하고 있으며, 지속가능성을 강조하면서 국제적 공감대를 형성하고자 한다. 또한 이 국가들은 북극이사회 등 국제사회의 협력체를 통해서 환경을 고려한 경제적 개발을 북극 활용의 기준으로 세우고자 한다.

스웨덴의 북극 정책은 현재까지 2011년과 2020년 두 차례 발표되었다. 2011년 정책에서는 북극 국가로서 스웨덴의 입지를 정립하는 내용을 기본으로 전반적인 방향성을 제시했으며, 2020년 정책은 이전의 내용을 보완하여 새로운 방향을 제시했다. 특히 기술적 기반으로서 디지털화를 제시했다는 점은 스웨덴의 2020년 정책에서 주목할 부분이다.[33] 이는 스웨덴 정부가 접근성이 낮은 북극 지역을 관리하기 위해서 디지털 기술을 활용한 인프라를 구축하

---

32 핀란드는 이 전략에서 기후 변화 대응, 북극 지역 연구, 인프라 및 물류 환경 등을 주요 내용으로 제시하고 있으며, 특히 사미족의 복지를 포함해 북극에 거주하는 원주민의 권리 보호를 강조하고 있다. 반면에 아이슬란드의 북극 정책은 의회의 결의안을 기반으로 구성되어 있다. 기후 변화 대응, 북극의 경제적 활용, 천연자원의 지속 가능한 사용을 중심축으로 한다. 이를 위해 북극이사회를 비롯한 국제적 협력을 강조한다. Finnish Government, "Finland's Strategy for Arctic Policy", https://www.europeanpolarboard.org/fileadmin/user_upload/Finland_Arctic_Strategy_2021.pdf. (2025년 1월 11일); Government of Iceland, "The Arctic Region", https://www.government.is/topics/foreign-affairs/arctic-region/. (2025년 1월 11일 검색)

33 2020년 발표한 스웨덴의 북극 정책은 안보, 환경보호, 극지 연구, 지속 가능한 개발, 북극 생활환경 보호를 주요 내용으로 한다. 북극의 지정학적 중요성을 고려하여 미국과의 협력을 강조하고 있으며, 경제적 측면에서는 유럽 그린 딜을 포함해 EU와의 협력을 추진하고 있다. Government Offices of Sweden, "Sweden's strategy for the Arctic region", https://www.government.se/contentassets/85de9103bbbe4373b55eddd7f71608da/swedens-strategy-for-the-arctic-region-2020.pdf. (2025년 1월 12일 검색)

여 현지 환경을 보호하겠다는 의지를 드러낸 것이다. 북극 지역 원주민 보호 및 이들과의 협력도 유럽에서 중요한 문제로 떠오르고 있는 만큼, 스웨덴의 디지털화 추구는 새로운 측면으로 여겨지고 있다.

인구의 약 9%가 북극 지역에 거주하는 노르웨이는 이 지역의 역동성을 높이는 것이 국가적 과제라 할 수 있다. 2021년 발표된 '노르웨이 북극 정책'은 국내외적 측면을 복합적으로 다룬 국가의 종합 정책이다.[34] 노르웨이는 2019년에 청색경제 전략을 발표하면서, 차후에 수립될 북극 정책에서 이를 세부적으로 다룰 것이라고 언급한 바 있다. 2021년 북극 정책에서도 저탄소사회로 전환할 계획을 구체화하면서, 북극 지역을 저탄소 영역에 포함했다. 노르웨이는 극지에서의 천연자원 활용과 경제적 이익을 위해서 청색 기술이 중요함을 강조하는 국가이기도 하다.

스웨덴과 노르웨이는 생활환경의 보호와 지속가능성 등을 자국의 북극 정책에서 중요한 목표로 설정했다. 이러한 사항을 구체화하는 과정에서 양국은 자국의 특성을 반영하는 것을 국가 정책의 핵심으로 삼고 있다. 예를 들어, 스웨덴은 디지털 기술을, 노르웨이는 청색 기술의 개발에 주목하여 목표를 구현하려는 정책을 세웠다. 북극 개발은 곧 기술의 발전과 연결된 영역이므로, 북극의 경제적 활용 과정에서 목표를 달성하기 위한 디지털이나 청색 기술 등 새로운 기술이 제안되면서 이 국가들의 북극 개발에 대한 논의가 다양화되고 있다.

---

34 정책 내의 세부 목표로 해양 연구, 천연자원 관리, 기후 변화 대응을 제시하고 있다. 노르웨이는 주요 해양 국가로서 북극 정책에서도 이를 강조하고 있으며, 기존의 해양 정책에서도 북극을 다루는 등 북극해의 활용에 가장 주목하는 국가 가운데 하나이다. Norwegian Ministries, "The Norwegian Government's Arctic Policy", https://www.regjeringen.no/en/dokumenter/arctic_policy/id2830120/#tocNode_2. (2025년 1월 14일 검색)

[표-1] 북극 지역 유럽 국가들의 북극 정책 비교

	정책 내에서 제시하는 주요 목표
덴마크	지역 안보, 지속 가능한 경제 발전, 기후변화 대응, 국제협력
핀란드	기후변화 대응, 원주민 권리 및 생활환경 보호, 지역 및 과학 연구, 인프라 및 물류
아이슬란드	국제협력, 기후변화 대응, 천연자원 관리, 원주민 권리 및 생활환경 보호, 지속 가능한 경제 발전
스웨덴	국제협력, 지역 안보, 환경보호, 극지 연구, 지속 가능한 경제 발전, 원주민 권리 및 생활환경 보호, 디지털 기술을 활용한 북극 지역 관리
노르웨이	국제협력, 기후변화 대응, 원주민 권리 및 생활환경 보호, 인프라 및 물류, 청색경제 정책과의 연계

출처: 저자 정리

3) 유럽의 북극이사회 옵서버 국가들의 정책

북극이사회 옵서버로 활동하고 있는 유럽 국가들에는 프랑스, 영국, 독일, 스페인, 이탈리아, 네덜란드, 폴란드, 스위스가 있다. 직접적인 북극 지역 국가는 아니지만, 북극이사회 옵서버로 활동하며 관련 정책을 발표하고 국내외 거버넌스에 참여하는 등 적극적인 행보를 보인다. 특히 이들 국가는 북극 지역 외부 국가들의 영향력 확대를 위해 국제 거버넌스 구성에 주목하고 있다. 그 중에서도 프랑스와 영국은 일찍이 북극 정책을 발표하면서 전 영역에서 가장 활발한 활동을 하고 있다.

프랑스는 2013년 국가 안보 백서에서 북극항로에 주목했으며, 2016년에 최초의 북극 정책인 '북극의 위대한 도전: 북극을 위한 국가 로드맵'을 발표했고,[35] 2022년에는 종합 극지 정책인 '극지 2030 전략'을 수립했다.[36] 프랑스는 북극 지역 외부 국가임에도 자국의 영향력을 확대하고자 하며, 특히 북극의 전략적 중요성을 강조했다.[37] 프랑스는 2022년 정책에서 북극이 분쟁의 영역으로 편입되며 안정성을 잃고 있다고 묘사했다. 프랑스는 북극의 안보적 측면에 주목하고 있는 국가이며, 다자주의 국제 거버넌스를 통한 문제 해결을 주장한다.

영국의 북극 정책은 환경 보고서에서 시작되었다.[38] 영국은 북극 환경의 변화에 주목하여 2013년에 '변화에 대한 적응: 영국의 북극 정책'이라는 북극 정책을 발표하면서, 경제적 영향과 전략적 중요성을 강조했다.[39] 이후 영국 정

---

35 이 정책에서 제시하는 목표는 크게 2가지로 북극 연구 지원과 프랑스의 입지 확대를 들 수 있다. 이를 위해 세부적으로 프랑스 극지 연구소에 대한 제도적 지원안을 구성했으며, 북극이사회를 비롯해 프랑스가 참여하고 있는 주요 북극 거버넌스를 강조했다. French Ministry of Foreign Affairs and International Development, "The Great Challenge of the Arctic: National Roadmap for the Arctic", https://www.diplomatie.gouv.fr/IMG/pdf/frna_-_eng_-interne_-_prepa_-_17-06-pm-bd-pdf_cle02695b.pdf. (2025년 1월 15일 검색)

36 French Ministry of Foreign Affairs and International Development, "Polar strategy of France on the horizon 2030", https://climate-laws.org/documents/france-s-polar-strategy-by-2030_8c65?id=polar-strategy-of-france-on-the-horizon-2030_4cff. (2025년 1월 15일)

37 2019년 프랑스 국방부는 기존의 경제적 측면을 넘어서 안보 영역에서도 프랑스의 역할을 확대하겠다는 북극 안보에 관한 문서를 발표했다. French Ministry for the Armed Forces, "France and the New Strategic Challenges in the Arctic", https://www.uaf.edu/caps/resources/policy-documents/france-and-the-new-strategic-challenges-in-the-arctic-2019.pdf. (2025년 1월 15일 검색)

38 2012년 영국 하원의 환경 감사 위원회는 북극 보호에 대한 조사 보고서를 발표하면서 북극 지역에서 영국 에너지 기업의 활동을 다루었다. UK Parliament, "Environmental Audit Committee published report on Protecting the Arctic", https://committees.parliament.uk/committee/62/environmental-audit-committee/news/179527/announcement-of-report-publication1/. (2025년 1월 18일)

39 영국은 이 정책에서 북극 지역 8개 국가와 원주민을 북극에서 중요 행위자로 규정했지만, 동시에 필

부는 2018년 정책을 개편하면서 국제협력의 중요성도 주장했다.[40] 2023년에는 국방위원회의 보고서에 기반한 새로운 북극 정책으로 북극의 안보적 중요성을 강조했는데,[41] 영국은 북극 지역의 전략적 변화에 즉각적으로 대응하기 위한 장기 전략을 구상하고 있다. 프랑스와 영국은 공통적으로 북극에서의 입지 확대를 추진하면서 경제, 환경, 기술 발전 등의 영역에 관한 국제적 협력을 중요시하며, 안보적 측면을 강조한다. 이를 위해서 자국의 영향력 확대와 함께 유사한 입장을 견지하는 국가들과 국제협력도 추구한다.

독일은 EU 북극 정책의 연장선에서 EU의 역할을 강조함과 동시에 북극이사회의 옵서버로서 자국의 역할을 확대하려고 했다. 독일의 북극 정책 기조는 환경보호와 경제 개발의 공존이다. 이를 위해 EU, UN 해양법 협약, 북극이사회 등 국제 거버넌스에 적극적으로 참여하겠다는 것이 독일의 일관된 입장이다.[42] 스페인과 이탈리아도 독일과 유사한 정책 기조를 가지는데, 스페인은

요한 경우에는 영국과 같은 외부 국가도 개입할 여지를 구성했다. UK Government, "Adapting To Change: UK policy towards the Arctic", https://assets.publishing.service.gov.uk/media/5a757c1ded915d731495a53a/Adapting_To_Change_UK_policy_towards_the_Arctic.pdf. (2025년 1월 18일)

40 영국은 당시 EU 탈퇴를 상정하고 있던 상황에서 '글로벌 브리튼(Global Britain)'의 기조를 바탕으로 자국의 국제적 영향력을 계속 유지하거나 확장하는 것이 목표였다. UK Government, "Beyond the Ice: UK policy towards the Arctic", https://assets.publishing.service.gov.uk/government / uploads/system/uploads/attachment_data/file/697251/beyond-the-ice-uk-policy-towards-the-arctic.pdf. (2025년 1월 18일)

41 영국은 이 정책에서 러시아와 중국을 주요 변인으로 인식하고 있다. 북극에서 기존의 질서를 유지하기 위해 특히 러시아가 국제법을 준수해야 함을 안보적 측면에서 다루고 있다. UK Government. "Looking North: The UK and the Arctic", https://assets.publishing.service.gov.uk/media/63e38ed3e90e0762637e30d0/looking-north-the-uk-and-the-arctic-the-uks-arctic-policy-framework.pdf. (2025년 1월 18일)

42 The Federal Government of Germany, "Germany's Arctic Policy guidelines: Assuming

2016년에 발표한 '극지 전략 가이드라인'에서 극지 과학 협력을 통한 지속 가능한 개발을 목표로 설정했다.[43] 스페인은 기본적으로 EU의 정책 기조를 따르면서 자국 경제와 연결된 북극해에서의 운송과 수산업에 특히 주목했다. 이탈리아도 2015년에 '북극을 위한 이탈리아의 전략'을 발표하면서[44] 자국의 입지 확대를 비롯해 과학 활동, 경제 협력, 원주민 권리 보호 등을 계획했다.[45]

네덜란드, 폴란드, 스위스의 북극 정책은 주로 과학 연구의 확대에 주목하며 국제협력을 강조한다. 네덜란드는 2016년의 '극지 프로그램을 위한 2016-2020 전략'에서, 극지 연구의 체계화를 기반으로 천연자원의 활용, 북극해 운송로의 개발 등 경제 분야까지 협력의 범위를 확장했다.[46]2017년에 발표한 '폴란드 극지 연구 전략: 2017-2027의 기간을 위한 개념'은 폴란드의 극지 과

Responsibility, Creating Trust, Shaping the Future", https://www.arctic-office.de/fileadmin / user_upload/www.arctic-office.de/PDF_uploads/Germany_s_Arctic_Policy_Guidelines_2019_Web.pdf. (2025년 1월 23일)

43 세부적인 관심 분야로서 과학 연구, 해양 수송, 지속 가능한 개발이 포함되어 있으며, EU를 포함한 국제협력을 강조하고 있다. Spanish Polar Committee, "Guidelines for a Spanish Polar Strategy", https://www.ciencia.gob.es/dam/jcr:259063b7-578a-470d-9365-a46a2eb0273e/Directrices_estrategia_polar_espanola.pdf. (2025년 1월 26일 검색)

44 Italy Ministry of Foreign Affairs and International Cooperation, "Towards an Italian Strategy for the Arctic National Guidelines", https://library.arcticportal.org/1906/1/towards_an_italian_strategy_for_the_arctic.pdf. (2025년 1월 27일 검색)

45 독일, 스페인, 이탈리아의 북극 정책은 기본적으로 유럽 정책의 특성을 기반으로 하며 기후변화 대응, 환경보호, 지속 가능한 개발을 공통적으로 강조하고, 이를 위한 과학 연구 확대와 국제적 협력을 방안으로 제시하고 있다. 이러한 내용들은 가장 기본임과 동시에, 북극 관련 거버넌스를 구성하는 데에 중요한 역할을 한다. EU에서 공유되는 가치가 북극을 다룬 국제적 논의에서도 다뤄질 수 있는 기반을 형성하는 과정이라 할 수 있다.

46 Government of the Netherlands, "Strategie voor het Nederlands Polair Programma 2016-2020", https://www.nwo.nl/sites/nwo/files/media-files/poolpositie-nl_2_0_web.pdf. (2025년 2월 1일)

학 관련 정보를 정책-산업-일반 대중에 전달하는 것을 강조했다.[47] 이후 폴란드 정부는 2019년 주요 부처가 참여할 수 있도록 연구의 연계성을 높이는 정책도 발표했다. 스위스 정부는 2019년 연례 북극 지역 총회에서 발표한 '스위스의 2019 북극 전략'[48]에서 자국의 과학 역량을 기반으로 북극 관련 주요 파트너가 되겠다고 주장했다.[49]

4. 북극 지역에 유럽의 청색경제 개념 도입과 활용

1) '청색경제' 개념

2009년 벨기에의 환경 연구가인 군터 파울리(Gunter Pauli)는 자연 시스템을 지속 가능한 형태로서 개발하는 산업을 총칭하는 '청색경제' 개념을 주장하면서 녹색경제 개념의 한계를 극복하려고 했다.[50] 탄소 배출량을 감축하고 기후 위기를 해결하기 위한 개념이 녹색경제라면, 청색경제는 원천적으로 탄소를 배출하지 않는 기술을 기반으로 한다. 선진국의 녹색 기술에서 진화한 '청

47 The Polish Polar Consortium, "Strategy for Polish Polar Research – a concept for the years 2017-2027", https://www.pkpolar.pl/wp-content/uploads/STRATEGIA_POL_caly%20plik_RGB_LISTOPAD_2017.pdf. (2025년 2월 2일)

48 사실상의 연구 전략으로서 기본 내용은 주로 연구지원 및 교육기관 지원, 연구 협력 확대, 연구 활성화를 위한 민간 부문 지원 등이 있다.

49 Michael Wenger, "Switzerland presents first Arctic strategy at Arctic Circle Assembly 2019", https://polarjournal.net/switzerland-presents-first-arctic-strategy-at-arctic-circle-assembly-2019/. (2025년 2월 5일 검색)

50 홍성범 외, 청색경제(Blue Economy)의 부상과 과학기술외교의 효율적 대응 전략 (서울: 과학기술정책연구원, 2013), p. 37.

색기술(Blue Technology)'은 자연생태계의 능력을 활용하는 혁신 기술로서 새로운 기술 영역이다. 이 개념은 2012년 UN 지속가능성 회의에서 논의되면서 새로운 경제 영역으로도 주목받았다.[51]

지구온난화로 기후변화가 심각한 문제로 떠오르면서 청색경제의 범위가 확대되고 있다. 청색경제 개념에 관한 국제적으로 통일된 정의가 존재하지 않지만, 대체로 우주, 극지, 심해 등 청색인 지역을 지속 가능한 방식으로 개발하는 것을 뜻한다는데 공감대가 형성되었다. 새로운 지역을 경제적으로 개발하면서 환경을 고려하기 위해서는 기술의 개발이 필수적이기 때문에, 국가들은 청색경제 정책을 발표하는 등 정부 차원에서 주목하고 있다. 청색경제가 주로 해양의 지속 가능한 개발에 주목하지만, 동시에 해양이라는 북극의 특성도 인식의 대상으로 한다.[52] 한편, 청색경제를 위한 자금을 조달하는 '청색금융(Blue Finance)' 개념이 지속 가능한 금융의 한 축으로 주목받는 등, 이 개념은 계속 확장될 것이다.[53]

유럽 국가들의 북극 정책에서도 지속가능성이 강조되는데, 북극의 경제적 활용에 대한 논의와 함께 환경 유지와 원주민 생활의 보호도 추진되어야만 했다. 이러한 상황에서 청색경제는 북극 개발과 관련된 중요한 개념 중 하나라고 할 수 있다. 2014년 1월 북극이사회의 고위관리회의에 의해 창립된 '북극

---

51 이전까지 지속가능성과 논의는 육상을 기반으로 했으나, 이 회의를 계기로 해양의 지속가능성도 중요하게 취급되었다.

52 김태진, "러시아 북극권 정의와 '청색문화'로서의 북극권 소수민족 현황", 『인문사회 21』, 제14권, 1호 (2023년 2월), p. 2085.

53 김혜진, "중국의 청색경제(Blue Economy)와 청색금융(Blue Finance) 현황과 문제점", 『국제지역연구』, 제28권, 제1호 (2024년 1월), pp. 195-216.

경제이사회'는 주도적으로 북극에 청색경제 개념을 적용했다. 북극경제이사회의 실무 그룹 중에는 청색경제를 담당하는 '청색경제 실무 그룹'이 존재하는데, 이들은 범-북극 동맹을 추진하여 북극 인근 지역의 전문 지식 및 자금 지원 수단을 마련하는 활동을 진행하고 있으며, 북극에서 청색경제의 성장을 지원하고자 한다.

북극경제이사회는 2022년 청색경제 워크숍을 주최하며 주요 의사결정권자들과 함께 북극의 청색경제 활성화를 위한 재정 및 개발 협력 논의를 주도했다. 이 과정에서 '변화하는 북극'을 주제로 기술의 혁신을 바탕으로 지속 가능한 청색경제를 달성할 수 있다는 의견이 제시되었다.[54] 최근에는 북극에서의 해양 인프라 구축, 양식과 농업의 통합, 선박과 항만 기술의 발전이 북극의 청색경제를 위한 주요 기술로 주목받고 있다.

2) 유럽에서 청색경제 개념의 북극에 대한 적용

유럽에서 청색경제 논의는 EU 중심으로 전개되었다. EU는 2012년부터 청색성장(Blue Growth)에 관한 정책을 발표했는데, 이러한 경험으로 해양 영역에서의 환경보호를 위한 전반적 자료를 수집한 EU가 청색경제 정책의 선두주자가 되었다. EU는 최근 청색경제와 관련된 정책을 발표했으며, 회원국들의 이행 상황을 점검하는 시스템을 구축했다. 2020년 발표한 정책에서는 친

54 구체적으로는 지속가능성, 수소 개발, 양식업이 청색경제를 구현하는 수단으로 논의되었다. Arctic Economic Council, "AEC put blue economy on the agenda at Arctic Frontiers", https://arcticeconomiccouncil.com/news/aec-put-blue-economy-on-the-agenda-at-arctic-frontiers/. (2025년 2월 3일 검색)

환경 전환을 기반으로 하는 모든 해양 관련 경제적 활동을 청색경제로 규정했다.[55]

EU는 '유럽 그린 딜'과 '유럽 회복 계획'의 연장선상에서 청색경제 정책을 운영한다. 경제회복과 동시에 환경과 기후 목표를 달성하기 위한 수단으로서 청색경제라는 접근 방식이 제시된 것이다. EU는 해상에서의 신재생에너지를 개발하고 해상운송 탈탄소화와 항만 녹색화 등을 달성하여 기후변화를 완화하려고 하며, 해안 지역에서 생물다양성과 경관을 보존하고, 이를 통해 관광 및 해양 경제의 활성화를 함께 달성하고자 한다. 기술 개발 및 연구 또한 주요 투자 분야로 설정하면서 EU는 해양환경을 기반으로 하는 청색경제의 도입에 주목하고 있다.

EU는 2022년부터 'EU 청색경제 관측소'를 운영하면서 해양 관련 유럽의 전 경제활동을 감시하는 체계를 구축했다. 이 대상에는 바이오 기술, 해양 운송, 해양 안보, 항만, 연구 시설 확충 등은 물론 청색기술을 바탕으로 하는 관광산업까지 포함된다. 이 체계는 EU에 속하는 27개국 모두의 청색경제 현황을 정리하여 주요 산업 분야와 청색경제 동향, 이와 관련된 산업 분야 등을 정리한다.[56] 이를 바탕으로 하는 『EU 청색경제 보고서』는 현황을 점검하고 목표를 제시하는 근거가 된다. 2024년 발표된 보고서는 해양 영역을 활용한 에

---

55 European Parliament, "The blue economy: Overview and EU policy framework", https://www.europarl.europa.eu/RegData/etudes/IDAN/2020/646152/EPRS_IDA(2020)646152_EN.pdf. (2025년 2월 8일)

56 European Commission, "EU Blue Economy Observatory", https://blue-economy-observatory.ec.europa.eu/index_en. (2025년 1월 3일)

너지 전환에 주목하면서 해양 재생에너지의 성장에 집중했다.[57] EU는 꾸준히 에너지 전환에 관심을 가지는데, 이는 청색경제의 영역으로 확대되고 있다.

EU의 북극 정책은 유럽 그린 딜에 기반을 두고 기후변화에 대응하고 생물다양성을 보존하겠다는 목표를 가지므로 청색경제 개념과 연결된다. EU는 북극에서 지속 가능한 청색경제를 달성하기 위해 새로운 접근법을 제시하고 있는데, 이는 북극 또한 EU의 청색경제 영역에 포함됨을 의미하는 것이기도 하다.[58] 북극 지역 유럽 국가들의 청색경제 정책 또한 이러한 맥락에서 해석하면, 청색경제의 범위가 확장될 수 있다. 유럽 그린 딜을 바탕으로 EU의 북극 정책과 청색경제 정책의 공통점이 형성되면서, EU는 청색기술을 활용한 북극에서의 지속 가능한 개발을 청색경제의 범위에 포함시킨다.

청색경제는 새로운 경제 영역이자 기술 영역으로, EU의 청색경제 활동을 통해서 새로운 분야로 확장되고 있다. 지구 환경이 변화하면서 최근 주요 국가들이 청색경제의 개념에 주목하고 있다. 해양을 중심으로 한정되어 있던 청색경제 개념은 EU의 관심으로 극지라는 새로운 청색 영역으로 확장되고 있다. 북극에서의 경제활동이 환경을 고려하는 지속 가능한 개발의 틀에서 전개되고 있는 현 상황에서, 청색경제 개념을 바탕으로 하는 EU의 접근법은 북극 개발에 있어 중요성이 더욱 커질 것으로 기대된다.

---

57 European Commission, "EU Blue Economy report 2024: innovation and sustainability drive growth", https://oceans-and-fisheries.ec.europa.eu/news/eu-blue-economy-report-2024-innovation-and-sustainability-drive-growth-2024-05-30_en. (2025년 1월 9일)

58 EU의 북극 정책이 해양에 국한되지 않고 인접한 육지와 관련 사회까지 해당되는 것이므로, 주로 해양 자원 및 해양 산업에 적용되는 청색경제 정책이 극지의 새로운 영역으로 확대될 수 있다는 의미이다. European Commission, "Questions and answers on the EU's Arctic Strategy", https://ec.europa.eu/commission/presscorner/detail/en/QANDA_21_5164. (2025년 1월 13일)

3) 북극 지역 유럽 국가들의 청색경제 개념의 적용

청색경제가 새로운 경제 영역으로 주목받고 있는 만큼, 북극 지역의 유럽 국가들도 관련 정책을 발표하고 있다. 관할 해양이 육지의 약 2.5배에 이르는 덴마크는 해양 산업이 주요 경제적 기반이다. 덴마크는 2012년 청색경제 정책을 통한 친환경 전환을 선언했다.[59] 그리고 2018년에는 새로운 정책을 발표하며 디지털화 및 국제적 성장을 강조하고, 이를 위한 전략적 프레임워크를 구축했다.[60] 덴마크는 디지털 기술의 개발과 활용에 있어 유럽에서 상위권을 달리고 있는 국가이므로, 이를 다양하게 전환하여 청색경제 영역에서 활용하려고 한다. 덴마크는 2022년에 EU의 정책에 따라 2027년까지 8억 8백만 유로 규모의 투자를 진행하는 프로젝트 파트너십 계약을 체결했다.[61] 덴마크 정부는 EU와의 협력으로 회복력 있고 지속 가능한 저탄소 수산 환경을 구축하겠다는 목표를 가지고 디지털 기술 활용에 관심을 두고 있다.

노르웨이도 에너지 사업과 양식업을 주력으로 하는 국가로서 청색경제의 확대가 중요하다. 2019년 청색기회 정책을 발표한 노르웨이는 해양 영역에서의 전반적인 방향성을 제시했다.[62] 해양 분야의 경제적 활용을 전반적으로 다

---

59 The Danish Government, "Plan for Growth in the Blue Denmark", https://www.em.dk/media/15027/denmark-at-work-plan-for-growth-in-the-blue-denmark.pdf. (2025년 2월 9일)

60 The Danish Government. "Maritime Denmark: A global, maritime power hub", https://www.dma.dk/Media/637629765609900709/DetBlaDanmark_A4%20_Indhold_UKpdf.pdf. (2025년 2월 11일)

61 European Commission, "EU cohesion policy: Commission adopts €808 million Partnership Agreement with Denmark for 2021-2027", https://ec.europa.eu/commission/presscorner/detail/es/ip_22_3304. (2025년 1월 30일)

62 이 전략은 국제 해양법의 촉진 및 개발, 해양 생태계의 보존과 지속 가능한 이용 촉진, 지식 기반 경영 달성, 국제 해양 관련 문서의 이행, 지속 가능한 해양 경제를 달성하기 위한 해양 관리 방

루는 정책인 만큼, 북극 지역과 북극해 또한 이 정책의 대상에 포함된다. 노르웨이는 디지털화와 현지 거주민 보호를 강조하고 있다. 해양 산업에서 기술 발전을 강조하던 노르웨이의 정책적 기조가 유지된 것이다. 노르웨이는 위성 기술의 개발을 통해 원거리의 북극 지역 또한 관리 영역에 포함하고자 하며, 디지털 기술이 해양오염의 피해를 줄이는 목적에 도움이 될 것으로 판단했다. 노르웨이는 이 정책에서 기술 개발을 통한 북극 지역의 안정화와 청색기술의 활용을 제시했다.

핀란드는 북극해와 직접 인접하지는 않아 덴마크와 노르웨이만큼 해양 국가로서의 강점을 드러내지는 않지만, 유럽 국가들의 정책적 기조에 따르며 사회, 환경, 인권 등을 고려한 경제 정책을 강조한다. 핀란드는 국내 수자원에 집중하는 청색경제 정책을 운영한다.[63] 핀란드 정부는 2022년에 바이오경제 정책을 추가로 발표하여 청색경제에 바탕을 둔 바이오경제 활성화를 목표로 하고 있다.

아이슬란드도 북극 지역의 청색경제 활용을 위한 구체적 입장을 지니고 있다. 2019년에서 2021년 동안 북극이사회의 의장을 맡은 아이슬란드는 북극의 해양환경 보호, 기후변화 대응 및 에너지 문제 해결, 북극이사회를 통한 건

안 모색의 분야를 중심으로 다루고 있다. Norwegian Ministries. "Blue Opportunities: The Norwegian Government's updated ocean strategy", https://www.regjeringen.no/globalassets/departementene/nfd/dokumenter/strategier/w-0026-e-blue-opportunities_uu.pdf. (2025년 2월 14일)

63 재생 가능한 수자원의 지속 가능한 사용을 강조하는 핀란드는 전문 지식을 기반으로 하는 비즈니스 활동, 수상 기반 관광, 수생 바이오매스 활용 등을 강조하고 있다. Ministry of Agriculture and Forestry of Finland. "Blue bioeconomy", https://mmm.fi/en/bioeconomy/blue-bioeconomy. (2025년 2월 11일)

설적 협력 구상이라는 세 가지 우선순위를 위해서 청색경제를 강조했다.[64] 미세 플라스틱 등 북극 해양환경을 저해하는 요소들을 파악하고 지속 가능한 운송업을 위한 방안을 모색하면서 청색경제 실현을 위한 실질적인 활동을 이어가고 있다.

덴마크와 노르웨이는 청색경제의 활성화를 위해 디지털 기술에 주목하여, 북극 지역에서 지속 가능한 개발과 지역 안정화를 달성하고자 한다. 청색기술의 개발이 주목받고 있는 만큼, 주요 북극 지역 국가들 또한 기술의 개발과 확대 적용에 주목해 청색경제 정책을 운용하고 있음을 알 수 있다.

정책적 논의가 진행되지 않더라도 북극 지역 유럽 국가들은 기본적으로 환경을 보호하는 방식으로서 북극을 경제적으로 개발해야 한다는 입장이다. 북극에서의 청색경제 활용은 현재 논의의 시작 단계에 있으므로, 기술을 개발하고 환경 및 원주민의 거주를 보호하는 청색기술과 관련된 국가적 기반이 마련되어야 국제적 논의에도 적극적으로 참여할 수 있을 것이다.

[표-2] 북극 지역 유럽 국가들의 청색경제 정책 비교

국가	정책
덴마크	- 주요 해양 허브로 성장하겠다는 목표 제시 - 디지털화, 인프라 구축, 연구, 국제협력
노르웨이	- 미래 해양 산업, 노동 시장 교육, 연구, 인프라 구축, 해양환경 보호, 국제협력 - 북극 정책과의 연계 제시
핀란드	- 지속 가능한 수자원 활용을 위한 민간과 정부의 협력 강조
아이슬란드	- 북극이사회 의장으로서, 북극 해양환경 보호 및 지속 가능한 운송업 강조

출처: 저자 정리

64 Arctic Council, "Iceland", https://arctic-council.org/about/states/iceland/. (2025년 2월 8일)

5. 나오며

북극 지역 거버넌스에 관하여, 국제사회에서 이미 오랜 역사를 자랑하는 유럽은 갈등을 해결하기 위한 평화적 조약 체결 등의 사례를 만들었다. 이러한 모습은 국제사회가 향후 관련 논제를 해결하기 위한 좋은 모델이 된다고 평가할 수 있는데, 유럽 국가들과 EU는 여전히 더욱 효과적인 북극 거버넌스를 위한 연구를 수행하고 있다. 최근 유럽과 EU가 추구하는 북극 정책을 살펴보면, 유럽의 가치가 투영된 북극 지역의 경제, 안보, 문화적 기준을 제시하기 위해 끊임없이 노력하고 있음을 이해할 수 있다. 그러나 여전히 이 거버넌스에는 많은 과제가 있는 것도 사실이다.

유럽의 북극 정책은 과학 연구, 국제협력, 지속가능성이라는 세 가지 축을 중심으로 전개되고 있다. 이는 북극 활용에 있어 가장 기본적인 내용임과 동시에 유럽 정책의 특성을 명확히 반영하는 것이다. 아직도 미지의 지역인 북극을 개발하기 위해서는 자연환경에 맞는 기술을 개발하기 위한 과학 연구가 필수적이며, 원주민의 거주 생활 또한 보장하는 지속 가능한 개발이 이뤄져야 한다. 유럽 국가들은 이러한 목표를 달성하기 위한 수단으로 국제협력을 강조했다. EU 차원에서 북극 정책을 발표하고 운영할 뿐만 아니라 최근에는 NATO를 통해 북극 지역의 안보적 측면도 조명하고 있다. 특히 안보 측면에서 유럽 국가들은 북극의 평화적 이용에 주목함과 동시에, 유사한 입장을 가진 국가들과의 협력을 진행하고 있다.

이는 청색경제와 관련된 영역에서도 마찬가지이다. 유럽의 청색경제 관련 논의는 현재 해양 산업을 중심으로 진행되고 있다. 바다를 경제적으로 활용하고 에너지를 전환하거나 관광하는 등, 해양을 사용하는 모든 분야를 청색경제의 영역으로 설정하고 있다. 이와 관련해 EU는 역내 국가들의 활동을 정리하고 꾸준히 보고서를 제출하는 등 청색경제의 확대에 앞장서고 있다. 이러한 역내 정책은 북극 정책으로 확대될 것으로 보인다. 북극의 경제적 개발에 있어 해양 산업으로의 확대가 주요 분야로 여겨지고 있기 때문이다. 더불어, 유럽의 북극 지역 국가들 또한 자국의 청색경제 정책을 발표해 북극해에서의 기술 개발을 강조하고 있는 만큼, 이러한 영역이 맞물릴 것으로 예상된다.

한국의 북극 활동은 유럽 국가들과 비교해 그 시작이 늦었지만, 최근 활발한 정책과 연구지원을 통해 박차를 가하고 있다. 북극 지역 외부의 국가들은 자국의 영향력을 확대하기 위해 다자 거버넌스를 적극 활용하는 모습을 보이고 있고, 유럽 국가들도 자국의 북극 정책에서 EU를 강조하고 있는 것 또한 이러한 맥락의 일환이다. 따라서 한국도 북극 활동을 더욱 확대하기 위해서는 북극에서의 다자 거버넌스에 적극적으로 참여해야 할 것이다.

북극을 다룬 국제적 논의는 다양한 영역에서 진행되고 있다. 북극을 개발하고 보호하기 위한 기술 개발의 영역에서부터 이를 위한 국가들의 합의를 다루는 국제협력의 영역에까지 전 분야를 다루는 만큼, 한국 정부와 사회의 해당 지역에 관한 연구와 관심이 더욱 강화될 필요가 있다. 한국은 이미 청색경제가 대두되던 2010년대부터 관련 논의가 학계를 중심으로 진행되었으나, 아직 국가 차원의 입장이 부재한 상황이다. 특히 북극에서의 청색경제는 이제 논의의 시작점에 있는 만큼, 해양을 포함해 극지와 우주로 청색경제 영역을 포괄하고 국가적 차원에서 입장을 구체화하여 극지 외교와 비즈니스의 기반으로 삼아야 한다.

참고문헌

김봉철. "북극항로 협력 등 한-러 무역 활성화 구축을 위한 연구". 『무역학회지』. 제44권. 제4호 (2019년 8월), pp. 115-128.

김봉철·고승화. "유럽의 북극 지역 관련 갈등 해결을 위한 법과 정책". 『EU연구』. 제57호 (2021년 2월), pp. 35-62.

김봉철·심민섭. "북극해 및 북극 지역 관련 국제법과 국내법의 조화". 『한국해법학회지』. 제44권. 2호 (2022년 8월), pp. 145-170.

김봉철·심민섭·최지원. "극 지역에 관한 한국과 중국의 활동과 법제 비교". 『동북아법연구』. 제17권. 제2호 (2023년 7월), pp. 147-170.

김봉철·양하은·심민섭. "극지 활동에 관한 한국과 일본의 법제 비교". 『한국사회과학연구』. 제42권. 1호 (2023년 4월), pp. 211-234.

김태진. "러시아 북극권 정의와 '청색문화'로서의 북극권 소수민족 현황". 『인문사회 21』. 제14권. 1호 (2023년 2월), pp. 2075-2090.

김혜진. "중국의 청색경제(Blue Economy)와 청색금융(Blue Finance) 현황과 문제점". 『국제지역연구』. 제28권. 제1호 (2024년 1월), pp. 195-216.

노영돈·박원. "북극해 항로 관련 러시아 법제의 최근 동향". 『서울국제법연구』. 제18권. 제2호 (2011), pp. 97-121.

라미경. "스발바르 조약 100주년의 함의와 북극권 안보협력의 과제". 『한국시베리아연구』. 24권. 4호 (2020년 12월), pp. 1-29.

서찬교·이숙연. "북극이사회(Arctic Council)의 한계와 효과성 분석: 레짐이론(Regime Theory)을 중심으로". 『국제정치연구』. 제26집. 2호 (2023년 6월), pp. 189-216.

서현교. "북극 정책 모형 기반 한국의 최근 북극 정책 특성 분석: 유럽과 협력 확대를 중심으로". 『EU연구』. 제67호 (2023년 8월), pp. 198-227.

윤영미. "러시아의 북극 지역에 대한 해양 안보 전략: 북극해 개발과 한-러 해양협력을 중심으로". 『동서연구』. 제21권. 제2호 (2009년 12월), pp. 45-79.

이용희. “북극 스발바르 조약에 관한 연구”. 『해사법연구』. 제25권. 제2호 (2013년 7월), pp. 107-136.

임유진·이연호. “북극의 정치학과 북극 정책의 새로운 길”. 『동서연구』. 제26권. 제4호 (2014년 12월), pp. 171-193.

제성훈. “북극이사회 창설 25주년의 의미와 향후 과제-북극이사회의 장기적 과제와 한국의 북극 협력 과제를 중심으로”. 『한국 시베리아연구』. 제25권. 3호 (2021년 9월), pp. 41-78.

홍성범 외. 청색경제(Blue Economy)의 부상과 과학기술외교의 효율적 대응 전략. 서울: 과학기술정책연구원, 2013.

Prestrud, Pål and Sterling, Ian. “The International Polar Bear Agreement and the current status of polar bear conservation”. *Aquatic Mammals.* Vol. 20. No. 3 (January 1994), pp. 113-124.

Arctic Council. “Iceland”. https://arctic-council.org/about/states/iceland/. (2025년 2월 8일)

Arctic Economic Council. “AEC put blue economy on the agenda at Arctic Frontiers”. https://arcticeconomiccouncil.com/news/aec-put-blue-economy-on-the-agenda-at-arctic-frontiers/. (2025년 2월 3일 검색)

European Commission. 2021a. “Overview of EU actions in the Arctic and their impact”. https://eprd.pl/wp-content/uploads/2021/06/EU-Policy-Arctic-Impact-Overview-Final-Report.pdf. (2024년 11월 24일 검색)

European Commission. 2021b. “Joint Communication to the European Parliament, the Council, the European Economic and Social Committee and the Committee of the Regions: A stronger EU engagement for a peaceful, sustainable and prosperous Artic”. JOIN(2021) 27 final. https://www.eeas.europa.eu/sites/default/files/documents/Joint%20Communication%20on%20a%20stronger%20EU%20engagement%20for%20a%20peaceful%2C%20sustainable%20and%20prosperous%20Arctic.pdf.pdf. (2025년 1월 5일 검색)

European Commission. “EU cohesion policy: Commission adopts €808 million Partnership Agreement with Denmark for 2021-2027”. https://ec.europa.eu/commission/presscorner/detail/es/ip_22_3304. (2025년 1월 30일)

European Commission. "Questions and answers on the EU's Arctic Strategy". https://ec.europa.eu/commission/presscorner/detail/en/QANDA_21_5164. (2025년 1월 13일)

European Commission. "EU Blue Economy Observatory". https://blue-economy-observatory.ec.europa.eu/index_en. (2025년 1월 3일)

European Commission. "EU Blue Economy report 2024: innovation and sustainability drive growth". https://oceans-and-fisheries.ec.europa.eu/news/eu-blue-economy-report-2024-innovation-and-sustainability-drive-growth-2024-05-30_en. (2025년 1월 9일)

European Parliament. "The blue economy: Overview and EU policy framework". https://www.europarl.europa.eu/RegData/etudes/IDAN/2020/646152/EPRS_IDA(2020)646152_EN.pdf. (2025년 2월 8일)

Finnish Government. "Finland's Strategy for Arctic Policy". https://www.europeanpolarboard.org/fileadmin/user_upload/Finland_Arctic_Strategy_2021.pdf. (2025년 1월 11일)

French Ministry for the Armed Forces. "France and the New Strategic Challenges in the Arctic". https://www.uaf.edu/caps/resources/policy-documents/france-and-the-new-strategic-challenges-in-the-arctic-2019.pdf. (2025년 1월 15일 검색)

French Ministry of Foreign Affairs and International Development. "The Great Challenge of the Arctic: National Roadmap for the Arctic". https://www.diplomatie.gouv.fr/IMG/pdf/frna_-_eng_-interne_-_prepa_-_17-06-pm-bd-pdf_cle02695b.pdf. (2025년 1월 15일 검색)

French Ministry of Foreign Affairs and International Development. "Polar strategy of France on the horizon 2030". https://climate-laws.org/documents/france-s-polar-strategy-by-2030_8c65?id=polar-strategy-of-france-on-the-horizon-2030_4cff. (2025년 1월 15일)

Government of Iceland. "The Arctic Region". https://www.government.is/topics/foreign-affairs/arctic-region/. (2025년 1월 11일 검색)

Government Offices of Sweden. "Sweden's strategy for the Arctic region". https://www.goverment.se/contentassets/85de9103bbbe4373b55eddd7f71608da/swedens-strategy-for-the-arctic-region-2020.pdf. (2025년 1월 12일 검색)

Government of the Netherlands. "Strategie voor het Nederlands Polair Programma

2016-2020". https://www.nwo.nl/sites/nwo/files/media-files/poolpositie-nl_2_0_web.pdf. (2025년 2월 1일)

Italy Ministry of Foreign Affairs and International Cooperation. "Towards an Italian Strategy for the Arctic National Guidelines". https://library.arcticportal.org/1906/1/towards_an_italian_strategy_for_the_arctic.pdf. (2025년 1월 27일 검색)

Jacobsen, Marc. "Arctic Aspects in Denmark's New Foreign and Security Policy Strategy". https://www.thearcticinstitute.org//arctic-aspects-denmark-new-foreign-security-policy-strategy/. (2025년 1월 10일 검색)

Kingdom of Denmark. *Denmark, Greenland and the Faroe Islands: Kingdom of Denmark Strategy for the Arctic 2011-2020*. Copenhagen: Danish Ministry of Foreign Affairs, 2011. https://www.uniset.ca/microstates/mss-denmark_en.pdf. (2024년 12월 15일 검색)

Ministry of Agriculture and Forestry of Finland. "Blue bioeconomy". https://mmm.fi/en/bioeconomy/blue-bioeconomy. (2025년 2월 11일)

Norwegian Ministries. "The Norwegian Government's Arctic Policy". https://www.regjeringen.no/en/dokumenter/arctic_policy/id2830120/#tocNode_2. (2025년 1월 14일 검색)

Norwegian Ministries. "Blue Opportunities: The Norwegian Government's updated ocean strategy". https://www.regjeringen.no/globalassets/departementene/nfd/dokumenter/strategier/w-0026-e-blue-opportunities_uu.pdf. (2025년 2월 14일)

Spanish Polar Committee. "Guidelines for a Spanish Polar Strategy". https://www.ciencia.gob.es/dam/jcr:259063b7-578a-470d-9365-a46a2eb0273e/Directrices_estrategia_polar_espanola.pdf. (2025년 1월 26일 검색)

The Danish Government. "Plan for Growth in the Blue Denmark". https://www.em.dk/media/15027/denmark-at-work-plan-for-growth-in-the-blue-denmark.pdf. (2025년 2월 9일)

The Danish Government. "Maritime Denmark: A global, maritime power hub". https://www.dma.dk/Media/637629765609900709/DetBlaDanmark_A4%20_Indhold_UKpdf.pdf. (2025년 2월 11일)

The Federal Government of Germany. "Germany's Arctic Policy guidelines: Assuming Responsibility, Creating Trust, Shaping the Future". https://www.arctic-office.de/fileadmin/user_upload/www.arctic-office.de/PDF_uploads/Germany_s_Arctic_

Policy_Guidelines_2019_Web.pdf. (2025년 1월 23일)
The Polish Polar Consortium. "Strategy for Polish Polar Research - a concept for the years 2017-2027". https://www.pkpolar.pl/wp-content/uploads/STRATEGIA_POL_caly%20plik_RGB_LISTOPAD_2017.pdf. (2025년 2월 2일)
Turral, Hugh, Burke, Jacob and Faurès, Jean-Marc. "Climate change, water and food security". *FAO Water Reports* 36 (2011). https://www.fao.org/4/i2096e/i2096e.pdf. (2024년 11월 25일 검색)
UK Parliament. "Environmental Audit Committee published report on Protecting the Arctic". https://committees.parliament.uk/committee/62/environmental-audit-committee/news/179527/announcement-of-report-publication1/. (2025년 1월 18일)
UK Government. "Adapting To Change: UK policy towards the Arctic". https://assets.publishing.service.gov.uk/media/5a757c1ded915d731495a53a/Adapting_To_Change_UK_policy_towards_the_Arctic.pdf. (2025년 1월 18일)
UK Government. "Beyond the Ice: UK policy towards the Arctic". https://assets.publishing.service.gov.uk/government/uploads/system/uploads/attachment_data/file/697251/beyond-the-ice-uk-policy-towards-the-arctic.pdf. (2025년 1월 18일)
UK Government. "Looking North: The UK and the Arctic". https://assets.publishing.service.gov.uk/media/63e38ed3e90e0762637e30d0/looking-north-the-uk-and-the-arctic-the-uks-arctic-policy-framework.pdf. (2025년 1월 18일)
Wenger, Michael. "Switzerland presents first Arctic strategy at Arctic Circle Assembly 2019". https://polarjournal.net/switzerland-presents-first-arctic-strategy-at-arctic-circle-assembly-2019/. (2025년 2월 5일 검색)

제6장

브뤼셀 효과의 지속가능성과 네트워크 외부성

이영주

1. 들어가며

2023년 10월 4일은 전 세계 시가총액 1위 기업인 애플에 있어서는 불편한 하루였지만, 유럽의 소비자, 나아가 전 세계의 소비자들에게는 의미 있는 하루였다. 2024년 말부터 신규 출시하는 모든 스마트폰, 태블릿과 카메라에 USB-C 타입의 단일 충전기를 표준으로 채택하게 하는 법안을 EU의 유럽의회가 당일 통과시킴으로써 소비자의 편익이 강화된 것이다. 지금까지 애플은 자신들만이 사용하는 소위 '라이트닝' 포트를 이용해야만 충전이 가능한 기기들을 출시해 왔고, 이는 고스란히 소비자들의 비용과 불편으로 귀결되었다. 그러나 이번 법안의 채택으로 27개 회원국으로 구성되고 4억 5천만 명의 소비자가 있는 EU를 대상으로 애플은 더 이상 자사의 충전기를 고집할 수 없게

되었다.[1]

이 과정에서 주목해야 할 지점은 소비자 편익의 단순 증대만이 아니다. 유럽의회 알렉스 아기우스 살비라(Alex Agius Saliba) 의원 주도로 통과된 이 법안은 소위 '브뤼셀 효과(Brussels Effect)'의 영향력을 여실하게 보여준 기념비적인 사건이라는 점에서 관심이 집중되고 있다. 아누 브래드포드(Anu Bradford)에 의해 명명된 이 현상은 EU에 내재하여 있는 일종의 규범 권력 혹은 연성 권력을 의미한다. 즉 EU는 자신들이 가지고 있는 규제 능력을 통해 역내 기업 혹은 역내 진출을 희망하는 기업에 EU의 규제를 수용하게 함과 동시에 이 과정에서 내재화된 규제를 다시 국제표준으로 전파하고 있다.[2]

그렇다면 브뤼셀 효과가 작동하기 위해서는 어떠한 요소들이 필요할까? 브래드포드는 다음의 5가지 항목이 유기적으로 작용해야 브뤼셀 효과가 작동할 수 있다고 설명한다. 첫째, 상대적 개념으로써의 '시장 규모'이다. 시장 규모는 일반적으로 경제 권력 그 자체로 간주한다. 둘째, 규제를 공포하고 강화할 수 있는 능력을 의미하는 '규제 역량'이다. 셋째, 정부가 시장보다 더 공정할 것이라는 유럽인들의 신념이 투영된 '엄격한 규제 성향'이 있다. 여기에

---

1 자세한 내용은 다음을 참조하라. YTN, "'애플 예외주의' 콧대 꺾은 EU 최소국 몰타 출신 36세 의원", https://www.yna.co.kr/view/AKR20230909046000009?input=1195m. (2024년 11월 20일 검색)

2 브뤼셀 효과는 단순히 EU의 규제 영향력 증대만을 의미하지 않는다. 특히 미·중 기술 패권 경쟁의 시기에 브뤼셀 효과는 새롭게 정의되어 그 개념을 확장하고 있다. 브뤼셀 효과를 명명한 브래드포드에 따르면, 미·중 기술 경쟁은 각자의 고유한 경제 이론, 정치 이데올로기 및 문화적 정체성 등에 의해 형성된 사고방식에 기반해 발현하고 있다. 기술 규제를 선점하기 위한 과정의 일환으로 미국은 시장 주도(market-driven) 모델의 규제정책을, 중국은 국가 주도(state-driven) 모델의 규제정책을 추구해 왔고, 앞으로도 추구할 것이다. 반면 EU는 미국이나 중국과는 달리 개인과 공동체의 권리에 기반한 권리 주도(rights-driven) 모델의 규제정책을 선보인다. Anu Bradford, *Digital Empires: The Global Battle to Regulate Technology* (Oxford: Oxford University Press, 2023).

는 규제에 대한 정치적 의지도 포함된다. 넷째, 생산품과 공급자에 적용되는 규제가 특정 지역, 즉 소비 지역에 엄격하게 연동되어 있다는 의미의 '비탄력성'과 더불어 다섯째, 여러 관할권에서 생산 또는 비즈니스 관행을 표준화해 기업의 글로벌 행동에 통일된 기준을 적용하는 '비분할성'이 있다.[3]

그런데 브뤼셀 효과가 기능하기 위해서는 위의 5가지 항목들이 유기적으로 작동하는 것만으로 충분한가? 5가지 항목들이 효율적으로 작동하기 위해서는 어떠한 사전 요인들이 필요한가? 아울러 5가지 항목들은 각각이 배타적인가, 그렇지 않으면 상호보완적인가? 혹은 각 항목은 선형적인가? 만일 상호보완적이라면 5가지 항목들 가운데 중심 효과로 작동하는 것은 무엇이며 선형적이면 우선순위는 어떻게 되는가? 나아가 5가지 항목들의 기저 효과로 작동하는 변수는 어떠한 것이 있는가? 게다가 5가지 항목 모두가 브뤼셀 효과를 지속 가능하게 만들고 확대재생산 하는가? 만일 그렇지 않다면 5가지 항목 가운데 브뤼셀 효과의 지속가능성과 확대재생산에 영향을 미치는 필요조건의 항목과 필요충분조건의 항목은 무엇인가?

이 장에서는 이러한 문제의식을 바탕으로 하여 브뤼셀 효과의 5가지 항목 가운데 비탄력성과 비분할성에 주목한다. 나아가 브뤼셀 효과의 필요충분조건으로써 비탄력성과 비분할성의 상호작용이 결과적으로는 소위 '네트워크 외부성(network externalities)'을 형성해 브뤼셀 효과의 지속가능성을 높이는 것으로 설명한다.

---

3 Anu Bradford, *The Brussels Effect: How the European Union Rules the World* (Oxford: Oxford University Press, 2020).

2. 브뤼셀 효과와 5가지 구성요소

EU의 규범 권력은 지난 50여 년 동안 일련의 선언, 조약, 정책, 기준 및 조건을 통해 발전해 왔다. 마너스에 따르면, EU의 규범적 기반은 1950년 슈만 선언, 1951년 유럽석탄철강공동체 설립조약 전문, 그리고 1957년 유럽경제공동체 설립조약 전문에서 나타나는 평화를 중심에 둔 사상을 기반으로 하고 있다.[4] 평화의 가치를 핵심으로 EU의 규범 권력은 5가지로 구분된다. 여기에는 자유, 민주주의, 인권과 기본적 자유에 대한 존중, 법치, 그리고 유럽연합 조약 제6조에 나타난 규범 권력의 기본 원칙이 포함된다. 마너스는 이를 바탕으로 EU의 규범 권력은 EU의 핵심 가치들 자체가 공익적 측면으로 인해 역외 지역 및 기관에 투영된다고 보았다. 이후 EU를 '규범적 헤게몬(normative hegemon)'으로 묘사하거나 규제 분야의 '제국'으로 규정하는 연구가 등장했고, EU 규제 네트워크의 국제적 영향력에 관한 연구가 꾸준히 발표되었다. 관련 연구들은 EU와 미국의 경쟁 관계에 주목하고 규제 분야에서 EU가 미국보다 우위를 점하게 된 맥락을 분석했다[5]

이러한 맥락에서 브뤼셀 효과는 브래드포드의 2020년 저서 『브뤼셀 효과: EU는 어떻게 세계를 지배하는가?』에서 처음 등장한 개념으로 전 세계에 일방적으로 관철되는 EU의 시장 규제 능력을 의미한다. 그러나 브뤼셀 효과는

---

4 Ian Manners, "Normative Power Europe-A Contradiction in Terms", *Journal of Common Market Studies*, Vol. 40, No. 2 (2002), p. 242.

5 오창룡, "국제질서 전환기의 브뤼셀 효과(Brussels Effect): 유럽연합 규제 권력의 패권적 영향",『EU연구』, 제65호 (2023 특별호), pp. 162-163.

단순히 EU의 규범 권력 이상의 의미를 지니고 있다. 즉 브뤼셀 효과로 대변되는 EU의 규범 권력은 '워싱턴 효과(Washington Effect)'나 혹은 '베이징 효과(Beijing Effect)'와 동등한, 혹은 때에 따라서는 전략적인 자율성을 가진 것으로 발전하고 있다[6]. 특히 최근의 미 · 중 패권 경쟁 및 러시아-우크라이나 전쟁 등의 급변하는 국제정세에서 유럽의 규제정책이 국제적 패권으로 가능할 수 있다는 측면에서 브뤼셀 효과는 주목받게 되었다.[7]

그렇다면 구체적으로 브뤼셀 효과는 무엇인가? 브래드포드에 따르면, 브뤼셀 효과라는 용어는 글로벌 시장에 대한 EU의 일방적인 규제 능력을 의미한다. 브뤼셀 효과는 의도하지 않은 결과일 수 있으며, 규제를 수출하려는 EU의 적극적인 노력보다는 시장에 의해 유지되는 일련의 조건으로 인해 발생할 수 있다.[8] EU는 글로벌 규제 권한을 행사하기 위해 자국 시장을 규제하는 것 외에는 아무것도 할 필요가 없다. 나머지는 시장의 규모와 매력에 달려 있다. 따라서 브뤼셀 효과는 본질적으로 시장의 힘과 상대적으로 엄격한 EU 표준을 전 세계적으로 채택하려는 다국적 기업의 이기심에서 비롯된 것이다. 동시에 브뤼셀 효과는 사적 힘의 결과일 뿐만 아니라, EU 규제와 다른 시장에서 이러한 규제를 외부화하는 시장 세력 간의 상호작용이 브뤼셀 효과를 발생시킨다.[9]

브뤼셀 효과의 발생 과정에는 두 가지 측면이 모두 존재한다. 여기에는 사

---

6 Anu Bradford, *op, cit.*, (2023).

7 오창룡, *op, cit.*, p. 161.

8 Anu Bradford, *op, cit.*, (2020), p. 1.

9 *Ibid.*, pp. 1-2.

실상의 브뤼셀 효과(de facto Brussels Effect)와 법적 브뤼셀 효과(de jure Brussels Effect)가 있다. 사실상의 브뤼셀 효과는 글로벌 기업이 글로벌 행동을 EU 규정에 맞게 조정함으로써 EU 규제에 대응하는 방식을 설명하는 것이다. 반면 외국 정부가 EU식 규제를 채택하는 것을 의미하는 법적 브뤼셀 효과는 다국적 기업이 EU 규칙을 준수하도록 글로벌 행동을 조정한 후 자국 관할권에서 EU식 규제를 도입하도록 로비할 유인을 갖게 된다는 점에서 사실상의 브뤼셀 효과에 기반한다.[10]

그렇다면 브뤼셀 효과를 지탱하는 기본 요소는 무엇인가? 일반적으로 글로벌 표준을 만들어 내는 과정에서 대규모 경제권의 형성을 핵심으로 보고 있지만 단순히 거대 규모의 경제권 형성만으로는 국제 시장의 규범 권력을 창출하게 하는 것에는 한계가 있다. 그 이유는 거대 경제권의 형성이 하나의 물질적 형태라고 한다면 이를 통해 규범 권력을 만들어 내고자 하는 의지, 즉 정치적 의지라는 비물질적 형태가 필수적으로 내재하지 않고서는 브뤼셀 효과와 같은 규범 권력이 창출되지 않기 때문이다. 따라서 앞서 언급한 워싱턴 효과 혹은 베이징 효과는 시장 규모의 측면이 우선되어 형성[11]된다고 보지만, 브뤼셀 효과에는 시장 규모에 더해 정치적 의지, 정부에 대한 신뢰 등을 포함한 다른 구성요소가 있다고 본다.

---

10 *Ibid.*, p. 2.

11 이 부분은 규제 성격의 차별성이라는 측면에서 논쟁의 여지가 있다. 미국과 중국 역시 필요시 규제 영역에서의 국가 개입이 목도되기 때문이다. 그러나 브뤼셀 효과는 미국이나 중국이 정치적 목적에 의해 규제를 시행하는 것과는 차별성을 지닌다. 즉 규제 자체의 성격만 놓고 보았을 때 브뤼셀 효과는 단순히 정치적 목적이라기보다는 본문에 나와 있는 것처럼 지난 50여 년간의 EU 규범 권력의 진화 과정에서 나타난 기본 원칙이 구현된 것으로 판단해야 한다.

이러한 구성요소의 측면에서 브뤼셀 효과는 다음의 5가지 요소로 구성되는데, 시장 규모, 규제 역량, 엄격한 규제 성향, 비탄력적 대상 혹은 비탄력성 그리고 비분할성이 바로 그것이다.

우선 시장 규모는 소비 시장 자체의 규모를 의미한다. 2023년 기준 EU의 명목 GDP는 약 18조 3,500억 달러로 2022년 약 16조 7,500억 달러에서 증가했다. 이는 전 세계 GDP 규모 측면에서 2위인데, 미국의 명목 GDP가 2022년 약 25조 4,600억 달러에서 2023년 약 26조 9,500억 달러로 증가하여 세계 최대 경제 규모를 유지한 순위의 다음이다. 아울러 중국의 명목 GDP는 2023년 약 17조 7,000억 달러로 3위를 차지했고 2022년에는 약 17조 9,600억 달러를 차지했다.

시장 규모가 브뤼셀 효과에 중요한 이유는 시장의 규모와 경제 권력이 비례하기 때문이다. 이는 소비자 기반의 확장성, 세계 무역 규범 및 표준의 영향력, 투자 매력도, 국제 협상에서의 교섭력 향상, 자본 확충을 통한 혁신 및 기술 발전, 경기 순환에서의 탄력성, 일자리 창출 등과 같은 경제 권력을 EU가 가질 수 있기 때문이다. 물론 EU의 규모가 확대되는 과정이 반드시 브뤼셀 효과의 증대를 보장하지는 않는다. 즉 EU의 규모가 커지면 그것의 시장 지배력이 강화되는 것처럼 보이지만, 실제로는 추가 통합과 추가 규제에 반대하는 회원국들에 의해 정책 결정이 방해받으면서 EU의 시장 지배력이 약화하기 시작하는 균형점도 역시 존재한다.[12] 그러나 이러한 한계점에도 불구하고 시장 규모 자체는 브뤼셀 효과의 중요한 변수이다.

---

12 *Ibid.*, p. 28.

둘째, 규제 역량은 관할권 내에서 규제를 공표하고 집행할 수 있는 능력을 의미한다. 이를 위해서는 규제에 대한 전문 지식과 자원이 모두 필요하다. 만일 이러한 역량이 부족하다면 역내 시장 참여자에게 효과적으로 권한을 행사할 수 없다.[13] 규제 역량은 시장의 안정성 측면에서 투자의 신뢰도를 높일 수 있으며, 여러 불합리한 관행으로부터 소비자를 보호한다. 또한 효과적인 규제는 공정한 경쟁을 촉진하고, 생산성과 경제적 효율성도 향상시킨다. 이는 규제가 본질적으로 단지 시장 활동을 통제하거나 제한하는 것이 아닌 지속 가능하고 안정적으로 경제 성장을 유도하는 과정이기 때문이다.

다음으로 엄격한 규제 성향은 규제 역량을 보유함과 동시에 규제 역량을 활용하고자 하는 정치적 의미까지 포괄하는 개념이다. 브뤼셀 효과를 구성하는 엄격한 규제 성향에서 중요한 점은 정부와 시장의 관계에 대한 EU와 그 시민들의 인식이다. 유럽인들은 일반적으로 시장을 덜 신뢰하고 정부의 개입에 더 익숙하다. 국가는 EU에 대한 대중의 신뢰가 높아서 시장 규제에서 더 중요한 역할을 맡을 수 있다. 반면 미국인들은 친기업적이고 자유 시장 지향적인 자본주의 버전을 수용하는 경향이 있다. 특히 보수적인 유권자들 사이에서 연방 정부의 침범으로부터 개별 주(州)의 권리를 보호하려는 정치적 의지가 강하기 때문에 미국에서는 광범위한 연방 규제에 대한 대중의 지지를 얻기가 쉽지 않다. 물론 양쪽 모두 예외는 존재하지만, 일반적으로 미국은 규제 조치로 인한 비용에 더 민감하고 EU는 규제 부작위[14]에 따른 비용을 더 강조한다. 이

13 *Ibid.*, pp. 30-31.

14 규제 부작위(regulatory omission)는 정부 또는 규제 기관이 특정한 상황이나 문제에 대해 필요한 규제나 조처를 하지 않아 발생하는 상황을 의미한다. 이는 고의적일 수도 있고, 자원 부족, 정보의 미비,

러한 차이로 인해 EU에서 더 엄격한 규제가 나오는 경우가 많다.[15]

넷째, 비탄력적 대상은 엄격한 국내 규제를 준수하는 과정에 필수적이다. 엄격한 국내 규제는 탄력성이 아닌 비탄력성을 겨냥할 때만 글로벌 표준으로 작동할 수 있다. 비탄력성 대상은 규제 변화에 반응하지 않아 특정 규제 체제에 묶여 있는 제품 또는 생산자를 의미한다. 예를 들어, EU에서 소비자 건강과 안전을 규제하는 경우 이러한 규제의 대상은 EU 시장의 소비자에게 판매되는 제품이다. 제조업체의 위치가 아니라 EU 내 소비자의 위치에 따라 대상 제품에 대한 EU 규정의 적용 여부가 결정된다. 소비자 시장의 비탄력적인 특성으로 인해 생산자는 관할권에 대한 선택권이 없으며, 규제 대상 시장에 대한 접근성을 잃지 않으면서도 유리한 규제를 '쇼핑'할 수 없다. 이는 대상 생산자를 비탄력적, 다른 말로 하면 움직이지 않는 존재로 만든다. EU는 주로 식품 안전이나 데이터 프라이버시와 같이 비탄력적인 소비자 시장을 규제한다.[16]

마지막으로 비분할성은 EU와 같은 강력한 규제 당국이 설정한 규정이나 규칙이 전 세계적으로 통일되고, 나눌 수 없는 성격을 가지는 것을 의미한다.

정치적 또는 경제적 압력 등 다양한 이유로 인해 비의도적인 것일 수도 있다. 규제 부작위는 특정 산업이나 활동으로 인해 발생할 수 있는 부정적인 영향을 방지하거나 줄이기 위한 데 필요한 행동을 취하지 않음으로써, 개인, 공동체, 환경에 해를 끼칠 수 있다. 이러한 규제 부작위는 다음과 같은 여러 형태로 나타나는데, 법적 규제의 부재, 시행의 실패, 감독의 부족, 정책의 지연 등이 대표적이다. 이러한 규제 부작위는 사회적, 경제적, 환경 관련 문제를 초래할 수 있으며, 때로는 사람들의 생명과 안전을 위협할 수도 있다. 따라서 효과적인 규제의 개발과 적절한 시행, 그리고 지속적인 모니터링과 감독은 공공정책의 중요한 일부가 되어야 한다.

15 *Ibid.*, p. 39.

16 *Ibid.*, p. 48.

즉 EU의 경우 자신의 시장 규모나 경제적 영향력 및 규제 역량을 동원하여 자국의 규제를 전 세계에 효과적으로 확산시키는 현상이다. 이에 따라 다국적 기업들은 자사가 생산하는 제품에 EU 규제를 준수하기 위한 표준을 따라야 한다. 비분할성은 구체적으로 기업이 생산 및 행위를 하는 과정에서 따라야 하는 규범으로 법적인 영역, 기술적 영역, 경제적 영역 모두에서 나타난다.

이렇듯 EU의 브뤼셀 효과는 5가지의 구성요소에 의해 유기적으로 작동하여 세계적으로 글로벌 규범 권력으로 기능하고 있다. 그렇다면 5가지 요소는 상호 간에 어떠한 작용을 하는가? 이 5가지 요소는 브뤼셀 효과를 구성하고 있다는 측면에서는 유사한 기능을 하지만 브뤼셀 효과를 강화하고 지속가능성을 유지하는 데는 비탄력성과 비분할성이 핵심적인 역할을 하는 것으로 보인다. 이는 비탄력성과 비분할성이 소위 네트워크 외부성을 형성하기 때문이다.

네트워크 외부효과에 관해 설명하기 전에 우선 비탄력성과 비분할성을 제외한 다른 3가지 요소가 단순히 브뤼셀 효과의 필요조건에만 해당하는 이유를 설명하면 다음과 같다. 먼저 시장 규모와 관련해서 살펴보면, 시장 규모 자체가 중요하기는 하지만 하나의 규제를 전 세계적으로 통용시키는 데 있어 필요충분조건이 되기에는 한계가 있다. 앞서 언급한 미국, 중국 등도 시장 규모가 크기는 하지만 미국과 중국의 규제만이 글로벌 표준으로 정해지지 않는다. 또한 시장 규모가 크다고 하더라도 자원의 배분과 활용이 부패나 비효율적인 거버넌스라면 경제적 영향력이 낮을 수밖에 없다. 게다가 시장의 혁신 능력과 인적 자본의 질이 시장의 크기보다 훨씬 중요하다는 점 역시 시장 규모만이 규제를 설정한다고 예단할 수 없다. 따라서 시장 규모는 경제 권력을 가지고 규제를 설정 및 전파하는 데 필요조건으로만 볼 수 있다.

다음으로 규제 역량과 이를 뒷받침하는 엄격한 규제 성향의 경우 EU의 권리 주도 모델보다는 때에 따라서는 국가 주도 모델과 시장 주도 모델에서 오히려 강화될 수 있다. 시장 주도 모델, 국가 주도 모델, 그리고 권리 주도 모델은 각각 디지털 경제의 규제 중심축에 대한 논의이다. 즉 미국은 시장 기반 접근, 중국은 국가 주도 전략, EU는 권리 중심의 경로를 각각 발전시켜 왔으며, 이러한 각각의 규제 체계는 서로 다른 경제적 이론, 정치적 신념, 그리고 문화적 정체성을 반영하는 사회적 선택을 포함하고 있다.[17]

국가 주도 모델의 대표적 형태라고 할 수 있는 중국의 경우를 살펴보면 다음과 같다. 중국 정부는 자국민의 통신에 대한 사회적 조화와 통제를 유지하면서 자국의 기술 우위를 극대화하고자 한다. 중국은 경제 성장과 발전을 위해 기술을 활용하고 있고, 현재 세계 최고의 기술 강국을 위해 전례 없는 국가 주도의 노력을 기울이고 있다. 이러한 경제적 목표를 추구하는 것 외에도 중국 정부는 인터넷을 통제, 감시, 선전의 도구로 활용하여 중국 공산당의 정치적 장악력을 강화하는 데 주력하고 있다. 이 목표를 달성하기 위해 중국 공산당은 민간 기술 기업의 힘을 활용했으며, 중국 기술 기업은 초기에 느슨한 규제로 성장과 번영에 도움을 받은 대가로 중국 공산당의 대리인 역할을 하며 사용자에 대한 국가의 감시 및 통제 기능을 수행해 왔다. 그러나 중국 정부는 대형 기술 기업이 너무 강력해졌다는 견해를 점점 더 갖고 있다. 최근 중국 정부는 반독점법을 활용하여 알리바바와 텐센트와 같은 국내 대기업을 견제하

17 Anu Bradford, *op, cit.*, (2023).

고 있으며, 이는 자국 기술 산업에 대한 전례 없는 공격의 서막을 알리는 것이다. 이러한 디지털 규제의 새로운 전환도 중국 정부의 근본적인 목표, 즉 중국 규제 모델의 특징인 디지털 경제에 대한 국가의 통제권을 공고히 하는 데 도움이 될 것이다.[18]

시장 주도 모델인 미국 역시 마찬가지인데, 미국도 필요시 규제 역량을 발휘할 수 있다는 측면에서 순수 시장 주도 모델로 보기는 힘들다. 미·중 기술 전쟁이 시작된 이후, 미국의 국가안보와 기술 자급자족이 정책 결정에서 새로운 주목을 받으면서 미국 정부는 기술 산업에 대한 통제력을 강화해 왔다. 이러한 사례는 미국 모델이 시장 중심의 약속을 절대시하지 않으면서도 기술 발전을 보장하거나 다른 정책 목표를 달성하는 데 필요하다고 판단되는 경우 국가의 개입을 수용하는 방식을 보여준다.[19] 여기에는 사이버안보 분야 등이 포함된다.

이렇듯 규제 역량을 미국과 중국의 사례를 통해 비교해 보았을 때, 이는 EU만의 독특한 현상으로 보기 어려우며, 브뤼셀 효과의 필요조건일 수는 있으나 강화하는 요인으로 보기도 힘들다. 또한 엄격한 규제 성향도 규제에 대한 정치적 의지의 표현일 경우 크게 다르지 않다. 따라서 시장 규모, 규제 역량, 엄격한 규제 성향이라는 위의 3가지 요소는 브뤼셀 효과를 구성하는 필요조건이며, 브뤼셀 효과를 지탱하는 근간이 될 수는 있다. 그러나 이를 지속 가능하게 하여 규제 권력 혹은 규범 권력으로 확대될 수 있게 하는 데 있어 그 역할은 제

18 *Ibid.*

19 *Ibid.*

한적인 것으로 볼 수 있다.

반면 비탄력성과 비분할성은 수용과 전파 측면에서 그 자체로 브뤼셀 효과를 지속 가능하게 하면서 강화해 준다. 이는 결국 네트워크 외부성으로 설명되는데, 이후의 내용들은 네트워크 외부성에 대한 설명과 함께 비탄력성과 비분할성이 네트워크 외부성으로 발현되는 과정을 다룬다.

3. 네트워크 외부성

네트워크 외부성 혹은 네트워크 외부효과는 경제학에서 사용되는 개념으로 한 상품이 독립적으로 특정 시장을 형성한다는 것에서 나아가 상품 시장에 참가하는 소비자들과의 네트워크를 형성하여 상호 간 영향을 유기적으로 미친다는 개념에서 출발한다.[20] 이 과정에서 비용 절감과 편의성 발생이 축적되어 그 효과가 지속해서 확대재생산 되는 현상이다. 즉 네트워크 외부성은 한 제품이나 서비스의 가치가 사용자 수에 의해 달라지는 현상으로 주로 정보기술, 온라인 서비스 및 통신 네트워크 등에서 쉽게 볼 수 있다.

네트워크 외부성은 양(positive)의 네트워크 외부성과 음(negative)의 네트워

---

20 일반적으로 네트워크 외부성과 네트워크 외부효과는 동일시하지만, 때에 따라서는 구분하기도 한다. 즉 네트워크 효과는 시장 점유율이나 가격의 결정과 같은 결과적 현상을 설명하고, 네트워크 외부성은 그 속성에 기반한 다양한 개념과 인과관계를 설명한다. 천종성·우형진, "유튜브 채널 수용에 관한 연구: 네트워크 외부성이 구독의도에 미치는 영향을 중심으로", 『한국방송학보』, 제35집 제3호 (2021), pp. 5-39. 하지만, 이 장에서는 네트워크 외부성과 네트워크 외부효과를 같은 개념으로 보고 네트워크 외부성이란 용어로 통일시켜 사용한다.

크 외부성으로 양분된다. 양의 네트워크 외부성은 네트워크의 사용자 수가 늘어날수록 비용 절감 및 편의성의 증대와 함께 사용자에게 제공되는 가치가 증가하는 것을 의미한다. 예를 들어 SNS의 경우 많은 사람이 사용할수록 사용자에게 더 큰 가치(친구, 콘텐츠, 상호작용 기회 등)를 제공하는 것이 좋은 예이다. 또한 통신 서비스와 컴퓨터 운영체제 역시 양의 네트워크 외부성을 제공한다. 전자의 경우 많은 사람이 전화나 이메일을 사용하게 되면 연락할 수 있는 사람의 범위가 넓어지고, 이는 다시 서비스의 유용성 증가로 이어진다. 후자의 경우는 MS 윈도우나 애플의 iOS 같은 운영체제를 더 많은 사람이 사용할수록 개발자들이 해당 플랫폼에서 사용할 수 있는 소프트웨어를 더 개발하게 되고, 결과적으로 사용자들은 더욱더 많은 앱을 이용할 수 있게 된다.

양의 네트워크 외부성은 제품 가치의 향상, 혁신의 증가, 표준화의 가속, 시장의 확장, 비용 감소 및 접근성의 증가, 그리고 혁신의 가속 현상으로 나타난다. 우선 사용자 기반이 성장함에 따라 제품 가치가 높아지게 되고, 이를 통해 해당 제품의 서비스 및 전체 가치가 함께 높아지는 것이 네트워크 외부 효과로 인한 제품 가치의 향상이다. 이러한 현상은 특히 SNS, 메시지 앱(카카오톡 및 텔레그램 등), 공유 경제(우버 등)에서 효율적으로 구현된다. 제품 가치 향상의 효과가 증가하는 이유는 사용자들이 더욱 큰 네트워크의 구성원이 되고 이를 통해 해당 기업은 더욱 많은 이익을 얻게 되며, 이는 다시 사용자들의 편의성 확대나 해당 플랫폼 비용의 절감 효과로 선순환되기 때문이다.

둘째, 네트워크 외부성으로 인한 혁신의 증가이다. 기업의 경우 여기에 해당한다고 볼 수 있는데, 기업은 파트너십과 협업을 통해, 제품 생산이나 판매를 위한 데이터 분석의 과정에서 이를 활용한다. 즉 전자의 경우 기업은 다른 기업 혹은 기관들과의 협업을 통해 상호보완적인 기술과 지식을 공유함으로써 혁신을 가속화하고, 후자의 경우 기업은 취합된 빅데이터를 활용해 소비자들의 제품 구매 방식이나 선호도 및 행동양식을 파악하여 마케팅에 활용하고 이를 다시 빅데이터로 취합하는 선순환 과정을 통해 혁신을 추구한다.

셋째, 표준화의 지속이 있다. 표준화 지속은 서론에서 예를 든 USB-C 타입의 단일 충전기와 그 맥락을 같이 한다. 즉 네트워크 외부성을 가진 제품의 표준화는 호환성과 상호 운용성 혜택을 가져올 수 있다.

넷째, 시장의 확장이다. 네트워크 외부성으로 인해 원래 제품을 보완하는 부가 사업과 서비스 사업이 더욱 큰 산업 생태계를 창출함으로써 제품이나 서비스의 시장을 크게 확장할 수 있다. 이러한 시장 확장의 좋은 사례가 바로 전기차 시장의 성장을 들 수 있는데, 전기차 시장의 확장을 통해 부가 사업 및 서비스 사업에 해당하는 충전 인프라가 확장되고, 배터리 산업이 고도화되는 것이다.

다섯째, 비용 감소 및 접근성 증가와 관련해서도 전기차 시장의 확장과 충전 인프라 및 배터리 가격 하락 등이 좋은 사례일 것이다. 즉 네트워크 외부성이 확장됨에 따라, 규모의 경제가 종종 발생하여 제공자와 사용자 모두에게 비용을 줄일 수 있는 여건이 여기에 해당한다.

여섯째, 혁신의 가속화된 채택이다. 이는 앞서 언급한 네트워크 외부성의 여러 효과가 중첩적으로 작용해 혁신을 기하급수적으로 증가시키는 과정을 의미한다. 즉 제품과 서비스의 생태계를 구축해 가는 과정에서 소비자들은 해당 생태계에 소속되고, 이를 통해 생태계의 규모는 확대된다. 확대된 제품과 서비스 생태계는 다시 소비자들에게 비용 절감과 후생으로 돌아가고, 이는 다시 그 생태계를 확대 재생산한다. 시장 확대, 참여자 증가, 비용 절감, 시장 재확대 과정을 통해 혁신 역시 지속해서 강화된다. 결론적으로 네트워크 외부성의 양의 효과는 제품과 서비스의 가치와 유틸리티를 향상하는 것뿐만 아니라 혁신, 표준화 및 커뮤니티 구축을 촉진하는 다양한 긍정적인 효과를 가져온다. 다음의 [표-1]은 네트워크 외부성의 양의 효과를 정리한 것이다.

[표-1] 네트워크 외부성의 양의 효과

양의 네트워크 외부성	내용
제품 가치의 향상	사용자 기반 성장과 제품 가치 향상
혁신의 증가	기업 파트너십과 협업
표준화의 가속	호환성과 상호 운용성 증가
시장의 확장	산업 생태계 확대
비용 감소 및 접근성 증가	규모의 경제로 인한 가격 및 비용 절감
혁신의 가속	생태계 규모의 급속한 확대

출처: 저자 정리

한편, 음의 네트워크 효과성은 네트워크 사용자가 많아질수록 부정적이거나 가치의 감소를 경험하는 경우로 여기에는 과밀화와 성능 저하, 정보 과잉, 시장 지배와 독점, 사회적 배제 및 불평등 등이 있다. 첫째 과밀화와 성능 저하의 경우는 산업 생태계에서 과잉생산으로 인한 자원의 비효율과 시장 기능의 저하로 나타난다. 특정 제조업에서 생산 과잉은 시장 수요의 초과를 의미하는 것이며, 이 과정에서 발생하는 가격 하락으로 인해 특정 제조업 전체, 즉 네트워크 내 다른 제조업체들까지 영향을 받게 된다. 즉 한 업체의 과잉생산이 시장 전체의 가격 수준을 하락시키는 것이다. 둘째, 정보의 과잉 현상이다. 네트워크 외부성의 양의 효과를 발생시키는 생태계 구축, 참여자 유입, 생태계 확대재생산, 참여자의 비용 절감 및 후생 증가의 선순환 구조는 해당 영역의 정보를 기하급수적으로 생산한다. 이는 정보 과잉을 초래할 수 있으며, 사용자가 중요한 정보를 식별하고 처리하는 데 어려움을 겪을 수 있다. 산업 영역에서 정보 과잉으로 인한 시장 조사와 데이터 분석의 어려움 및 공급망 관리의 복잡성이 여기에 포함된다.

셋째, 네트워크 외부성의 강화로 인해 시장 지배와 독점 현상이 발생할 수 있다. 특정 기업이나 제품이 시장에 막대한 영향력을 획득하게 되어 타 기업과의 경쟁이 제한되면, 소비자 역시 선택의 기회를 제한받게 된다. 이는 시장 진입 장벽의 증가와 소비자의 대체재 선택 제한의 형태로 나타나는데, 앞서 언급한 애플의 사례가 좋은 예이다.

마지막으로 사회적 배제와 불평등과 같은 음의 네트워크 외부성이 존재한다. 이는 앞서 설명한 시장 지배와 독점 현상과 연결된 것이며, 접근성의 문제로 귀결된다. 즉 기술 격차나 경제적 격차로 인해 해당 네트워크에 진입할 수 없는 경우 사회적 배제로 이어지게 되는데, 원격 교육이나 디지털 금융 서비스 이용 등이 여기에 해당한다.

정리하면, 부정적인 네트워크 외부성을 이해하고 대응하는 것은 기술 개발자, 정책 입안자, 그리고 사용자 모두에게 중요한 과제이며, 이러한 현상을 관리하고 완화하기 위한 전략을 수립함으로써, 네트워크의 긍정적인 효과를 극대화하고 부정적인 영향을 최소화할 필요가 있다. 다음의 [표-2]는 네트워크 외부성의 음의 효과를 정리한 내용이다.

[표-2] 네트워크 외부성의 음의 효과

음의 네트워크 외부성	내용
과밀화 및 성능 저하	자원 배분의 비효율로 인한 시장 기능 저하
정보 과잉	양의 네트워크 외부성 증가로 인한 정보 처리 비용의 증가
시장 지배 및 독점	시장 지배적 기업의 등장 가능성
사회적 배제 및 불평등 확대	접근성 제한과 경제적 격차 확대

출처: 저자 정리

아울러 네트워크 외부성은 시장이나 상품뿐만이 아니라 언어 사용 및 통화 사용에도 적용된다. 프랑켈(Frankel)은 영어가 가지는 언어적 아름다움, 단순성, 효용성 등을 모두가 동의하기 때문에 영어를 세계 공용어로 사용하는 것이 아니다. 오히려 영어는 프랑스어만큼 우아하지도 않고 소리가 좋지 못하며, 스페인어나 이탈리아어만큼 철자나 문법도 정확하지 않다. 그러나 영어를 사용하는 이유는 다양한 국적을 가진 사람들이 빈번히 사용하고 사업 등에서도 사용되는 빈도가 늘어나기 때문에 계속해서 사용한다. 통화 역시 이러한 맥락에서 네트워크 외부성이 자연적으로 발생한다.[21] 기축통화의 편의성과 경제적 이득이 여기에 해당하며, 이 과정에서 기축통화의 권위가 발생해 확대재생산 된다. 이렇듯 네트워크 외부성은 다양한 분야에 적용되고 있으며, 이는 규범이나 규제 영역도 적용된다.

이러한 점을 종합하면 네트워크 외부성은 "제품 또는 서비스의 이용자들이 구성하는 네트워크의 크기가 증가함에 따라 제품 또는 서비스의 효용이 증가

21 Menzie Chinn & Jeffery Frankel, "Why the Euro Will Rival the Dollar", *International Finance*, Vol. 11, No. 1 (2008), pp. 49-73; Jeffrey Frankel, "Still the Lingua Franca: The Exaggerated Death of the Dollar", *Foreign Affairs*, Vol. 74, No. 4 (2005), pp. 9-16.

하는 것"으로 정의[22]되며, 네트워크 외부성을 극대화하면 기업은 시장 지배력을 크게 높일 수 있다. 그렇다면 브뤼셀 효과의 비탄력성과 비분할성이 네트워크 외부성으로 발현되는 과정은 어떠한가?

4. 비탄력성과 비분할성의 네트워크 외부효과

비탄력성은 EU에 진출하고자 하는 기업에 있어서는 브뤼셀 효과의 고정성을 의미한다. 한번 EU 규정이 설정되면, 글로벌 기업들은 비준수의 높은 비용 때문에 해당 규정을 받아들인다. 아울러 글로벌 기업들은 다른 지역에 진출할 때도 해당 지역의 규제를 받아들여 별도의 제품을 만들지 않는다. 이는 기업에게 이중 규제 혹은 이중 기준으로 인한 비용 증가로 이어지기 때문이다. 개인 정보 보호, 환경 보호, 소비자 안전과 같은 영역에서 EU의 엄격한 기준은 비용의 관점에서 보면 경제적으로 비효율적이다. 그렇다고 해서 다국적 기업이 EU의 규정을 수용하지 않으면 거대 시장을 포기하는 것이 된다. 하지만 이들이 EU의 규정을 수용하게 되면 이는 결과적으로 글로벌 표준을 구축하는 데 조력하는 역할을 하게 된다.

브뤼셀 효과의 비탄력성이 EU에 진출하고자 하는 기업에 네트워크 외부성이라는 환경을 제공한 사례는 일반데이터보호규정(GDPR), EU의 디지털시장법(DMA) 및 디지털서비스법(DSA), 그리고 차량 배출 표준 등을 들 수 있다.

---

22 최재원, "사용자 고착을 위한 네트워크 외부성과 전환이용의 측정 요인: 1인 미디어와 소셜 네트워킹 시장을 중심으로", 『경영컨설팅 리뷰』, 제1권 제2호 (2010), p. 186.

첫째 GDPR은 브뤼셀 효과의 가장 대표적인 사례로 데이터 보호와 개인 정보 보호에 대한 글로벌 표준을 설정했다. 전 세계의 기업들은 EU 고객에게 서비스하기 위해서뿐만 아니라, 여러 개인 정보 보호 체계를 관리하는 것이 복잡하고 비용이 많이 들기 때문에 GDPR을 준수하는 관행을 채택했다. 심지어 국제기구들 역시 개인 정보 보호와 데이터 처리를 위해 GDPR을 적용할지를 고민하는 것이 현실이다.[23] 이러한 과정을 통해 사용자 데이터를 다루는 방법, 표준, 관행을 채택하는 기업이 더 많아질수록, 네트워크 외부성이 강화되어 글로벌 규범으로 나아가게 된다.

다음으로 EU의 DMA[24] 및 DSA[25]가 있다. 이 규정들은 대형 기술 회사의 권력을 제한하고 온라인에서 공정한 경쟁과 책임을 보장하기 위해 제정되었다. 이러한 플랫폼의 글로벌 지배력과 서비스의 네트워크 외부성을 고려할 때, 이 규정들을 준수하는 것은 전 세계적으로 디지털 시장과 서비스에 대한 기준에 영향을 미치는 방식으로 플랫폼의 운영 방식을 변화시킬 것이다.

마지막으로 EU의 차량 배출 표준이 있다. EU의 엄격한 차량 배출 표준은 자동차 기술의 혁신을 촉진하고 산업을 지속 가능한 관행으로 이끌었다. 자동차 시장이 전 세계적으로 연결되어 있고, 차량이 종종 여러 시장에서 판매되

---

23 Christopher Kuner, "The GDPR and International Organizations", *AJIL Unbound* 114, (2019).

24 DMA는 구체적으로 소수의 거대 플랫폼 사업자들의 독과점 상태를 규제함으로써 새로운 사업자들이 출현할 수 있는 발판을 만드는 동시에(contestable), 플랫폼 이용자들에게도 플랫폼 산업의 과실이 공정한 몫으로 돌아가는 것을 정책 목표로 하고 있다. 김병일, "EU의 디지털 시장법(Digital Markets Act)의 주요 내용과 국내 시사점", 『KISO Journal』, Vol. 46 (2022), p. 17.

25 DSA는 주로 불법 콘텐츠 유통과 관련한 중개 서비스 제공자의 면책과 의무 등에 관해서 규정하고 있다. 김병일, *op. cit.*, p. 16. 이를 통해 구글, 아마존, 애플과 같은 기술 기업들은 가짜 뉴스, 아동 학대, 혐오 발언과 같은 범죄 행위의 콘텐츠를 제거해야 하는 의무를 부여받게 되었다.

도록 설계되어 있어서, EU의 표준은 글로벌 제조업체들이 더 깨끗한 차량을 생산하도록 유도한다. 여기서 네트워크 외부성은 이러한 표준을 채택하는 것뿐만 아니라, 지속 가능한 차량 기술 주변에 개발되는 혁신 생태계에서도 나타나며, 이들이 더 널리 채택될수록 더 가치가 있게 된다.

브뤼셀 효과의 비탄력성과 더불어 비분할성 또한 네트워크 외부성과 결합하면서 그 효과가 극대화된다. 브뤼셀 효과의 비분할성은 EU 규제가 글로벌 시장에 강력하고 변경 불가능한 영향을 미친다는 개념이다. 이러한 비분할성은 네트워크 외부성과 결합할 때, 즉 제품이나 서비스의 가치가 사용자 수의 증가에 따라 높아지는 현상과 결합할 때, 특히나 효과가 커진다. 이는 규제 준수가 단순히 지역적 요구를 넘어서 글로벌 표준을 설정하는 방식으로 작용하기 때문이다. 즉 EU가 설정한 규제는 회원국 내에서만 적용되지 않는다. 대신, 글로벌 기업들은 EU 시장에 접근하기 위해 이러한 규제를 준수(브뤼셀 효과의 비탄력성)하게 되고, 이 과정에서 EU의 규제는 글로벌화된다.

브뤼셀 효과의 비분할성 사례 역시 앞서 언급한 비탄력성의 사례와 중첩된다. 첫째, GDPR은 개인 정보 보호에 대한 글로벌 표준을 설정하게 되었다. 이 규정은 네트워크 외부성을 통해 강화되었는데, 소프트웨어 개발자와 기업들이 GDPR 준수를 위한 솔루션을 개발하고 채택함으로써, 시장 전체에서 개인정보 보호 관행이 향상된 것이다. 즉 EU의 GDPR을 준수한 기업이 다른 나라에 진출할 때, 이 기업들은 이미 높은 수준의 개인정보 보호 기준을 충족하고 있기 때문에, 다른 국가의 데이터 보호 법규를 준수하는 데 있어 상대적으로 유리한 위치에 있다. GDPR은 전 세계적으로 가장 엄격한 개인정보 보호 규정 중 하나로, GDPR을 준수한다는 것은 다른 많은 국가의 법규를 이미 충족하거나 초과한다는 것을 의미하는데 여기에는 다음과 같은 사례들이 있다.

유럽에 기반을 둔 기업들이 미국 시장에 진출할 때, 미국의 개인정보 보호 법규는 GDPR에 비해 상대적으로 유연하다. 미국의 경우 캘리포니아 소비자 프라이버시 법(CCPA)과 같이 GDPR의 일부 요소를 반영하는 지역 법규가 있으므로 GDPR을 준수하는 유럽 기업은 이러한 지역 법규를 쉽게 준수할 수 있게 된다. 이를 통해 유럽에 기반을 둔 미국 시장 진출 기업들은 미국 내에서도 신뢰성 있는 데이터 처리 기준을 제공할 수 있다. 또한 일부 아시아 국가들은 최근 자국의 데이터 보호 법규를 강화하고 있는데, 일본의 개인정보 보호법이나 싱가포르의 개인데이터보호법(PDPA)은 GDPR과 유사한 보호 조치를 요구한다. GDPR을 준수하는 기업은 이러한 국가들에 쉽게 진출할 수 있으며, GDPR 준수를 통해 얻은 신뢰와 경험을 활용할 수 있게 된다.

브라질의 일반개인데이터보호법(LGPD) 역시 GDPR과 유사하다. 유럽의 기업들이 브라질 시장에 진출할 때, GDPR 준수 경험은 LGPD 준수를 위한 토대를 제공하며, 이러한 기업들은 데이터 보호 관련 법규 준수에 필요한 프로세스와 기술을 이미 갖추고 있으므로, 브라질 시장에 더욱 원활하게 진입할 수 있다. 이러한 사례에서 알 수 있듯이 GDPR 준수가 글로벌 시장에서의 비즈니스 확장에 있어 전략적 이점을 제공할 수 있으며, 데이터 보호에 대한 엄격한 기준을 충족시키는 것은 브랜드 신뢰성을 높이고, 다른 국가의 법규에 적응하는 데 있어 유리한 위치를 확보할 수 있게 한다.

둘째, DMA와 DSA 또한 유사하다. 이러한 법안의 도입 취지는 온라인 플랫폼과 디지털 시장의 공정성을 증진하기 위한 것이다. 이를 네트워크 외부성의 관점에서 살펴보면, 이 법안들은 플랫폼의 사용자 기반 증가가 가치 증가로 이어지는 온라인 서비스에 직접적인 영향을 미친다. 나아가 EU 내에서 이러한 규제를 준수하는 플랫폼은 글로벌 시장에서도 이러한 표준을 따르게 되며, 이는 곧 글로벌 표준이 된다. 예를 들면, 글로벌 소셜 미디어 기업, 온라인 마켓 플레이스, 검색 엔진 등이 DMA와 DSA의 요구 사항을 준수하기 위해 자신들의 정책과 운영 방식을 조정하고 있으며, 이러한 조정은 단순히 EU 시장에만 국한되지 않고, 전 세계적으로 서비스의 질을 향상하고 사용자 보호를 강화하는 긍정적인 변화를 초래한다. 즉 투명성 보고의 강화, 불법 콘텐츠 대응 메커니즘의 개선 등이 이에 해당한다. 또한 호주가 뉴스 콘텐츠에 대한 공정한 보상을 요구하는 법률을 도입했을 때, 이미 EU의 규제 환경에 적응해 있던 글로벌 기술 기업들은 이러한 새로운 요구 사항에 더욱 수월하게 대응할 수 있었던 사례도 좋은 예이다. 즉 DMA와 DSA의 규제 요구 사항을 충족하는 기업들은 이를 글로벌 시장 진출 전략에 통합하며, 이는 새로운 시장에 진입할 때 법적 부담을 줄이고, 현지 규제 기관과의 협력을 강화하는 데 도움을 준다. 또한, 이러한 준비는 기업이 글로벌 시장에서 소비자 신뢰를 구축하고 지속 가능한 성장을 추구하는 데도 중요한 역할을 한다.

마지막으로 화학 물질에 대한 등록, 평가, 승인 및 제한(Registration, Evaluation, Authorisation and Restriction of Chemicals)에 관한 EU의 소위 REACH 규정 또한 좋은 예이다. 이 규정은 화학 물질의 안전성에 대한 광범위한 테스트와 정보 제공을 요구한다. REACH의 비분할성은 글로벌 화학 제조업체들이 EU 시장에 접근하기 위해 이러한 규제를 준수하도록 한다. 네트워크 외부성은 이러한 정보의 공유와 안전성 테스트의 결과가 업계 전반에 걸쳐 표준을 설정하는 방식에서 나타난다.

REACH 규정을 준수하는 유럽의 화학 기업이 아시아나 북미 시장에 진출할 때, 이들은 이미 엄격한 화학 물질 관리와 안전성 평가 기준을 충족하고 있다. 예를 들어, 미국의 독성물질관리법(Toxic Substances Control Act, TSCA)이나 중국의 화학 물질 관리 규정에 대응하는 과정에서, REACH 규정 준수는 이러한 국가의 규제 요건을 충족하는 데 필요한 기반을 제공한다. 이는 시장 진입 장벽을 낮추고, 규제 위험을 줄이며, 비용 절감에 일조한다. 또한 이를 통해 기업은 신뢰성 및 브랜드 가치의 향상을 제고할 수 있다. 예를 들어, 유럽 기업이 남미나 아프리카 시장에 진출할 때, REACH 준수는 해당 기업이 높은 환경 보호 및 소비자 안전 표준을 준수한다는 신호로 작용할 수 있다. 이는 브랜드 가치를 높이게 되어, 시장에서의 경쟁력을 높인다. 또한 글로벌 공급망을 관리하는 기업들은 REACH 규정 준수를 통해 자사 제품에 사용되는 화학 물질의 안전성을 보장할 수 있게 된다. 예를 들어 유럽 기업이 동남아시아에서 제조 파트너를 찾을 때, REACH 준수는 공급망 전반에 걸친 화학 물질 관리의 표준을 설정한다. 이는 공급망의 투명성을 증가시키고, 잠재적인 환경 및 건강 위험을 감소시키는 역할을 하게 된다.

정리하면, 위에서 언급한 EU의 규정들은 EU 역내의 규정이기도 하지만 이들이 확대되어 역외 지역의 규정에도 영향을 미치게 된다. 그리고 이렇게 글로벌화된 규정은 네트워크 외부성을 더욱 강화해 더 많은 참여자를 유도하는 역할을 하게 되는 선순환 구조를 지속해서 만들어 낸다. 소위 규제의 네트워크 외부성이 창출되는 것이다.

5. 나오며

EU의 규범 권력은 2020년 브래드포드가 브뤼셀 효과로 정의하면서 학계의 관심을 받게 되었다. 브래드포드는 브뤼셀 효과를 단순한 규범 권력 이상의 의미가 있는 것으로 보고, 글로벌 규제를 선도할 수 있는 EU의 권력으로 브뤼셀 효과를 재정의했다. 이러한 브뤼셀 효과의 구성요소는 시장 규모, 규제 역량, 엄격한 규제 성향, 비탄력성 및 비분할성으로 이루어져 있고, 이들 간의 유기적 결합과 작동으로 브뤼셀 효과는 지속가능성을 지닌다.

그러나 이 장에서 본 글은 브뤼셀 효과의 지속가능성에 브뤼셀 효과의 구성요소인 비탄력성과 비분할성이 핵심 역할을 하고 있다고 파악하고, 이들이 네트워크 외부성을 형성해 브뤼셀 효과가 증대된다고 보았다. 물론 시장 규모와 규제 역량, 그리고 엄격한 규제 성향 모두가 브뤼셀 효과를 지탱하고 있는 것은 사실이다. 하지만 단순히 이러한 것만을 가지고는 소위 워싱턴 효과와 베이징 효과와 비교했을 때 브뤼셀 효과만의 독특한 특징이 드러나진 않는다. 이러한 점에 착안하여 이 장에서는 비탄력성과 비분할성의 네트워크 외부성에 중점을 두었다.

브뤼셀 효과의 비탄력성은 규제의 내적 지향을 의미한다. 즉 EU에 진출하고자 하는 기업이 EU의 역내 기준을 받아들여야 한다는 것이다. 물론 이 과정은 기업에 있어 비용적 측면에서 불리할 수도 있다. 그러나 기업은 EU의 시장 규모나 시민들의 소비 역량 등을 고려할 때 충분히 감내할 수 있는 것으로 판단한다. 게다가 비탄력성으로 인한 기업의 비용 증가는 비분할성으로 상쇄되어 사실상의 비용 절감으로 나타날 수도 있다.

브뤼셀 효과의 비분할성은 규제의 외적 혹은 글로벌 지향이다. 비탄력성으로 인해 EU의 규제가 내재화된 기업은 외부로 해당 규제를 확산시킨다. 즉 EU의 규제가 글로벌화되는 것이다. 기업으로서는 EU의 규제 수준을 다른 지역에 적용하는 것이 용이해짐과 동시에 추가적으로 비용도 절감된다. 이러한 점에서 브뤼셀 효과의 비탄력성과 비분할성은 동전의 양면이다.

나아가 브뤼셀 효과의 비탄력성과 비분할성의 상호작용 방식은 네트워크 외부성을 강화해 브뤼셀 효과를 확대재생산 한다. 규제의 네트워크 외부성은 결국 EU의 브뤼셀 효과를 강화하게 된다. 이러한 과정이 연속적으로 발생하면서 브뤼셀 효과의 지속가능성은 증가한다.

물론 이 글에도 몇 가지 한계점이 존재한다. 우선 단순한 사례 수준을 넘어 브뤼셀 효과의 비탄력성과 비분할성이 경험적으로도 네트워크 외부성을 강화한다는 것을 뒷받침할 데이터에 관한 확인 작업이 필요하다. 또한 양의 네트워크 외부성뿐만이 아니라 음의 네트워크 외부성 역시 브뤼셀 효과에 영향을 미치는지에 대한 것도 확인이 필요하다. 예를 들어 자본시장의 발전이나 혁신 기업의 등장이 브뤼셀 효과에 의해 방해받는지 등이 여기에 해당할 수 있다. 결국 브뤼셀 효과는 긍정적 형태이든 부정적 형태이든 규제의 네트워크 외부성을 통해 강화 혹은 약화할 수 있을 것이다. 따라서 이에 대한 지속적인 관심을 통해 브뤼셀 효과의 본질을 확인하는 작업이 후속되어야 할 것이다. 이는 EU 규제의 속성과 본질에 대한 올바른 이해뿐만 아니라, 브뤼셀 효과에 마주한 한국의 적합한 대응을 위해서도 긴요하기 때문이다.

참고문헌

강희택. “네트워크 외부성과 지각된 피드백이 블로그 사용자의 동기와 지속사용의도에 미치는 영향”. 『Enture Journal of Information Technology』. Vol. 11 No. 3. (2012), pp. 175-189.

김병일. “EU의 디지털 시장법(Digital Markets Act)의 주요 내용과 국내 시사점”. 『KISO Journal』. Vol. 46. (2022), pp. 16-24.

오창룡. “국제질서 전환기의 브뤼셀 효과(Brussels Effect): 유럽연합 규제 권력의 패권적 영향”. 『EU연구』. 제65호. (2023 특별호), pp. 159-189.

이강배·유성열. “경쟁 상황에서 인터넷 포털 사이트의 네트워크 효과 분석”. 『Enture Journal of Information Technology』. Vol. 7 No. 2. (2008), pp. 61-73.

천종성·우형진. “유튜브 채널 수용에 관한 연구: 네트워크 외부성이 구독의도에 미치는 영향을 중심으로”. 『한국방송학보』. 35권 3호. (2021), pp. 5-39.

최재원. “사용자 고착을 위한 네트워크 외부성과 전환이용의 측정 요인: 1인 미디어와 소셜 네트워킹 시장을 중심으로”. 『경영컨설팅 리뷰』. 제1권 제2호. (2010), pp. 181-193.

현정석·현진석. “첨단기술에서 네트워크 외부성과 전환비용의 구조모형: 소비자관점”. 『경영학연구』. 제29권 제1호. (2000), pp. 63-87.

YTN. “‘애플 예외주의’ 콧대 꺾은 EU 최소국 몰타 출신 36세 의원”. https://www.yna.co.kr/view/AKR20230909046000009?input=1195m. (2024년 11월 20일 검색)

Bendiek, Annegret & Isabella, Stuerzer. “The Brussels Effect, European Regulatory Power and Political Capital: Evidence for Mutually Reinforcing Internal and External Dimensions of the Brussels Effect from the European Digital Policy Debate”. *Digital Society*. Vol. 2. No. 5 (2023), pp. 1-25.

Bygrave, Lee A. “The ‘Strasbourg Effect’ on Data Protection in Light of the ‘Brussels

Effect': Logic, Mechanics and Prospects". *Computer Law & Security Review.* Vol. 40 (2021), pp. 1-13.

Bradford, Anu. "Exporting Standards: The Externalization of the EU's Regulatory Power via Markets". *International Review of Law and Economics.* Vol. 42 (2015), pp. 158-173.

Bradford, Anu. *The Brussels Effect: How the European Union Rules the World.* Oxford: Oxford University Press, 2020.

Bradford, Anu. *Digital Empires: The Global Battle to Regulate Technology.* Oxford: Oxford University Press, 2023.

Chinn, Menzie & Frankel, Jeffrey. "Why the Euro Will Rival the Dollar". *International Finance.* Vol. 11. No. 1 (2008), pp. 49-73.

Enwukwe, N. Ejims & Karekezi, Lisa. "EU Unilateral Power to Regulate the Global Trade Markets: The Brussels Effect". *European Journal of Law and Political Science.* Vol. 1. Issue 3 (2022), pp. 5-10.

Frankel, Jeffrey. "Still the Lingua Franca: The Exaggerated Death of the Dollar". *Foreign Affairs.* Vol. 74. No 4 (1995), pp. 9-16.

Hadjiyianni, Ioanna. "The European Union as a Global Regulatory Power". *Oxford Journal of Legal Studies.* Vol. 41. No. 1 (2020), pp. 243-264.

Katz M, Shapiro C. "Network externalities, competition, and compatibility". *American Economic Review.* Vol. 75. No. 3 (1985), pp. 424-440.

Kuner, Christopher. "The GDPR and International Organizations". *AJIL Unbound.* 114 (2019), pp. 15-19.

Liebowitz S, Margolis S. "Path dependence, lockin, and history". *Journal of Law, Economics, and Organization.* Vol. 11. No. 1 (1995), pp. 205-226.

Manners, Ian. "Normative Power Europe-A Contradiction in Terms". *Journal of Common Market Studies.* Vol. 40. No. 2 (2002), pp. 235-258.

Sinopoli, Dominique and Kai, Purnhagen. "Reversed Harmonization or Horizontalization of EU Standard: Does WTO Law Facilitate or Constrain the Brussels Effect?". *Wageningen Working Papers in Law and Governance.* Vol. 34. No. 1 (2016), pp. 92-119.

저자 소개

김면회
베를린자유대학교(FUB) 정치학 박사
한국외국어대학교 정치외교학과 교수
한국외국어대학교 EU연구소 인문사회연구사업단 연구책임자

저·역서 및 논문

『단일유럽법(SEA)·유럽연합조약(TEU)』(번역·해제, 2023)

『미완의 독일통일』 (공저, 2022)

「미노슈샤피크의 신사회계약론 탐구: 유럽그린딜에의 함의」 (2024) 외

김봉철
킹스칼리지 법학 박사
한국외국어대학교 국제학부 교수
한국외국어대학교 장모네 EU센터 공동소장

저·역서 및 논문

『법으로 보는 유럽』 (저서, 2024)

『극지 거버넌스의 이해』(저서, 2024)

「EU-Korea trade relations in the context of global disruption: political and legal perspectives」(2023) 외

강유덕

파리정치대학(Sciences Po) 경제학 박사

한국외국어대학교 Language & Trade 학부 교수

한국외국어대학교 EU연구소 소장

저·역서 및 논문

『국제경영학』(공저, 2025)

『EU의 통상정책』(공저, 2022)

「Public Attitudes Towards Globalisation and Socio-Economic Factors: Empirical Evidence From the Eurobarometer Survey」(2025) 외

김일곤

한국외국어대학교 정치학 박사

한국외국어대학교 EU연구소 인문사회연구사업단 전임연구원

저·역서 및 논문

『유럽석탄철강공동체(ECSC) 설립조약』(번역·해제, 2022)

『주요국 사용자단체의 현황과 역할 비교분석』(공저, 2020)

「유럽의 전환 실험과 전략적 함의 : 유럽 그린 딜(EGD)을 중심으로」(2023) 외

박상준

한국외국어대학교 정치학 박사

한국외국어대학교 EU연구소 인문사회연구사업단 전임연구원

저·역서 및 논문

『유럽경제공동체(EEC) 설립조약, 유럽원자력공동체(Euratom) 설립조약』(공역·해제, 2023)

『사회적 유럽 선언』(번역, 2021)

「기후 위기와 유럽노동조합연맹의 인식 : 사회생태적 계약을 중심으로」(2023) 외

이영주

한국외국어대학교 정치학 박사

한국외국어대학교 EU연구소 인문사회연구사업단 전임연구원

저·역서 및 논문

「정치 인구학을 통해 본 EU 인구 위기와 그 영향」(2023)

「중앙은행디지털화폐(CBDC) 발행 논의의 전개와 디지털 유로화(Digital Euro) : 유럽중앙은행(ECB)의 입장 및 디지털 유로화 발행의 의미를 중심으로」(2022) 외

이하얀

국립 소피아대학교 정치학 박사

한국외국어대학교 EU연구소 인문사회연구사업단 전임연구원

저·역서 및 논문

『통합전환 이후 동유럽인의 삶·도시·문화』(공저, 2023)

『러시아-우크라이나 전쟁과 중동부유럽 주요국의 지정학적 위기 대응 전략』(공저, 2022)

「불가리아의 러시아 에너지 무기화에 대한 에너지 독립 전략과 시사점 분석」(2023) 외

표준 권력으로서의 유럽

한국외국어대학교 EU연구소 신사회계약인문사회총서 09

초판 인쇄 2025년 03월 19일
초판 발행 2025년 03월 24일

지은이 김면회 김봉철 강유덕 김일곤 박상준 이영주 이하얀
발행인 박정식
기획 신선호
편집장 장혜정
도서편집 박미현
디자인 최재영
인사행정 김지은 유빈
출판행정 김가은
경영기획 김세희
재무회계 곽순석 김세아
캐릭터 김세원
발행처 한국외국어대학교 지식출판콘텐츠원
02450 서울특별시 동대문구 이문로 107
전화 02)2173-2494~7
FAX 02)2173-3363
홈페이지 http://press.hufs.ac.kr
전자우편 press@hufs.ac.kr
출판등록 제6-6호(1969. 4. 30)
인쇄·제본 (주)파일투프린트 02)2272-1084

ISBN 979-11-7199-295-9 [93340] **정가** 23,000원

* 잘못된 책은 교환하여 드립니다.

HUINE 은 한국외국어대학교출판부의 어학도서, 사회과학도서, 지역학 도서 Sub Brand이다. 한국외대의 영문명인 HUFS, 현명한 국제전문가 양성(International+Intelligent)의 의미를 담고 있으며, 휴인(携引)의 뜻인 '이끌다, 끌고 나가다'라는 의미처럼 출판계를 이끄는 리더로서, 혁신의 이미지를 담고 있다.